마틴 로이드 존스

그리스도인의
결혼생활

CHRISTIAN MARRIAGE
by D. M. Lloyd-Jones

Copyright © 2012 by Lady Catherwood and Mrs. Ann Beatt
Originally published in English under the title
Christian Marriage by D. M. Lloyd-Jones
by THE BANNER OF TRUTH TRUST, 3 Murrayfield Road, Edinburgh EH12 6EL, UK
P.O. Box 621, Carlisle, PA 17013, USA
All rights reserved.

Translated and used by permission of The Banner of Truth Trust
through arrangement of rMaeng2, Seoul, Republic of Korea.

This Korean Edition © 2012 by Word of Life Press Korea, Seoul, Republic of Korea

이 한국어판의 저작권은 알맹2를 통하여 BANNER OF TRUTH TRUST사와 독점 계약한 생명의말씀사에 있습니다. 신저작권법에 의하여 한국 내에서 보호받는 저작물이므로 무단 전재와 무단 복제를 금합니다.

마틴 로이드존스 그리스도인의 결혼생활

© 생명의말씀사 2012

2012년 9월 5일 1판 1쇄 발행
2024년 7월 29일   9쇄 발행

펴낸이 ㅣ 김창영
펴낸곳 ㅣ 생명의말씀사

등록 ㅣ 1962. 1. 10. No.300-1962-1
주소 ㅣ 서울시 종로구 경희궁1길 6 (03176)
전화 ㅣ 02)738-6555(본사) · 02)3159-7979(영업)
팩스 ㅣ 02)739-3824(본사) · 080-022-8585(영업)

기획편집 ㅣ 박영경
디자인 ㅣ 송민재
인쇄 ㅣ 영진문원
제본 ㅣ 다온바인텍

ISBN 978-89-04-14129-6 (03230)

저작권자의 허락 없이 이 책의 일부 또는 전체를
무단 복제, 전재, 발췌하면 저작권법에 의해 처벌을 받습니다.

마틴 로이드 존스

그리스도인의 결혼생활

마틴 로이드존스 지음 | 조계광 옮김

CHRISTIAN MARRIAGE

생명의말씀사

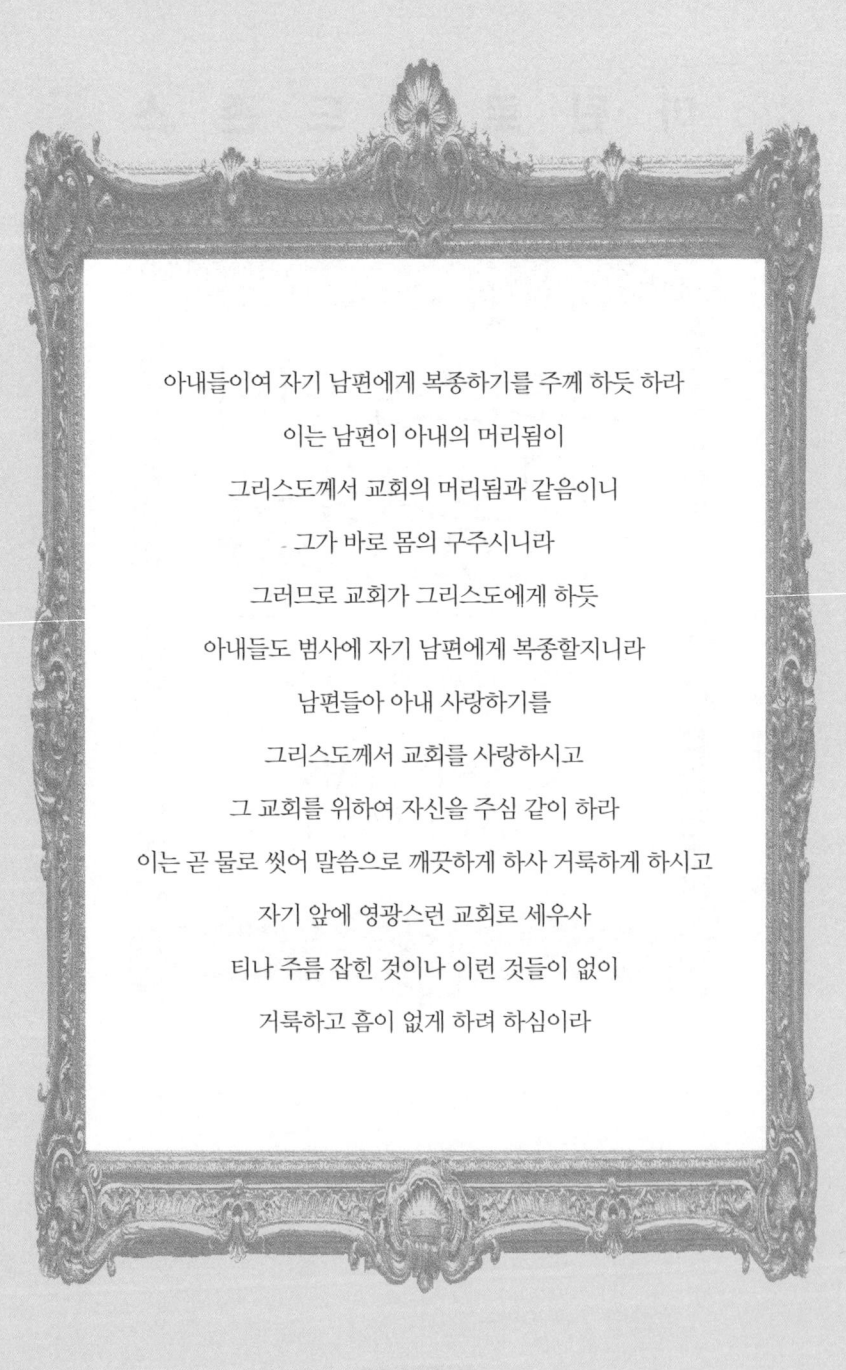

아내들이여 자기 남편에게 복종하기를 주께 하듯 하라
이는 남편이 아내의 머리됨이
그리스도께서 교회의 머리됨과 같음이니
그가 바로 몸의 구주시니라
그러므로 교회가 그리스도에게 하듯
아내들도 범사에 자기 남편에게 복종할지니라
남편들아 아내 사랑하기를
그리스도께서 교회를 사랑하시고
그 교회를 위하여 자신을 주심 같이 하라
이는 곧 물로 씻어 말씀으로 깨끗하게 하사 거룩하게 하시고
자기 앞에 영광스런 교회로 세우사
티나 주름 잡힌 것이나 이런 것들이 없이
거룩하고 흠이 없게 하려 하심이라

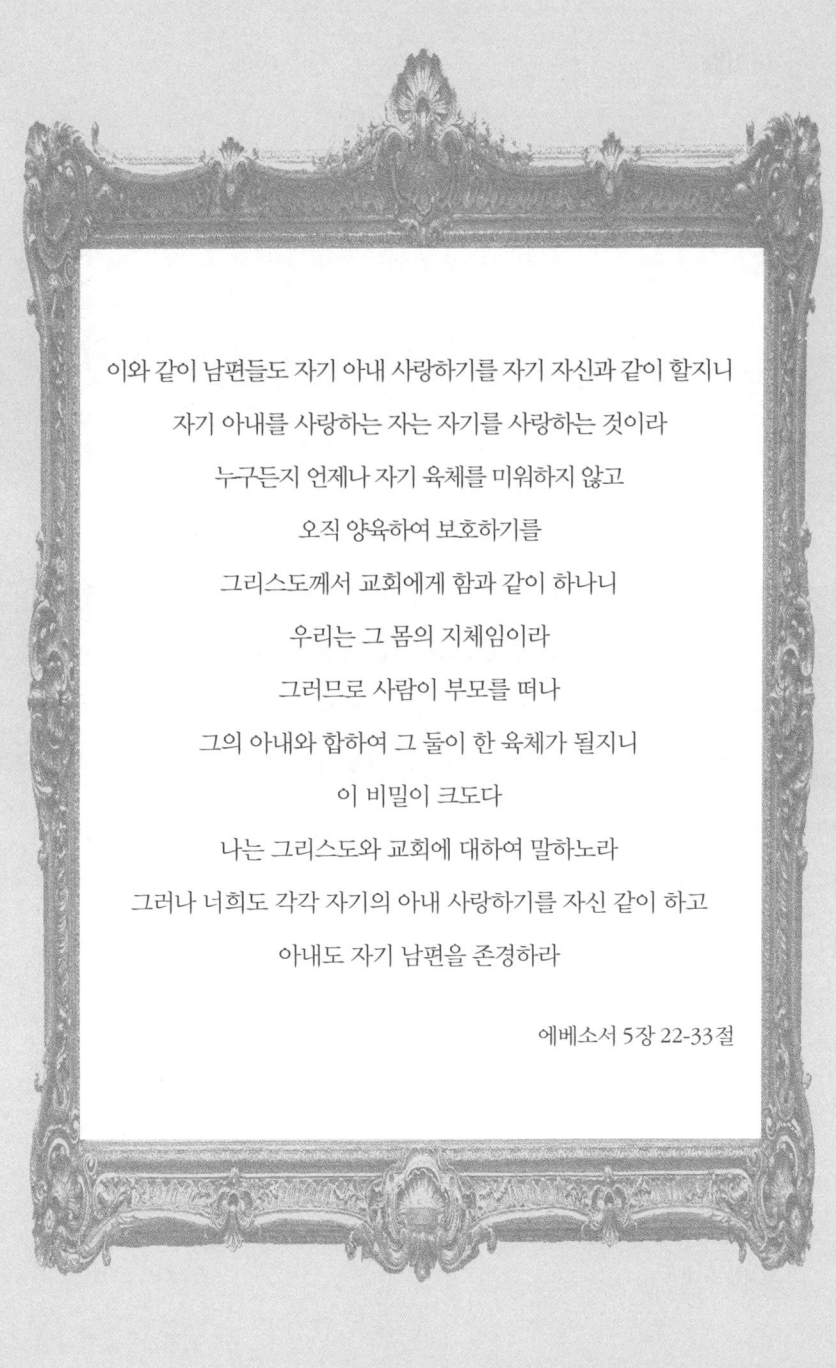

이와 같이 남편들도 자기 아내 사랑하기를 자기 자신과 같이 할지니

자기 아내를 사랑하는 자는 자기를 사랑하는 것이라

누구든지 언제나 자기 육체를 미워하지 않고

오직 양육하여 보호하기를

그리스도께서 교회에게 함과 같이 하나니

우리는 그 몸의 지체임이라

그러므로 사람이 부모를 떠나

그의 아내와 합하여 그 둘이 한 육체가 될지니

이 비밀이 크도다

나는 그리스도와 교회에 대하여 말하노라

그러나 너희도 각각 자기의 아내 사랑하기를 자신 같이 하고

아내도 자기 남편을 존경하라

에베소서 5장 22-33절

머리말

이 책에 실린 열한 편의 설교는 웨스트민스터 채플에서 매주 주일 오전에 이루어졌던 에베소서 강해*의 일부이며 이미 책으로 출판된 바 있다. 이 책에서 로이드존스는 결혼생활에 대한 바울 사도의 가르침이 대단히 중요하다고 강조한다. 그는 바울이 설파한 기독교 신앙의 심오한 진리를 배우지 않고서는, 결혼과 같은 실천적 문제를 올바로 이해할 수 없다고 주장한다. 기독교의 교리와 실천을 따로 분리시켜 다루려는 시도는 매우 위험하다. 로이드존스는 성령의 사역에 근거한 기독교의 능력만이 사회 속에 깊이 스며들어 변화를 일으킬 수 있다고 강조하고 있다.

요즈음의 세태를 보면 결혼 제도 자체가 거의 와해되어 가는 듯 하

---

* 에베소서 강해는 영국의 배너 출판사 The Banner of Truth Trust가 모두 여덟 권으로 나누어 출판했다. 이 책에 실린 설교는 제6권 『Life in the Spirit(성령 안에서 사는 삶) -엡 5:18-6:9』에서 발췌한 것이다.

다. 수많은 부부가 이혼으로 갈라서고 있고, 때문에 수많은 아이들이 "결손 가정"에서 성장하고 있다.

　이러한 시대에 복음을 따르는 그리스도인의 결혼생활은, 그리스도의 복음을 통하여 강력한 변화가 일어남을 세상 속에 확실히 증언할 도구가 될 것이다. 다시 말해, 그리스도인의 결혼생활은 단순한 실천 문제의 차원을 뛰어넘어 가장 심원한 진리를 만방에 드러낼 수 있는 것이다.

　오늘과 같은 상황에서 그리스도인들이 베푸는 삶의 모습, 특히 모범적 결혼생활은 그 자체로써 복음 전파를 위한 절호의 기회가 될 수 있다. 또 여기에 실린 설교들은 그 기회를 붙잡는 데 큰 도움을 줄 것이다.

편집자 씀

CONTENTS

머리말 6
서문 - 근본 원리 13

Part1 권고

1 아내에게 주신 특별한 명령

'복종' 명령을 주신 이유는 무엇일까? 40
태초의 사건을 주목하라 45
반 여성주의자의 견해는 아닐까? 50
모든 질서가 혼란스러워지다 59
가장 근본적인 이야기 65
바울은 왜 그 말씀을 덧붙였을까? 72
'우열'이 아닌 '역할'의 문제 80

2 남편에게 주신 존엄한 진리

무엇보다 강조하고 싶은 권고 92
'사랑'을 설명하는 세 가지 용어 97
결혼생활에서 '사랑'은 어떤 역할을 하는가? 101
아내에게 마땅한 사랑 105
그리스도 앞에 우리의 가정을 비춰보라 108

Part2 영광스러운 연합

3 가장 위대한 계획을 만나라

생각만으로는 부족하다   116
우리가 망각하고 있는 것   125
그리스도의 온전한 목적   129
특별한 소유가 되다   136

4 성령이 준비하시는 것

깨끗하여진다는 것은…   142
이를 가능하게 하는 것은 무엇인가?   146
간단한 공식으로 성화를 이룬다?   156

CONTENTS

5 우리가 경험하게 될 일들

지속적인 양육과 보호하심　169
'친히' 세우신 교회　174
무엇을 위해 우리를 택하셨는가?　182
이 모든 일이 언제 일어나는가?　188

6 가슴 벅찬 비밀이 밝혀지다

신비스런 연합에 대한 오해와 왜곡　193
이 비밀이 크도다　196
'그리스도의 살과 뼈', 그 의미　200
그리스도를 온전하게 하다　207

7 모든 것이 주어졌다

특권을 방치하고 있지 않은가?　214
자신의 이름을 내어주시다　218
상상할 수도 없던 영예를 누리다　222
그리스도인의 궁극적인 운명　228

Part3 **새로워지다**

8 **적용의** 단계

짚고 넘어가야 할 세 가지　240
더 훌륭한 나의 반쪽　248
실제적이고 구체적인 지침　260

9 **변화를** 경험하라

연합의 원리를 기억하라　266
결혼의 의미를 완성하는 아내　275
변화된 삶의 관계　284

서문
근본 원리

바울의 특정한 설명 방식을 이해하라

우리의 본문(에베소서 5장 22-33절)을 살펴보기 전에 바울 사도가 앞서 21절 말씀(그리스도를 경외함으로 피차 복종하라)에서 제시한 원리를 다시 기억할 필요가 있다. 21절의 복종의 원리가 계속해서 적용되고 있기 때문이다. 그는 먼저 일반 원리를 제시하고, 그것을 구체적으로 적용하는 방식을 취한다. 그의 이러한 방식은 매우 분명하다. 다음 세 가지를 살펴보면, 그에 대한 명확한 확신을 얻을 수 있다.

첫째, 킹제임스역을 비롯한 여러 번역 성경에서는 22절을 "아내들이여 자기 남편에게 복종하기를 주께 하듯 하라"고 번역했지만, 사실 성경 원문에는 "복종하라"는 용어는 나타나지 않는다. 원문에는 "아내들이여 주님께 하듯 남편들에게"라고만 되어 있다. 이 용어가 생략된 것은 어떤 의미일까? 그것은 바울이 "복종하라"는 21절의 명령을 22절까지 확대 적용하고 있다는 것을 뜻한다. 다시 말해, 이는 그가 여전히 동일한 주제, 곧 복종이라는 일반 원리를 다루고 있다는 것을 보여준다. 바울은 독자들이 앞서 말한 주제를 염두에 두고 있을 것으로 여기고, "(복종을 전제로) 아내들이여 남편들에게"라고 권고했던 것이다. 이처럼, 성경 원문에 "복종하라"는 말이 생략되어 있는 것은 그러한 바울의 의도를 확실히 드러내는 증거라고 할 수 있다.

두 번째 증거가 또 있다. 이 증거는 바울이 남편들보다 아내들을 먼저 언급하고 있는 사실에서 발견된다. 이것은 우연이 아니다. 겸양의 미덕을 나타내려는 것도 아니고, 레이디 퍼스트Lady-First라는 관습에 따르기 위한 것도 아니다. 성경은 그런 종류의 것이 아니다. 바울의 설명은 물론이고, 앞으로도 살펴보며 더 이해하게 되겠지만 성경은 오히려 그와 반대되는 순서를 따른다. 사실, 세상의 법칙이나 일상에서 사용하는 어법도 이와 같기는 마찬가지다. 우리는 "아무개 부인과 아무개 씨"가 아니라 "아무개 씨와 아무개 부인"이라고 말한다. 바울이 남편과 아내의 관계에서 아내를 먼저 언급한 것은 그래야 할 분명한 이유가 있었기 때문이다. 이는 바로 그가 복종이라는 주제를 다루고 있다는 사실에 있다.

복종은 본문의 바로 앞 21절에 제시된 원리다. 결혼 관계에서 복종은 특별히 아내들에게 적용된다. 남편들에게 적용되는 것은 따로 있다. 바울은 남편들에게 적용되는 것도 똑같이 다룬다. 그의 가르침은 항상 온전한 균형을 이룬다. 그러나 복종의 문제를 다룰 때는 아내를 먼저 언급하는 것이 지극히 자연스럽고 온당하다. 이러한 사실은 우리가 다루려는 내용이 21절에 제시된 일반 원리의 적용이라는 점을 다시 한 번 든든히 뒷받침한다.

마지막 증거는 바울이 "자기 남편에게"라는 표현을 사용했다는 사실이다. 그는 "아내들이여 자기 남편에게 복종하기를 주께 하듯 하라"고 강조했는데, 그는 21절에서 이미 "피차 복종하라"는 말로 모든 신자가 서로에게 복종해야 한다는 일반 원리를 제시했다. 구체적으로 말해, 바울은 복종의 원리에 따라 모두가 서로에게 복종해야 한다면 구약성경이 적절히 규정하고 있는 이 특수한 관계에서 아내가 남편에게 복종하는 것이 더욱 마땅하지 않겠느냐는 논리이다.

내가 이 점을 강조하려고 애쓰는 이유는 21절을 일반 원리로 받아들여야만, 바울이 전하려는 상세한 가르침을 옳게 이해할 수 있기 때문이다. 이제 이 점을 분명히 이해했다면, 다음 내용을 살펴보기로 하자.

그리스도인의 결혼생활이라는 이 주제는 너무나도 중요하다. 특히 오늘날에는 더욱 그렇다. 이를 본격적으로 다루기 전에 우선 바울의 가르침을 전체적으로 살펴보는 것이 좋을 듯하다. 먼저, 그의 방식부터 관찰해보자. 그래야 할 이유는 충분하다.

바울이 여기에서 사용하는 방식은 "자녀들과 부모들", "종과 상전"

의 경우에도 똑같이 해당한다. 각각의 경우에서 그 순서를 주목하라. 통상적으로 부모와 자녀들을 함께 언급할 때에 자녀들을 부모들보다 먼저 지칭하지는 않는다. 그러나 이 에베소서 본문의 경우는 그렇게 하고 있다. 그 이유는 가르침의 주제가 '복종'이기 때문이다. 종이 상전보다 먼저 언급된 이유도 이와 마찬가지다.

내가 지금까지 강조해온 대로, 이런 성경 본문을 연구할 때는 바울 사도가 즐겨 사용하는 특정한 설명 방식에 주목해야 한다. 한 가지 사례에서 바울의 설명 방식을 옳게 파악하면, 그가 기록한 다른 성경 말씀을 이해하는 열쇠를 손에 쥘 수 있다. 그뿐만이 아니다. 그의 방식을 이해하면, 어떤 문제에 부딪쳤을 때 그 방식을 적용해야 할 필요성을 의식할 것이고, 나아가 그것을 통해 해결책을 발견하는 효과까지 거둘 수 있을 터이다.

따라서 지금은 먼저 바울의 방식을 조심스럽게 살피는 일이 중요하다. 먼저 그렇게 하고 나서 그가 다루는 문제를 구체적으로 살펴보기로 하자. 바울의 방식을 예증하는 몇 가지 원리들은 본문 안에 확연히 드러나 있다.

우선적으로 이해해야 할 8가지 일반 원리

첫 번째 원리는 신자가 되었다고 해서 우리의 생각과 행동이 저절로 올바르게 되는 것은 아니라는 것이다. 그러나 어떤 이들은 그렇게 생각하는 듯하다. 그들은 신자가 되는 순간에 곧바로 모든 것이 완벽하고 분명해진다고 믿는다. 이렇게 된 데에는 몇몇 복음 전도자들의 책임이 크다. 그들은 결과를 얻는 데 급급한 나머지, 터무니없는 가르침을 전해서 목회자들과 교사들에게 지나친 부담을 안긴다. 그들의 가르침은 마치 마법의 세계에 들어가는 듯한 인상을 준다. 그들의 이야기는 주로 이런 식이다.

"완전한 변화가 일어날 것입니다. 모든 것이 달라집니다. 당신이 해야 할 일은 결단뿐입니다. 그러면 영원히 행복할 수 있습니다. 이제는 당신에게는 어떤 어려움도 없을 것이며, 또 더 이상 아무 문제도 겪지 않게 됩니다."

물론, 그런 말들은 거짓이다. 만일 이 말들이 사실이라면, 사도들의 서신서는 신약성경에 단 한 편도 남아있지 않았을 것이다. 신자가 되어 하나님과 올바른 관계를 회복했다고 해서 우리가 생각하고 말하고 행동하는 것이 저절로 바르게 되지는 않는다. 우리가 지금 살펴보고 있는 이 성경 본문 자체가 삶의 문제들에 관한 가르침을 계속해서 배워야 함을 일깨워주는 증거다.

방금 설명한 대로, 단지 그리스도인이기 때문에 모든 것이 저절로 잘 되는 일은 결코 없다. 오히려 그리스도인이 되었기 때문에 전에는 감당하지 않았을 문제를 새롭게 감당해야 할지도 모른다. 이것이 둘째 원리다. 설령 당장 어려운 문제들이 생기지는 않더라도, 최소한 이전과는 다른 경험을 하게 될 것이 분명하다. 전과 다른 관점으로 상황을 바라보게 될 것이고, 예전 같으면 생각하지 않았을 문제를 생각해야 할 것이다. 새로운 생각을 하는 순간부터 새로운 문제에 부딪치게 되는 것이다.

초대 교회에도 그런 일들은 빈번했다. 그 예로 당시에 살았을 '아내'의 경우를 생각해 보자. 남편과 아내는 이방인으로 함께 살았다. 둘 다 신자가 아니었을 때는 다른 이방인들처럼 그런대로 결혼생활을 꾸려나갔다(이 문제는 나중에 다시 언급할 생각이다). 그러다 아내가 회개하고 신자가 되었다. 복음을 알게 된 아내는 이렇게 말하고 싶어질 것이다.

"이제 나는 자유야. 전에 알지 못했던 것을 알게 되었다. 복음은 '야만인이나 스구디아인이나, 남자나 여자나, 종이나 자유인이 없다'(골 3:11 참조)고 가르친다. 내가 지금까지 살아온 대로 똑같이 살아갈 필요는 없다. 나는 남편이 알지 못하는 것을 알고 있다"

이런 방식으로 아내는 새로운 삶을 잘못 이해해 남편과의 결혼 관계를 틀어지게 할 위험이 있다. 자녀와 부모의 관계도 마찬가지였다. 지금도 그런 경향은 사라지지 않고 있다. 자녀들은 회심했으나 부모는 그렇지 않았을 때에도 이는 마찬가지이다. 그들은 새롭게 된 상황을 그릇 이해해서, 마귀의 유혹에 이끌려 자유를 오용하고 남용하기 쉽다. 그러다가 결국에는 부모를 공경하라는 하나님의 계명을 어기는 잘못을 범할 수도 있는 것이다.

기독교의 가르침을 통해 새로운 깨달음을 얻게 되면, 전에 겪어보지 않은 새로운 문제들이 발생하기 시작한다. 이처럼 본문은 거듭남을 통해 일어난 새로운 변화에는 반드시 새로운 문제가 뒤따른다는 사실을 분명히 암시한다. 따라서 우리는 신중한 태도로 이 새로운 삶 속에서 무엇이 옳은지를 분별하고, 그 새로운 가르침을 우리가 겪는 새로운 상황에 적용하는 방법을 찾으려고 애써야 한다.

셋째 원리는 이렇다. 기독교의 가르침은 우리의 삶 전체를 아우른다. 기독교의 가르침이 다루고 있지 않거나 통제하지 않는 삶의 영역은 없다. 그리스도인의 삶은 제각기 따로 분리될 수 없다. 그러나 막상 실제의 삶은 그렇지 못한 경우들을 참으로 많이 본다. 초대 교회 당시에도 회심한 신자들(즉 아내들과 남편들, 자녀들과 부모들)이 "복음을 따르는 것은 나의 신앙생활이나 예배 활동에만 국한된 것이다. 결혼생활이나 일과는 아무런 상관이 없다. 부모와의 관계도 마찬가지이다"라 생각할 위험이 있었다.

기독교의 가르침 대로라면, 그런 생각은 큰 잘못이다. 신앙과 삶을 따로 분리하는 것보다 더 위험한 잘못은 없다. 많은 이들이 주일 아침에는 "나는 그리스도인이다"라고 말하고, 성경책과 찬송가를 챙겨 든다. 그리고 월요일 아침이 되면 "나는 사업가이다"라고 바꿔 말하며 사업에 필요한 것들만을 챙겨 들고 나간다. 신앙과 삶이 분리된 삶을 사는 것이다. 월요일만 되어도 자신을 신자라고 말하기조차 민

망해진다. 주일에만 신자가 되어 예배당에 나간다. 그런 태도는 결코 옳지 않다. 그리스도인의 삶은 전체적이어야 한다. 기독교 신앙은 삶의 모든 영역에 적용된다. 이 점들은 매우 중요하며 또 얼마든지 자세히 다룰 수 있다.

어떤 사람들은 오늘날의 기독교와 교회의 상태가 이 지경이 된 데에는 빅토리아 시대의 신자들이 기독교 신앙이 삶의 일부가 아니라 그 전부를 지배하는 원리라는 사실을 이해하지 못한 데 원인이 있다고 지적한다. 나도 그 말이 상당히 일리가 있다고 생각한다. 조상들 가운데 많은 이들이 신자였으며, 그들은 일터나 사무실에서 아침마다 기도를 드리곤 했다. 그러나 기도를 드린 다음에는 완고하고, 탐욕스럽고, 불친절하고, 부당하고, 율법적인 태도를 취했다. 그들은 기독교 신앙이 삶 전체를 지배한다는 사실을 이해하지 못한 채 이율배반적인 삶을 살았다. 믿음과 삶을 따로 구분했던 그들의 삶은 기독교에 큰 해악을 끼쳤다. 우리가 믿는 기독교 신앙은 결혼생활, 부모와의 관계, 직업 활동 등 우리의 모든 태도와 행위에 철저히 적용되어야 한다.

이제 넷째 원리를 살펴보자. 이는 교리와 신학의 관점에서 볼 때 가장 중요한 원리에 해당하고, 바로 그런 이유에서 일상생활에서도 똑같이 중요한 역할을 한다. 기독교의 가르침은 인생과 삶에 관련된 성경의 근본 원리와 모순 되거나 어긋나지 않는다. 신약성경과 구약성경은 서로 대립하지 않는다. 구약성경을 대하는 요즘 사람들의 태도를 생각하면, 지금 시기에 이 점을 강조하는 것이 꼭 필요하다 생각한다. 사람들은 "구약성경이 말씀한 것에 더 이상 관심을 기울일 필요가 없습니다. 우리는 신약 시대 사람들입니다"라는 식의 그럴듯한 논리를 펼친다. 개중에는 어리석게도 구약성경의 하나님을 믿지 않는다고까지 말하는 사람들이 있다. 그들은 "나는 구약성경에서의 하나님이 아닌, 주 예수 그리스도의 아버지이신 하나님을 믿습니다"라고 말한다. 기독교 설교자를 자처하는 사람들도 강단에서 시내 산의 하나님, 십계명과 율법의 하나님을 믿지 않는다고 선언한다. 그들은 구약성경을 무시하고, 오직 신약성경의 가르침만을 따라야 한다고 주장한다. 심지어는 그들 가운데 오늘날은 지식이 크게 진보된 시대이기 때문에 신약성경의 가르침조차 따를 필요가 없다고 주장하는 사람들도 있다.

이처럼 오늘날에는 성경의 가르침을 무시하는 경향이 뚜렷하다. 이에 대한 내 대답은 이렇다. 기독교의 가르침을 전하는 신약성경은 인간 관계와 삶의 질서가 담긴 구약성경의 근본 원리와 조금도 모순되거나 어긋나지 않는다. 물론 이런 사실은 결혼이라는 주제에도 똑같이 적용된다. 바울의 주장은 구약성경, 심지어는 그 첫 번째 책인 창세기의 가르침에 근거한다. 가정의 경우는 물론, 삶의 근본 질서도 예외가 될 수 없다. 신약의 그리스도 신앙을 받아들였다고 해도 구약성경의 가르침은 전혀 훼손되지 않는다. 오히려 예수님의 가르침은 구약성경을 보완하고, 그 진리를 한층 더 밝혀 본래의 계명 안에 숨어 있는 정신을 깨닫도록 도울 뿐 결코 모순을 일으키지 않는다.

이것은 지극히 중요한 원리다. 내가 이 원리를 강조하는 이유는 목회자로서 그런 문제를 너무나도 자주 다루어왔기 때문이다. 사람들은 그리스도 안에서 새로운 피조물이 되었기 때문에 구약성경이 가르치는 원리는 더 이상 유효하지 않다고 생각한다. 그러나 신약성경은 구약성경이 여전히 타당하다고 말씀한다. 바울은 새로운 가르침이 아무리 많은 점을 보완하고 있다고 해도, 최초의 가르침이 하나님께로부터 나왔으며, 또 그 때문에 우리가 반드시 복종하지 않으면 안 된다는 점을 깨우쳐주기 위해 거듭 구약성경을 인용했다.

이번에는 다섯째 원리를 생각해보자. 신약성경은 항상 가르침의 이유를 제시한다. 또한 신약성경은 늘 논거를 분명히 한다. 나는 이것이 참으로 마음에 든다. 신약성경은 단지 규칙과 규정만을 나열해 놓고, "이제부터 이것들을 지켜라"라는 식으로 말씀하지 않는다. 결코 그런 경우가 없다. 신약성경은 항상 설명과 논거와 이유를 제시한다. 단순히 규칙과 규정만을 나열하는 방식은 신약성경의 올바른 가르침과는 아무런 상관이 없는 것이다. 그런 방식의 기독교는 마치 우리를 어린아이처럼 취급한다. 그런데 안타까운 것은 그러한 기독교가 버젓이 존재하고 있다는 것이다. 그들은 마치 단체복을 입히듯 모든 그리스도인을 "똑같아 보이게" 만든다. 즉, 사람들을 고정된 틀에 맞추려고 노력한다. 엄밀히 말해, 그것은 기독교가 아니다. 우리는 어떤 행동을 할 때, 마땅히 그래야 하는 이유를 알아야 한다. 항상 이유를 알고 있어야 한다. 확신과 만족을 느껴야 하고, 모순이 없어야 한다. 가시덤불을 뒷발질하듯이 내키지 않은 일을 억지로 하는 것은 바람직하지 않다. 신앙생활이 해야 하지만 하고 싶지 않은 일, 곧 가능하면 멀리 도망치고 싶은 의무처럼 되어서는 곤란하다. 그런 것은 기독교라고 할 수 없다. 그리스도인이란 자신이 살아가는 방식을 기쁘게 여기는 사람이다. 그리스도인은 자신의 삶의 방식을 백 퍼센트 확신하고 싶어 하며 또한 그것을 필수적으로 여겨 만족스럽게 받아들인다.

이것이 내가 그리스도인이 아닌 사람은 인간이 된다는 것이 어떤 의미인지 온전히 알 수 없다고 말하는 이유다. 하나님의 말씀만큼 인간을 존중하는 가르침은 어디에도 없다. 하나님의 말씀은 우리를 어린아이처럼 대하지 않으며, 규칙과 규정을 강요하지도 않는다. 하나님의 말씀은 우리의 이성에 호소하며, 우리의 이해를 촉구한다. 그것이 거룩하고 참된 가르침이다. 이런 가르침은 아무 생각 없이 수동적으로 받아들이는 가르침, 곧 간편하게 정리된 정보를 그대로 전달받는 것과는 사뭇 다르다. 하나님의 말씀은 바울처럼 가르치고자 하는 것을 논리적으로 설명하고, 원리와 그 적용을 다루는 방식을 취한다. 이것이 거룩하고 성결한 신약성경의 교수 방법이다. 참으로 하나님께 감사하지 않을 수 없다.

내가 여기에서 깨달은 여섯째 원리는 가장 영광스러운 원리다. 성경은 진정 놀랍기 그지없다. 처음에는 우리가 다루는 에베소서 본문을 읽고 이것이 단지 결혼생활, 곧 남편과 아내의 관계에 대한 가르침일 뿐이라고 생각하기 쉽다. 그러나 곧 그 안에 담겨 있는 귀한 보화가 서서히 모습을 드러내기 시작한다. 마치 보물창고를 하나씩 열 때마다 더욱 놀라운 보화가 쏟아져 나오듯, 갈수록 놀라움은 더욱 커진다. 이 본문을 보면, 교리와 실천이 서로 뗄 수 없는 관계를 지닌다는 사실이 확연하게 드러난다. 그렇지 않은가? 교리와 실천은 절대 분리될 수 없다. 이 둘은 서로를 보완하고 예증한다. 본문이 가르치는 내용은 성경에서 가장 놀라운 가르침 가운데 하나다. 나는 가장 위대한 가르침이 아니라 가장 놀라운 가르침이라고 말했다.

지금 우리는 에베소서 5장의 마지막 대목을 살펴보고 있다. 이 본문은 무엇에 초점을 맞추고 있는가? 바로 실천적인 가르침이다. 앞 장, 1-3장과 4장의 서두까지는 교리를 가르치는 내용이 이어진다. 그리고 그 이후부터는 삶의 문제들과 일반적인 관계와 가장 일상적인 문제들을 다룬다. 바울이 다룬 내용 중에서 이보다 더 실천적인 내용은 없다. 이 대목은 아내와 남편, 자녀와 부모, 종과 상전이라는 실천 문제에 시선을 맞추고 있다.

그러나 혹시 당신이 홀로 이 부분을 읽을 때나 결혼식장에서 우연히 이 대목을 읽는 소리를 들을 때에, 바울이 이 실천적인 문제를 다루다가 말고 느닷없이 가장 영광스런 교리를 끄집어내는 것을 불현듯 깨달은 적은 없었는가? 그것은 몸서리가 쳐질 만큼 큰 전율과 희열을 느끼는 경험이었을 것이다.

바울은 아내들과 남편들에게 서로를 대하는 법을 일러주면서 교회의 본질 및 교회와 그리스도와의 관계를 가르치는 교리를 언급한다. 다시 말하지만, 바울은 본문에서 교회의 본질 및 교회와 그리스도와의 관계에 관한 가장 영광스런 교리를 제시한다. 우리는 이 점을 간과해서는 안 된다. 에베소서를 읽을 때는 놀랄 준비를 해야 한다. "난 그런 것에는 별로 관심이 없습니다. 이것은 직접적이고, 단순하고 실천적인 가르침일 뿐입니다"라는 식으로 안일하게 생각해서는 안 된다. 그러다가는 예기치 못한 순간에 진리의 문이 열려 지금까지 경험한 것 가운데 가장 장엄하고 영광스런 교리와 갑작스레 마주치게 될 것이다.

따라서 나는 성경을 피상적으로 분석하려 하지 말라고 충고하고 싶다. "1장은 이렇고, 2장은 저렇다. 모든 것이 완벽하고 조리 있으며, 정연하다"고 말하는 사람들도 있다. 그러나 에베소서 5장을 그런 식으로 다루려고 하면, 본래 생각하고 예상했던 계획이 하나도 들어맞지 않아 당황하게 될 것이 분명하다. 바울은 가장 실천적인 문제를 다루는 대목에서 갑자기 교회의 본질과 교회와 주 예수 그리스도와의 관계라는 놀라운 교리를 언급했다. 그러나 모든 실천 행위는 교리에 근거하기 때문에 교리와 실천은 서로 밀접하게 연결된다는 점을 늘 기억해야 한다. 따라서 '실천'에만 관심이 있다고 말하는 사람은 사실상 기독교 메시지의 본질을 부인하는 것이다. 이 위대한 본문은 그 점을 가장 완벽하게 보여주고 있다.

지금까지 여섯 가지 원리를 제시했다. 이번에는 일곱째 원리를 살펴보자. 앞서 말한 내용을 종합해 보면, 어떤 문제가 대두되었을 때 그 문제 자체만을 생각하고 직접 달려들어 해결하려고 해서는 안 된다는 것을 알 수 있다. 우리는 대개 그런 경향이 있다. 토론회나 모임에서 그런 광경을 얼마나 자주 목격하는지 모른다. 예를 들어, 누군가의 삶에서 문제가 발생하는 경우, 나는 그것을 사람들 앞에 제시한다. 그러면 사람들은 즉시 일어나 그 문제를 직접 다루거나 거기에 대해 제각기 견해를 제시하기 시작한다. 바로 거기에서부터 그들은 잘못되었다. 그런 식으로 문제에 접근하는 것은 바람직하지 못하다.

바울은 남편과 아내의 문제를 마치 하나의 독립된 문제인 양, 직접적이고 즉각적으로 다루지 않는다. 그의 방식에 따르면, 우리는 항상 우회적으로 접근해야 한다. 즉, "간접적인 접근 방식"이 필요하다. 특정한 문제가 발생했을 때는 즉각적이고 직접적인 접근 방식을 선택해서는 안 된다. 먼저 "성경에 이런 종류의 문제를 다루는 원리나 교리가 나오는가?"라고 물어야 한다. 다시 말해, 우리 앞에 있는 한 개인의 문제를 다룰 때는 먼저 "그가 어떤 가정에 속해 있는가?"라고 물어야 한다. 또한 좀 더 넓게는 "그는 어떤 민족에 속해 있는가?"라고 물어야 한다. 분류의 범위를 넓혀, 먼저 그룹이나 계층이나 큰 단체와 관련된 진리를 찾은 연후에 특정한 문제나 상황에 적용해야 한다. 이것이 바울 사도의 방법이다. 그는 일반적인 것에서 출발하여 특정한 것으로 나아간다.

나는 종종 다음과 같은 예를 들곤 한다. 화학을 공부해 본 사람이 어떤 물질의 정체를 밝혀내라는 요청을 받는다면, 그는 어떤 방법을 사용할까? 바로 내가 지금까지 설명한 방법을 사용할 것이 분명하다. 그는 더 커다란 집단부터 시험하기 시작해 단 하나의 집단이 남을 때까지 연관성 없는 것을 하나씩 제거한다. 그리고 그 하나의 집단을 다시 분할하고, 또 세분해서 결국에는 특수한 한 가지 물질을 찾아낸다. 바울 역시 이 방법을 사용하고 있다. 그는 이 방법을 모든 곳에 적용한다. 이것이 일반적인 것에서 특수한 것으로 나아가는 "우회적 접근 방식"이다. 문제에 직접 접근해 그것만을 가지고 씨름하지 말라. 일반 원리나 핵심 교리를 파악해야 한다.

내가 말하려는 마지막 원리는 매우 실제적인 것이다. 이 원리는 앞서 말한 모든 원리에서 추론한 것이다. 바울이 어떤 정신으로 논의를 펼치고 있는지 주목하라. 그는 아내와 남편, 남편과 아내의 관계를 다루고 있다. 그러나 유념할 것은 그의 방법, 곧 그의 정신적 태도이다. 결혼이라는 주제는 세상에서 흔히 다루는 우스갯거리 가운데 하나다. 그렇지 않은가? 이 주제는 항상 사람들의 웃음을 자아낸다. 코미디언은 달리 웃길 이야기가 없을 때는 결혼 관계, 즉 남편과 아내의 관계를 종종 끄집어내곤 한다. 그러나 바울은 절대 그런 태도로 이 주제를 다루지 않는다. 그리스도인의 삶과 관련된 문제는 어느 하나도 그렇게 취급할 수 없다.

바울의 정신적 태도를 보여주는 증거가 하나 더 있다. 그는 이 주제를 익살스럽고 경박하게 다루지 않을 뿐 아니라, 조금도 편파적인 태도로 대하지 않는다. 또한 흥분한 어조로 공격적인 태도를 취하지도 않을 뿐더러, 권리를 주장하지도 않으며, 이것은 옳고 저것은 그르다는 것을 입증하려고 애쓰지도 않는다. 그러나 사람들은 대개 그런 식으로 문제를 다루곤 한다. 그렇지 않은가? 그것이 많은 분란의 원인이다. 지금까지 말한 대로, 바울은 이 주제를 승화시켜 또 다른 문맥에 삽입함으로써 그 모든 폐단을 지혜롭게 극복한다. 그는 그런 식으로 모든 어려움을 잠재운다.

바울의 방법은 이것이다. 즉, 그의 방법은 그가 이미 21절(그리스도를 경외함으로 피차 복종하라)에서 제시한 대로, "그리스도를 경외한다"는 원리에 근거한다. 그는 그렇게 말한 뒤에 곧바로 "아내들이여 자기 남편에게 복종하기를 주께 하듯 하라"고 말했다. 한쪽 편만을 들어 편파적으로 치우쳐서는 곤란하다. 만일 그렇게 한다면 이미 실패는 불을 보듯 뻔하다. 바울은 그런 편파적인 태도를 방지하기 위해 양쪽을 모두 "주께" 복종시킨다. 신자들이 논하는 주제는 무엇이든 모두 이런 방식으로 처리해야 한다. 이성을 잃고 논쟁을 일삼는 신자는 입을 다무는 것이 좋다. 자신의 견해를 입증하든 못하든, 이성을 잃고 날뛴다면 그것은 곧 모든 것을 잃는 것이나 다름없다. 주님 안에서, 즉 "그리스도를 경외하는" 태도를 유지해야 한다.

바울은 복종에 관해 이렇게 말한다. "그리스도를 경외함으로 피차 복종하라"는 말씀대로, 바울의 요점은 시시비비를 가리기 전에 양쪽 모두가 주님께 자신을 복종시켜야 한다는 것이다. 양쪽이 모두 그런 태도를 취하면, 서로 겸손한 태도로 논의를 시작할 수 있다. 이런 방식은 참으로 큰 차이를 가져온다. 한쪽이 설혹 교양이 없는 말을 사용하더라도 즉시 반격하지 말고 겸손한 태도를 유지해야 한다. 어떤 어려운 문제라도 겸손한 태도로 풀어나가려고 노력한다면, 참으로 많은 것이 바뀔 것이다.

이 원리는 비단 남편과 아내의 문제에만 적용되지 않는다. 반전주의를 비롯해 요즘 사람들의 관심을 자극하는 다양한 문제를 둘러싸고 벌어지는 논쟁의 열기를 생각해보라. 온통 흥분과 편협과 반목이 난무하지 않은가. 그러나 바울이 가르치는 방법과 정신은 다르다. 주님께 온전히 복종하며, 항상 주님을 기쁘게 해드리겠다는 마음으로 그분과 그분이 가르치신 말씀의 인도를 기꺼이 받아들이는 것이다.

결혼에 관한 성경적인 논의

지금까지 그리스도인의 삶에서 일어날 수 있는 모든 문제에 적용되는 여덟 가지 원리를 살펴보았다. 이제 일반 원리를 모두 논의했으니 우리의 주제에 초점을 맞춰보자. 지금까지 말한 내용은 결혼에 관한 기독교적 관점, 즉 바울 사도가 가르치는 결혼관을 통해 완벽하게 증명된다. 거듭 말하지만, 우리는 그의 방법을 따라야 한다. 세부 내용을 살펴보기 전에 먼저 결혼에 관한 바울의 일반적인 논의부터 생각해보자.

바울이 말하는 결혼에 관한 첫 번째 논점은 기독교의 결혼관이 매우 독특하다는 것이다. 기독교의 결혼관은 다른 모든 결혼관과 전적으로 다르다. 이 결혼관은 오직 성경에서만 발견된다. 기독교는 결혼을 어떻게 바라보는가? 기독교는 결혼을 어떻게 가르치는가? 기독교의 결혼관은 대다수 사람들이 생각하는 결혼관과는 사뭇 다르다. 이 점을 생각해본 적이 있는가? 지금 누군가로부터 기독교의 결혼관에 관한 기사를 작성해 달라는 요청을 받는다면 어떻게 할 것인가? 그런 기사를 작성해본 적이 있는가? 만약 당신이 분명하게 잘 정리된 결혼관을 지니고 있지 않다면 이는 매우 어려운 일이 될 것이다. 기독교 결혼관의 독특함을 발견했는가? 그것이 세상의 관점과 본질적으로 다르다는 것을 깨달았는가? 세상의 관점이란 또 무엇인가? 불쾌하게 들릴지 모르겠지만, 세상의 관점에 대한 문제를 잠시 짚고 넘어가지 않을 수 없다.

대다수 사람들은 결혼을 순전히 육체적인 관점으로 판단한다. 그들의 결혼관은 육체의 매력과 성적 만족에 근거한다. 결혼은 육체의 매력과 성적 만족을 합법화하는 수단일 뿐이다. 오늘날 이혼율이 급증하는 것 또한 결혼이 그런 수단으로 전락해버리는 경우가 너무나 많기 때문이다. 게다가 결혼을 하는 당사자들은 이 사실을 생각하지 못한다. 그들에게는 이렇다 할 결혼관 자체가 없다. 그들은 단지 본능과 욕망에 이끌릴 뿐이다. 그들의 생각은 동물의 수준에 머물 뿐,

그 이상을 넘지 못한다. 결혼은 그들이 간절히 하고 싶어 하는 것을 합법화하는 수단에 지나지 않는다.

결혼에 대한 세상의 또다른 관점은 결혼을 인간의 합의와 장치로 간주하는 것이다. 앞서 말한 육체적인 관점의 견해보다는 그래도 좀 지성적이다. 그들은 인류학을 통해 그 사실을 알 수 있다고 말한다. 인간이 짐승과 큰 차이가 없는 시대가 있었다. 사람들은 난잡하게 서로 관계를 맺었고, 짐승처럼 행동했다. 그러나 인간이 발전하고 진화하기 시작하면서 정도를 넘어선 난혼이 온갖 혼란과 어려움이 발생시키는 것을 보고 일정한 사회적 합의가 필요하다는 것을 깨달았다. 인간은 오랜 고통과 발전과 실험과 시행착오를 거쳐 그 지혜로 문명을 일으켰고, 마침내 일부일처제(한 남자와 한 여자의 결합만을 인정하는 제도)가 가장 건전하고 옳고, 선하다는 결론에 도달했다. 이처럼 인류학은 결혼이 사회 발전의 산물이라고 가르친다. 그러나 이 인류학의 논리는 처음부터 끝까지 결혼을 인간이 발견한 제도로만 설명한다. 다시 말해, 법령을 제정해 교통체증이나 주차 문제를 처리하듯, 남자와 여자 및 그들의 상호 관계와 자녀들에 관한 문제를 해결하는 방법을 발견했다는 것이다. 모든 것이 전적으로 인간의 차원에서 이루어진다. 아마도 이것이 대다수 사람들이 흔히 생각하는 가설일 것이다.

안타깝게도, 그리스도인들 가운데도 그렇게 생각하는 이들이 더러 있다. 이 같은 견해는 오히려 갈등을 더욱 조장할 수 있다는 문제점이 있다. 그 이유는 이 견해가 근본적으로 올바른 결혼관과는 거리가 멀기 때문이다. 이런 현상은 과거의 이방 사회에서 흔히 볼 수 있었다. 남편들은 아내에게 전횡을 행사하며 노예처럼 부렸고, 아내들은 거짓으로 행동했다. 질투심과 적대감이 고조되어 분쟁과 다툼이 불가피했다. 남편과 아내가 주님께 복종하는 대신 자신의 권리만을 주장했다. 그들의 결혼은 진정한 동반관계라기보다는 서로가 원하는 목적을 이루기 위한 상호 합의에 지나지 않았고, 그 저변에는 원망과 적대감과 반목이 깔려 있었다.

사람들이 흔히 생각하는 결혼, 즉 결혼의 상태와 결혼 관계를 살펴보라. 이는 만화나 법정 소송 보고서나 일상적인 농담 가운데서 쉽게 확인할 수 있다. 도대체 왜 이렇게 되었을까? 상황이 이렇게까지 악화된 이유가 무엇일까?

그 이유는 바로 결혼의 참 의미를 왜곡시킨 데서 찾을 수 있다. 오늘날 여성 운동의 결과로 남녀평등의 개념이 강력히 형성되면서 오히려 사태가 더욱 악화되었다. 이런 상황은 문제를 더욱 어렵게 만들었다. 따라서 지금 우리가 다루고 있는 이 주제는 오늘의 시점에서 매우 시급한 문제가 아닐 수 없다. 현대 여성운동가들은 남녀가 모든 점에서 같다고 주장한다. 그들은 남녀의 구분이나 차이를 인정하지 않고, 완전한 평등을 외친다. 물론, 그런 주장 가운데는 건전한 지성의 소유자를 비롯해 그리스도인 남성들까지도 동의하지 않을 수 없는 측면이 없지 않다.

그러나 그것을 일반 원리로 받아들이는 것은 성경의 명백한 가르침과 정면으로 충돌한다. 그런 입장은 결혼의 상태만이 아니라 삶의 기본 단위인 가정에까지 많은 혼란과 어려움과 해악을 안겨주는 원인으로 작용한다. 그 결과, 훈계는 사라지고, 질서는 와해되며, 자녀들은 온전한 가정에서 훈육될 기회를 박탈당한다. 이는 무엇 때문인가? 그 이유는 부모들이 서로 올바른 관계를 맺지 못하기 때문이다. 자녀들은 연합이 있어야 할 곳에서 싸움과 경쟁이 난무하는 것을 보고 당혹감을 감추지 못한다. 일부 현대 여성운동가들은 문제 전체를 흐려놓는 경향이 있다. 참으로 안타까운 일이다.

이런 경향은 심지어 복음주의를 자처하는 사람들, 즉 성경을 유일한 권위이자 무오한 하나님의 말씀으로 믿는 사람들의 생각에까지 영향을 미치고 있는 듯 보인다. 그런 생각은 기독교의 결혼관과는 거리가 멀다. 기독교의 결혼관은 전적으로 신구약성경의 가르침에 근거하여야 한다. 바울은 그리스도의 가르침과 구약성경을 바탕으로 논의를 전개한다. 따라서 그리스도인을 자처하는 사람은 "내가 생각하는 결혼관은 이것입니다"라는 식으로 말해서는 안 된다. 오히려 "성경은 결혼에 관해 무엇을 가르치는가?"라고 물어야 한다. 처음부터 출발점이 완전히 다르다.

신자는 성경의 가르침에 복종한다. 신자는 "지금 우리는 그 당시와는 달리 놀랄 만큼의 발전과 진보를 이루었다. 심지어 바울 사도도 여성을 거의 노예처럼 취급했다. 그가 말하는 속죄의 교리는 옳을지 몰라도 여성에 관한 가르침은 틀렸다"라는 식으로 말해서는 안 된다.

그렇게 말하는 순간, 그 사람은 더 이상 성경을 믿지 않는 사람이 되고 만다. 그런 사람은 성경을 무오한 하나님의 말씀으로 믿는다고 말할 자격이 없다. 신자는 "오직 성경이 가르치는 것 외에는 아무것도 알지 못한다"라고 말해야 한다. 행위든 생각이든, 신자의 삶은 모두 성경의 지배를 받아야 한다.

바울이 제시한 결혼의 일반적인 논의 중, 그 두 번째는 결혼이 단순히 인간의 협약이나 장치가 아니라 하나님이 세우신 제도라는 것이다. 곧, 그분께서 무한한 은혜와 긍휼 안에서 남자와 여자를 위해 정하시고, 작정하시고, 준비하시고, 확립하신 제도다. 결혼은 인간이 아니라 하나님에게서 비롯되었다. 인류학자들의 주장은 가설과 상상에 근거한다. 그것은 사실이 아니다. 그러나 결혼에 관한 성경의 가르침은 사실이다. 결혼은 하나님이 정하시고 세우신 것이다.

이어서 세 번째는 결혼 관계의 조건이 분명하고 명백하게 진술되었다는 것이다. 이 점은 앞으로 자세히 살펴볼 예정이다.

네 번째, 결혼은 주 예수 그리스도와 교회에 관한 교리를 이해할 때에만 비로소 온전히 이해할 수 있다. 이것이 핵심이다. 바울은 그리스도와 교회에 관한 교리를 설명하면서 곧바로 본문을 언급했다. 이는 곧, 주 예수 그리스도와 교회의 관계를 올바로 이해하지 못하면 결혼 역시 제대로 이해할 수 없다는 것을 뜻한다. 왜냐하면 그 교리에 비춰봐야만 결혼에 관한 교리를 올바로 이해할 수 있기 때문이다.

따라서 다음과 같은 추론이 가능하다. 결혼과 결혼의 참된 가치를 올바로 이해하고 파악할 수 있는 사람은 오직 그리스도인뿐이다. 이것은 그리스도인이 누리는 놀라운 축복 가운데 하나다. 기독교는 영혼의 구원과 지옥을 피해 천국에 가는 것만을 다루지 않는다. 기독교는 세상에서 살아가는 우리의 삶 전체를 다룬다.

지금껏, 내가 그동안 목회 활동을 하는 가운데 가장 놀라웠던 경험은 남편과 아내의 관계가 새롭게 바뀌는 것을 보는 것이었다. 바로 기독교 신앙을 통해서 말이다. 전에는 서로에게서 소외되고 분리되어 적대감과 원망과 증오심만 가득했던 부부들이 그리스도인이 되는 순간, 처음으로 서로의 참된 가치를 발견하게 되곤 했다. 또한 그들 대부분은 결혼한 지가 이미 오래되었지만, 그제서야 결혼의 의미를 처음 깨닫게 되었다. 그들은 결혼이 얼마나 아름답고 영광스러운 것인지를 비로소 알게 되었다. 이처럼 오직 그리스도인들만이 결혼의 의미를 진정으로 이해할 수 있다.

이 모든 것에 비춰볼 때, 오늘날 이혼율이 높다고들 하지만 그보다 더 급증하지 않은 것이 오히려 이상하다는 생각이 든다. 생각 자체가 없고, 심지어 생각을 한다한들 잘못된 생각만 일삼는데도 결혼 관계가 그대로 유지되고 있다니 참으로 놀랍고 신기하지 않은가? 그리스도인이 아닌 남자나 여자는 결코 참된 결혼관을 지닐 수 없다. 그러나 그리스도인은 결혼의 본질과 그 의미를 어렵지 않게 이해할 수 있다. 이에 대한 논란이나 의문의 여지는 있을 수 없다. 교리와 가르침을 바르게 알고 믿는다면, 반드시 올바른 결혼관을 지닐 수밖에 없다. 반드시 그럴 수밖에 없을 뿐 아니라, 그럴 수밖에 없다는 데서 기쁨을 느끼게 될 것이다.

기독교의 결혼관은 참으로 놀라우며 영광스럽고, 또한 숭고하다. 아무 어려움도, 다툼도, 논쟁도 없다. 우리는 그리스도께 복종한다. 그 점은 우리의 배우자도 마찬가지다. 우리는 서로에게 복종할 뿐 아니라 교회의 다른 모든 지체들, 곧 우리가 속한 신앙 공동체에 복종한다. 우리는 우리를 다스리시는 분, 곧 자신의 권리와 특권을 생각하지 않으시고 오직 우리와 우리의 절실하고 비참한 처지만을 생각하시는 그리스도께 충성한다. 그분은 자신을 낮추시며 모든 권리와 특권을 버리신 채 종의 형체를 입으시고 심지어는 죽음, 곧 십자가의 죽음까지 감당하셨다.

그분을 바라본다면, 곧 그분이 우리를 지옥에서 구원하실 뿐 아니라 풍성한 생명을 주시고, 모든 것을 이해하는 총명을 가득 채워 자신의 영광에 이르게 하신다는 것을 깨닫는다면, 결혼을 비롯해 모든 것을 새로운 관점으로 바라보게 될 것이다. 우리는 성경의 가르침을 거부하지 않는다. 우리는 그 가르침에 기꺼이 복종하며, 그 안에서 즐거워하고 그로 인해 하나님을 찬양한다.

이것이 바울이 에베소서 5장에서 가르친 그리스도인의 결혼에 관한 서론이다. 이제 그 내용을 자세히 살펴보도록 하자.

CHRISTIAN MARRIAGE

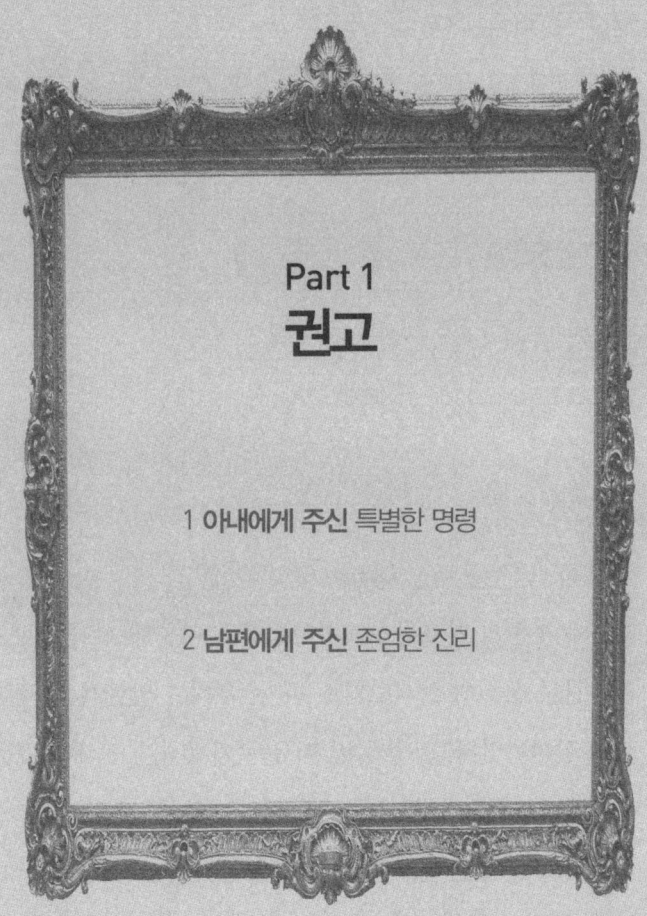

Part 1
권고

1 아내에게 주신 특별한 명령

2 남편에게 주신 존엄한 진리

1 아내에게 주신
특별한 명령

엡 5:22-24

'복종' 명령을 주신 이유는 무엇일까?

이제 본문의 가르침, 즉 신약성경을 비롯해 성경 전체가 가르치는 결혼관을 상세히 살펴보기로 하자. 우리는 앞에서 이 문제를 전반적으로 살펴보았다. 그렇게 한 이유는 가르침을 전하는 바울의 방식 때문이었다. 그 모든 논의를 잊지 말기를 당부한다.

무엇보다 이 문제를 다룰 때는 정신적인 태도가 중요하다. 교회 안에서의 일은 무엇이든 교회 밖에서의 일과 본질적으로 다르다. 세상은 결혼이라는 주제를 놓고 나름대로의 태도와 방식으로 논쟁을 벌인다. 세상 사람들은 지지자와 반대자로 나뉘어 찬반양론을 펼친다. 그러나 교회는 그런 방식으로 결혼 문제를 다루지 않는다. 교회는 어떤 문제도 그렇게 처리하지 않는다. 우리는 성경의 권위를 존중한다. 우리는 우리 자신의 견해를 내세우지 않는다. 우리의 유일한 목표는 성경의 가르침을 이해하는 것이다. 우리는 야당과 여당처럼 양편으로 나뉘어 공방을 일삼지 않고 서로 협력한다. 우리는 성경의 가르침을 깨우치려 함께 노력한다. 우리는 앞에서 기독교 교리로 인정할 수 있는 몇 가지 위대한 원리를 살펴보았다. 우리는 교회의 본질과 관련해 성경 어디에서나 발견되는 가장 심오한 가르침 몇 가지를 다루었다. 그런 일반 원리들을 이미 살펴 보았으니, 이제는 그 구체적인 적용을 다룰 수 있다.

그 첫 마디는 아내들에게 주신 명령이다. 아내들이 남편보다 먼저 언급된 이유는 앞서 말한 대로 바울이 복종의 문제를 다루고 있기 때문이다. 그 원리는 "그리스도를 경외함으로 피차 복종하라"는 21절 말씀에 있다. 그는 복종의 문제를 논하면서 "아내들이여 자기 남편에게 복종하기를 주께 하듯 하라"고 말했다. 우리가 생각해야 할 문제는 남편에 대한 아내의 "복종"이다. 바울은 아내들에게 그 점을 깨우쳐주었을 뿐 아니라, 피차 복종하는 것이 우리 모두의 의무이듯 그것이 아내의 의무라는 사실을 분명히 한다. 그것은 매우 특별한 문제다. 이 점은 상대방이 그들 자신의 남편이고, 또 결혼 문제 전반에 관한 가르침이기 때문에 더욱 명백하다. 바울이 말하려는 요점은 복종이다. 그는 복종을 강조한다. 따라서 우리는 복종이 무엇인지 살펴봐야 한다. 다행히도 바울은 우리에게 단서를 제공한다. 아무 근거 없이 제시된 명령이 아니라는 것이다.

바울은 먼저 복종의 동기를 제공한다. 그는 "아내들이여 자기 남편에게 복종하기를 주께 하듯 하라"고 말했다. 우리는 이 표현을 옳게 이해해야 한다. 왜냐하면 오해의 소지가 있을 뿐 아니라, 실제로 그런 오해가 빚어진 사례가 있었기 때문이다. 이 말은 "아내들이여, 주님께 복종하는 것과 똑같은 방법으로 남편에게 복종하라"는 뜻이 아니다. 결코 그런 말씀이 아니다. 아내의 복종은 그렇게까지 확대되지 않는다.

그리스도께 대한 복종은 아내들을 비롯해 그리스도인이라면 남녀를 불문하고 지켜야 할 절대 의무다. 바울은 아내와 남편의 관계에서 그런 복종을 요구하지 않는다. 우리는 모두 예수 그리스도의 종이자 그분의 노예다. 그러나 성경은 아내가 남편의 노예라고 가르치지 않는다. 주님과 우리의 관계는 완전하고, 절대적이고, 전적인 복종의 관계다. 바울은 아내들에게 그런 복종을 강요하지 않는다.

그렇다면 이 말은 무슨 뜻일까? 이 말은 "아내들이여, 남편에게 복종하라. 왜냐하면 그것이 너희가 주님께 해야 할 의무의 일부요 주님께 대한 복종의 표현이기 때문이다"라는 뜻이다. 다시 말해, 이 말은 "아내들이여, 자기 남편에게 복종하라. 복종하되 이렇게 하라. 곧 주님께 대한 복종의 일환으로 행하라"는 의미다. 아내의 복종은 남편만을 위한 것이 아니라 무엇보다 주님께 대한 복종이다. 이는 21절의 "그리스도를 경외함으로 피차 복종하라"는 일반 원리를 되풀이하고 있다.

아내의 복종은 그저 남편에게만 국한되지 않는다. 그 궁극적인 이유와 동기는 거기에 있지 않다. 아내의 복종은 "주님께" 하는 것이다. 아내는 그리스도를 위해 복종한다. 아내가 복종해야 하는 이유는 그것이 주님이 원하시는 일이며, 그분이 기뻐하시는 일이기 때문이다. 그것은 제자가 맡은 일의 일부이자 그리스도인이 행해야 할 의무이다. 바울은 고린도전서 10장에서도 이와 똑같은 논법을 사용해 "그런즉 너희가 먹든지 마시든지 무엇을 하든지 다 하나님의 영광을 위하여 하라"(31절)라고 말했다. 우리는 무슨 일을 하든지 주님을 위하고, 그분을 기쁘게 해드려야 한다. 왜냐하면 그것이 그분의 뜻이라는 것을 알고 있기 때문이다.

이처럼 바울은 처음부터 이 문제를 논쟁의 영역에서 끄집어내 올바른 정신으로 다루도록 이끈다. 그는 주 예수 그리스도를 기쁘게 해드리고, 그분의 명령과 뜻을 받들어 섬기기를 원한다면, 남편들에게 복종하라고 말한다. 이것보다 더 강력한 동기는 없다. 주 예수 그리스도를 기쁘게 해드리려고 애쓰는 그리스도인 아내는 이 명령을 조금도 어렵게 생각하지 않을 것이다. 오히려 바울의 명령을 지키는 것을 가장 큰 기쁨으로 알 것이다. 더욱이, 갈수록 그 실체를 더욱 분명히 드러내는 이 세상의 때야말로 우리 그리스도인들이 기독교의 참모습을 보여줄 수 있는 가장 좋은 기회가 될 수 있다.

세상의 삶은 결혼 관계는 물론, 거의 모든 측면에서 점점 더 깊은 혼란에 빠져들고 있다. 이것은 그리스도인이 된다는 것이 어떤 차이를 가져오는지를 보여줄 절호의 기회가 될 수 있다. 바울의 말에 따르면, 그리스도인 아내들은 아주 놀라운 기회를 맞이한 것이다. 그들은 이때에 자신이 거짓 종교를 섬기는 이교도나 세상에 속한 경건하지 못한 불신자와 전적으로 다르다는 것을 보여주어야 한다. 그런 그리스도인 아내들은, 서로 자신의 권리만 주장하며 교만하게 구는 세상 사람들이 그리스도인 아내들의 행동을 보고, "대체 무엇 때문입니까? 당신들은 왜 그렇게 행동하는 것입니까? 그렇게 하는 이유가 무엇입니까?"라고 묻게 만들 것이다. 그때에 "나는 본래 타고난 성품이 그렇습니다"가 아니라 "내가 이렇게 행동하는 이유는 이것이 주님의 뜻이기 때문입니다"라고 대답한다면, 그것은 복음을 전할 매우 훌륭한 기회가 될 것이다.

 이것이 바울이 아내들에게 복종을 권했던 이유다. 이번 장과 앞 장의 대부분 내용에서 알 수 있듯, 바울의 권고는 그리스도인이 된다는 것은 일상생활 전반에 걸쳐 나타나는 커다란 변화를 삶으로 보여주어야 한다는 데 가장 큰 중점을 둔다. 아내들은 남편에게 복종함으로써 이 위대한 기독교적 삶의 특징을 여실히 보여줄 수 있다. 이것은 참으로 위대한 동기가 아닐 수 없다. 그런 동기에 고무되거나 마음이 움직이지 않는다면, 그 어떤 논증도 우리를 설득할 수 없다. 주 예수 그리스도께 복종하지도 않고, 다른 무엇보다 그분의 이름과 영광에 더 큰 관심을 기울이지 않는다면, 그 어떤 주장도 우리의 마음을 움직이기 어렵다. 바울은 주님께 대한 복종을 으뜸으로 삼았다. 우리도 마땅히 그래야 한다.

이어서 바울은 그 이유들을 더욱 구체적으로 설명한다. 우리는 여기에서 성경의 가르침이 얼마나 부요하고 영광스러운지를 또 다시 확인할 수 있다. 바울은 그리스도인 아내가 남편에게 복종해야 하는 이유를 두 가지 더 언급한다. 우리가 "창조 질서"로 일컫는 것과 "교회와 예수 그리스도와의 관계"가 그것들이다. 두 가지 이유가 모두 23절에 들어 있다. 23절의 "남편이 아내의 머리됨"이라는 부분과 "그리스도께서 교회의 머리됨과 같음이니 그가 바로 몸의 구주시니라"는 대목에서 각각 발견된다.

태초의 사건을 주목하라

아내의 복종은 창조 질서와 하나님의 작정과 뜻의 일부이자, 하나님이 남녀 사이에 정해 놓으신 관계의 원리에 근거한다. 이 가르침은 성경 곳곳에 기록되어 나타나며, 창조 기사를 기록하고 있는 창세기 2장에서 처음 발견된다. 신약성경에 언급된 결혼의 원리가 모두 거기에서 유래했다. 이것이 내가 아내의 복종이 창조 질서에 속한다고 말하는 근거다. 기독교의 관점에서 결혼을 고민하기 전에 먼저 태초에 정해진 질서를 생각해야 한다. 왜냐하면 신약성경이 그런 방식을 취하기 때문이다. 신약성경은 창세기와 그곳에 기록된 태초의 사건들에 초점을 맞춘다. 그 가운데는 타락의 문제도 포함된다. 타락에 관한 기사는 창세기 3장에 기록되어 있다. 핵심 구절은 사탄의 유혹에 넘어가 금단의 열매를 따먹은 여자의 죄를 단죄하는 심판의 말씀이 기록되어 있는 16절이다.

"또 여자에게 이르시되 내가 네게 임신하는 고통을 크게 더하리니 네가 수고하고 자식을 낳을 것이며 너는 남편을 원하고 남편은 너를 다스릴 것이니라 하시고"

이 구절은 창세기 2장의 내용을 부가적으로 설명한다. 우리는 이 구절을 주의 깊게 살펴봐야 한다.

결혼과 가정이라는 중요한 문제에 관한 성경의 가르침을 일목요연하게 정리하려면, 성경 여기저기에 기록되어 있는 원리들을 찾아내야 한다. 우리가 여성의 지위가 아니라 "결혼"에 관한 문제를 다루고 있다는 것을 잊어서는 안 된다. 물론, 우리는 성경에서 여성과 관련된 일반적인 가르침을 비롯해 여성의 직업 활동 같은 문제의 가르침을 추론해낼 수 있다. 그러나 여기에서 다룰 문제들은 그것들이 아니다. 나는 결혼 문제에만 초점을 맞추려고 한다. 이것이 여기에서 바울이 가르치는 주제다. 그는 미혼 여성에 관해 말하지 않는다. 미혼 여성에 관한 가르침도 있지만, 간접적으로라면 몰라도 여기에서는 직접 다루지 않는다.

성경에서는 여자가 아니라 남자가 먼저 창조되었다는 사실이 거듭 강조되고 있다. 분명히 남자에게 타고난 우선권이 있다. 성경은 여자가 남자에게서 창조되었다는 사실을 명확히 언급한다. 여자는 남자에게서 취하여졌고, 남자를 "돕는 배필" 곧 남자에게 적합한 조력자의 역할로 지으심을 받았다. 동물들은 그런 역할을 할 수 없다. 성경은 "아담이 모든 가축과 공중의 새와 들의 모든 짐승에게 이름을 주니라 아담이 돕는 배필이 없으므로"(창 2:20)라고 말씀한다. 동물들 가운데는 남자에게 적합한 조력자가 없었기 때문에 여자가 창조되었다.

이것이 기본적인 가르침이며 바울은 이를 크게 강조한다. 남자가 먼저 창조되었다. 그뿐만이 아니다. 남자는 만물의 영장으로 지으심을 받았고, 짐승들을 다스리는 권위가 남자에게 주어졌다. 하나님은 남자를 불러 짐승들의 이름을 지어주게 하셨다. 이것은 남자에게 지도자의 지위와 권위와 능력이 주어졌다는 것을 뜻한다. 남자는 결정을 하고 다스린다. 결혼 관계에 관한 가르침은 이 사실을 바탕으로 한다.

베드로 사도 역시 자신의 서신에서 이 사실을 언급함을 볼 수 있다. 그는 남편들에게 아내를 "더 연약한 그릇"으로 여겨 존중하라고 권고했다(벧전 3:7). 그는 과연 무슨 의미로 "더 연약한 그릇"이라는 말을 했을까? 이 부분에서 베드로는 창세기 처음 몇 장을 비롯해 성경 여기저기에서 가르치는 내용을 언급하고 있는 것이 분명하다. 다시 말해, 이 말은 남자가 지도자이자 여자의 머리가 된다는 의미를 함축한다. 남자는 육체적으로 여자보다 강하다. 본래부터 그렇게 만들어졌기 때문이다. 나는 또한 이 점을 해부학의 견지에서만이 아니라 생리학의 견지에서 아주 쉽게 증명할 수 있다. 여자는 육체적으로는 물론, 여러 가지 측면에서 남자만큼 강하지 못한 부분이 있다. 여자의 체질과 구조는 남자와는 다르다.

베드로는 여자를 무시하는 의미로 "더 연약한 그릇"이라고 말하지 않았다. 그는 단지 여자가 남자와 근본적으로 다르다는 사실을 상기시키면서 남자들에게 그 점을 항상 기억하라고 당부했을 뿐이다. 남자는 육체적인 관점에서 여자를 자기와 동등하게 여겨서는 안 된다. 남자는 여자가 다르게 창조되었다는 사실을 기억하고, 여자를 존중하며 보호하고 지켜주어야 한다.

남자가 여자의 머리이고, 또한 한 가족의 가장이라는 것이 성경의 근본 원리다. 하나님은 남자를 그런 식으로 창조하셨고, 주어진 역할을 잘 수행할 수 있도록 재능과 능력을 부여하셨다. 여자 역시 남자의 "조력자"가 되기에 적합하게 창조되었다. '조력자'라는 용어 자체가 복종의 개념을 담고 있다. 여자의 주된 기능은 남자의 부족함을 채우는 것이다. 이것이 둘이 "한 몸"이 되는 이유다. 여자는 남자를 보완한다. 남자는 모든 면에서 자신만이 아니라 아내와 가족을 책임져야 한다. 아내는 남편을 돕고 지지하며 지원하는 역할 등을 맡아, 남자가 하나님이 부여하신 만물의 영장이라는 그의 직분을 잘 감당하도록 최선을 다해 도와야 한다. 여자는 남자가 지극히 크고 놀랍고 영광스런 임무를 수행하는 것을 돕기 위해 창조되었다. 이것이 창조 질서를 통해 설정된 남편과 아내의 관계에 관한 성경의 근본 진리, 곧 세상에서 이루어지는 인간 생활의 기본 원리이다.

그런데 여기에서 한 가지 더 생각해야 할 것이 있다. 이 모든 것은 타락 이전의 상황이다. 이것은 하나님이 정하신 대로 남자와 여자가 완전한 상태를 이루며 아무런 죄나 결함 없이 낙원에서 살고 있을 때인 것이다. 그러나 불행히도 인간이 타락하는 사건이 발생했다. 바울은 디모데전서 2장 10-15절에서 타락이 가져온 결과를 확실히 언급했다. 그는 남자가 아니라 여자가 먼저 유혹을 받아 타락한 사실을 크게 강조했다. 타락은 많은 변화를 가져왔다. 창세기 3장 6절이 그 사실을 분명히 한다. 하나님은 여자에게 "내가 네게 임신하는 고통을 크게 더하리니"라고 말씀하셨다. 이 말씀으로 미루어 볼 때, 인간이 죄를 지어 타락하기 전에는 해산의 고통이 없었던 듯하다. 하나님은 "네가 수고하고 자식을 낳을 것이며"라고 말씀하셨다. 그런 다음 그분은 "너는 남편을 원하고 남편은 너를 다스릴 것이니라"라고 덧붙이셨다.

우리가 다루는 주제와 관련이 있는 것은 바로 이 말씀이다. 이 말씀에는 부가적인 의미가 담겨 있다. 이 말씀은 타락 이전에 설정된 남자의 주도권과 지도력과 머리됨을 단순히 되풀이하지 않는다. "남편은 너를 다스릴 것이니라"라는 말씀은 남자의 주도권을 더욱 강화한다. 새로운 요소가 첨가되었다. 남자에 대한 여자의 복종이 타락의 결과로 인해 더욱 증대되었다. 이것이 하나님이 여자에게 그런 판결을 내리신 이유다. 하와는 마귀의 유혹과 꼬임을 받았을 때, 늘 해오던 대로(또 마땅히 그래야 했던 대로) 아담에게 달려가 조언을 구하지 않고, 스스로 주도권을 행사해 결정을 내렸다. 이것이 타락의 본질이다. 그녀는 아담에게 조언을 구해야 마땅했지만, 그렇게 하지 않고 직접 상황을 처리하는 바람에 타락하고 말았다. 그녀는 이어 아담까지 타락에 끌어들였고, 그로 인해 온 인류가 타락했다.

이런 점에서 원죄란 곧 여자가 자신에게 주어진 신분과 지위를 망각하고, 남자의 권위와 능력과 지위를 빼앗아 불행과 혼란을 야기한 것을 가리킨다. 이것이 창세기 3장 16절의 증언이다. 바울이 디모데전서 2장에서 여자가 교회에서 가르치거나 권위를 행사하거나 말씀을 전하는 것을 금하는 이유와 근거도 바로 여기에 있다. 이것이 성경이 가르치는 근본 원리다.

반여성주의자의 견해는 아닐까?

그러나 이 원리를 반대하는 글과 목소리가 많다. 불행히도, 성경을 하나님의 영감으로 기록된 무오한 말씀으로 믿는다고 주장하는 복음주의자들조차도 그런 반대를 종종 일삼는 것을 볼 수 있다. 사람들은 흔히 이렇게 말한다.

"그러나 그것은 바울 사도의 견해일 뿐이다. 그는 반여성주의자,

곧 당시의 여성관을 주장하는 사람인 것이 분명하다"

그들은 바울 당시에 여성이 크게 천시되었다는 사실을 강조한다. 또한, "당시에는 세계 도처에서 그런 여성관을 지지했다. 고대인들은 여성을 상품이나 노예처럼 취급했다. 유대인의 경우도 예외가 아니었다. 바울은 랍비 전통을 지지하는 전형적인 유대인이었다"라고 주장한다.

성경을 하나님의 말씀으로 믿지 않는 사람들이 그렇게 말하는 것은 조금도 놀랍지 않다. 그들은 바울만이 아니라 예수님도 틀렸다고 말하기를 주저하지 않는다. 그들은 스스로의 권위를 내세운다. 그들은 자신들이 모든 것을 알고 있는 것처럼 말한다. 나는 그런 사람들과 논쟁하지 않는다. 내가 그런 사람들과 아무 논쟁도 하지 않는 이유는, 그들의 견해가 나의 견해로 논박해야 할 사안이 아니기 때문이다. 그들의 견해는 기독교와는 전혀 무관하기 때문에 달리 할 말이 없다.

그리스도인이란 성경의 계시에 온전히 복종하는 사람을 가리킨다. 그리스도인은 성경을 배제하고는 아무것도 알지 못한다. 따라서 그런 식의 주장을 접했을 때는 안타깝고 유감스럽게 생각해야 한다. 또한 가능하면 우리가 알고 있는 대답을 들려주어야 한다. 우리는 이렇게 대답할 수 있다. 주님과 바울 사도 당시에 여성들이 낮게 평가된 것은 사실이다. 그러나 그것은 유대인의 견해가 아니다. 그들은 성경을 소유했고, 그 가르침을 믿었다. 그것은 바울 사도의 견해도 아니었다. 그가 고린도전서 11장 11절에서 말한 내용을 혹시 알고 있는가? 그는 "그러나 주 안에는 남자 없이 여자만 있지 않고 여자 없이 남자만 있지 아니하니라"라고 말했다. 위대한 바울 사도는 그리스도 예수 안에서 야만인이나, 종이나, 자유인이나, 남자나, 여자가 모두 하나라는 사실을 영광스럽게 생각했다.

"구원에 있어서는 남자와 여자가 동등하다. 구원의 기회는 여자와 남자에게 똑같이 주어진다"는 것이 바울의 복음전도의 핵심이었다. 그는 그런 것을 영광스럽다고 여겼다. 사실, 바울보다 여성성의 참된 영광을 더 영예롭고, 섬세하게 언급한 사람은 없다. 더욱이 그는 남편에 대한 아내의 의무만을 강조하는 데 그치지 않고, 항상 아내에 대한 남편의 의무를 언급했다. 그는 여자와 아내와 여성성에 관한 기독교의 관점이 세상이 알고 있는 그 무엇보다 더 영광스럽다는 것을 보여주었다. 그는 모든 것을 올바른 위치에 올려놓았다. 그는 항상 균형 있는 가르침을 베풀었다.

바울은 항상 창세기와 창조 질서를 최우선적인 근거로 삼는다. 그의 말은 "이것은 나의 견해가 아니라 하나님이 정하신 법칙입니다"라는 뜻을 담고 있다. 그의 유일한 관심사는 하나님의 뜻을 알게 하고, 그분이 정하신 일이 실행되는 것이었다. 따라서 "단지 바울의 견해"일 뿐이라고 말하는 것은 성경을 부인하는 것과 같다. 우리는 이 점을 분명히 해야 한다. 성경을 하나님의 영감으로 기록된 무오한 말씀으로 믿는다면, 바울 사도에 대해 세상이 말하는 대로 판단해서는 안 된다. 왜냐하면 그는 성경을 인용해 편지를 썼을 뿐 아니라 성령의 영감을 받은 사도로서 그렇게 증언했기 때문이다.

그가 쓴 내용들은 단순히 그의 견해가 아니었다. 만일 그것이 단지 그의 견해였더라면 바울 사도는 그 사실을 명확히 밝혔을 것이다. 베드로 사도는 수신자들에게 바울 사도의 가르침에 귀를 기울이라고 말하면서 어떤 사람들이 그의 편지를 "…다른 성경과 같이 그것을 억지로 풀다가 스스로 멸망에 이른다"(벧후 3:16)고 경고했다. 바울이 쓴 편지는 성경이다. 따라서 비평가들은 바울이 아니라 하나님과 성령을 상대로 논쟁하는 셈이다. 그들은 성경의 내용이 자신들이 20세기의 산물로 일컫는 것과 모순되지 않을 때에만 성경을 믿는다고 말한다. 그들의 말은 스스로를 모순으로 몰아넣는다. 그것은 성경의 권위에 대한 믿음을 스스로 부정하는 것이나 다름없다. 이보다 더 어리석은 생각은 없다.

이제 그런 어리석은 생각까지 살펴보았으니, 다시 성경의 입장을 간단히 요약해보자. 여자, 즉 아내는 나름대로 고유한 지위를 부여받는다. 남편에게 복종한다는 것은 아내가 남편의 노예라는 뜻과는 거리가 멀다. 물론 아내가 남편보다 열등하다는 뜻도 아니다. 단 한순간도 그런 법은 없다. 바울이 가르친 아내에 대한 남편의 의무를 생각하면 이런 사실을 더욱 분명하게 알 수 있다. 그는 여자가 남자와 다르며 남자를 보완하는 역할을 한다고 가르쳤다. 그는 단지 여자가 남자처럼 되려고 하는 것, 곧 여자가 남자처럼 행동하거나 하나님이 남자에게 주신 지위와 역할과 권한을 빼앗으려는 것을 금지했을 뿐이다. 이것이 바울의 가르침이다. 그는 예속이나 굴종을 가르치지 않았다. 그는 단지 하나님이 정하신 질서를 깨우쳐주려고 했을 따름이다.

아내는 맡겨진 자신의 역할에 만족해야 한다. 하나님이 여자를 창조하신 목적은 세상에서 하나님의 대리자로 일하는 남자를 돕게 하시기 위해서다. 여자는 어머니요 주부이자, 남편의 조력자이며 위로자로서의 소임을 다해야 한다. 아내는 남편을 위로하고 용기를 북돋아주는 역할을 해야 한다. 아내는 남편을 돕는 배필이다. 남편과 아내는 제각기 자신의 역할에 충실해야 한다. 아내는 남편을 보완하고 도와야 한다. 그들은 함께 하나님과 주 예수 그리스도의 영광을 구하며 살아야 한다.

이와 같은 점을 이해하기 위해 어쩌면 다음 예시가 도움이 될지도 모르겠다. 남자의 지도력과 머리됨이라는 개념은 어떤 사람들에게는 걸림돌이 될 수 있다. 왜냐하면 그런 가르침은 여성이 나면서부터 본질적으로 열등하다는 숙명론적 의미로밖에 달리 이해할 수 없다고 생각하기 때문이다. 그러나 그렇지 않다.

결혼 관계에 있어 남자, 곧 남편의 머리됨이라는 개념은 지휘관이 군대를 이끄는 것과 여러 모로 비슷하다. 모든 군인이 각자 다음 행동을 결정하는 권한을 가지고 있다면, 군대는 삽시간에 혼란에 빠져들고 말 것이다. 남자는 군대에 입대하는 순간부터 복종의 태도를 취해야 한다. 그는 자신의 생각과는 상관없이 주어진 명령에 기꺼이 복종해야 한다. 그것이 곧 군인의 의무다. 군인은 상관의 명령권을 인정해야 한다. 다른 생각이나 견해를 가지고 있더라도, 그것들을 버리고 기꺼이 명령에 복종해야 한다.

　이번에는 팀을 이루어 축구나 크리켓 경기를 즐기는 사람들을 생각해보자. 그들이 첫 번째로 해야 할 일은 주장을 뽑는 것이다. 모두가 주장이 될 수는 없다. 만일 그런 일이 벌어진다면, 경기에서 절대 이길 수 없다. 따라서 가장 먼저 한 사람을 주장으로 정해야 한다. 주장으로 뽑힌 사람은 팀원 중에서 가장 훌륭한 선수가 아닐 수도 있다. 그러나 팀원들은 그의 통솔력을 인정하고 그를 주장으로 임명하기로 결정한다. 일단 주장을 뽑았으면 모두 그의 지시에 따라야 한다. 그렇지 않으면 오히려 더 큰 혼란에 빠지게 된다.

　또 어떤 일을 논의하기 위해 구성된 위원회의 경우라면 어떨까? 위원들이 임명된 이후에 그들이 가장 먼저 하는 일은 의장을 뽑는 것이다. 당연한 일이다. 왜 그럴까? 그 이유는 권위 체제가 확립되어 있어야 하기 때문이다. 회의를 주도하는 의장이 없으면 일을 처리할 수 없다. 위원들은 의장의 인도에 따라야 한다. 이는 열등감과는 아무 상관이 없다. 일을 효율적으로 처리하려면 반드시 지도자가 필요하다.

　새로 구성된 하원도 마찬가지다. 그들의 첫 번째 일은 의장을 선출하는 것이다. 의장의 임무는 의장석에 앉아 발언권을 통제하며 회의를 주도하는 것이다. 이 경우에도 마찬가지인데, 의장을 세운 것은 그가 하원에서 가장 뛰어나다든지, 혹은 다른 의원들을 그보다 열등하게 여기기 때문이라거나 하는 것이 아니다. 그것은 그들의 지혜에서 우러나온 것이다. 다시 말해, 누군가를 권위자의 자리에 앉히지 않고서는 의안을 처리할 수 없다고 판단했기 때문이다.

이처럼, 성경은 하나님이 남자, 곧 남편에게 그런 위치를 허락하셨다고 가르친다. 바울이 "아내들이여 자기 남편에게 복종하라"고 권고했던 이유는 남편이 머리로 지정되었기 때문이다.

고린도전서 11장은 이 사실을 훨씬 더 확실하게 논증한다. 3절을 보면 남편은 아내의 머리요, 그리스도께서는 남자의 머리시며 하나님은 그리스도의 머리시라고 말한다. 이것은 논박할 수 없는 진리다. 하나님은 어떤 의미에서 그리스도의 머리이신가?

그 대답은 우리가 때로 "경륜적 삼위일체Economic Trinity"라 일컫는 진리에서 발견된다. 성부와 성자와 성령께서는 모두 동등하며 영원하신 하나님이시다. 그런데 성부가 어떻게 성자(그리스도)의 머리가 되시는가? 성자는 구원의 목적을 위해 성부에게 스스로 복종하셨고, 성령께서는 성부와 성자께 스스로 복종하셨다. 이는 구원을 이루기 위한 자발적인 복종이다. 자발적인 복종은 구원 사역을 위한 필수 요건이다. 성자께서는 "제가 여기 있습니다. 저를 보내주소서"라고 말씀하셨다. 그분은 스스로 자원하셨다. 성자께서는 성부와 동등한 권한을 버리시고 성부의 종이 되셨고, 성부께서는 그분을 보내셨다.

"…그리스도의 머리는 하나님이시라"(고전 11:3)

따라서 바울의 말은 "하나님이 그리스도의 머리이신 것 같이 그리스도께서는 남자의 머리시며 남자는 여자의 머리이다. 그러므로 아내들이여 자기 남편에게 복종하기를 주께 하듯 하라"라는 뜻을 담고 있다.

참으로 놀랍기 그지없는 가르침이 아닐 수 없다. 오직 이 가르침만이 우리에게 참된 결혼관을 제시한다. 여기에서 잠시 짚고 넘어가야 할 문제가 하나 있다. 나는 사람들이 종종 매우 어리석은 주장을 제기하는 것을 보았다. 그들은 "잘 알다시피, 그런 말은 잘못되었습니다. 나는 아내가 남편보다 훨씬 더 유능하고, 많은 점에서 재능이 더 뛰어난 것을 많이 보았습니다. 그런 놀라운 재능을 지닌 아내가 자신보다 못난 남편에게도 복종해야 한다고 말하는 것입니까?"라고 말한다. 그렇게 말하는 사람에게 들려줄 대답은 오직 하나뿐이다. 다시 말해, 그런 말은 한 마디로 하나님을 대적하는 것과 같다. 하나님은 그런 경우를 잘 알고 계신다. 그런데도 하나님은 똑똑하고 능력 있는 아내라도 남편에게 복종하지 않으면 죄를 짓는 것이라고 말씀하신다. 아내는 아무리 재능이 뛰어나더라도 자신의 배우자인 남편에게 기꺼이 복종해야 한다.

나는 이에 대하여 두 가지 의견을 제시하고 싶다.

첫째는 재능의 여부에 상관없이 남편에게 기꺼이 복종할 준비가 되어 있지 않은 여자는 결혼할 생각조차 해서는 안 된다는 것이다. 그리스도께서 자발적으로 하나님께 복종하신 것처럼 아내는 자발적으로 남편에게 복종해야 한다. 아내는 그리스도께서 하신 대로 해야 한다. 그렇게 할 준비가 되어 있지 않으면, 즉 남편에게 복종할 생각이 없다면 결혼해서는 안 된다. 다른 생각을 품고 결혼한다면 그것은 곧 하나님의 뜻을 대적하는 것이다. 그것은 죄를 짓는 행위다.

나의 두 번째 의견은 이것이다. 나는 지금 언급하고 있는 대로 실제로 행해지는 것을 직접 목격한 바 있는데, 이따금 그것이 내가 지금까지 보아온 가장 놀라운 일 가운데 하나가 아닌가 하는 생각까지 들곤 한다. 나는 과거에 여러 해 동안 지방에 있는 한 교회를 방문해 말씀을 전하곤 했다. 그때마다 나는 설교를 마친 뒤에 그 교회 목회자와 사모가 살고 있는 사택에 묵곤 했다. 그때 가장 흥미로웠던 사실은, 순전히 능력의 측면에서만은 남편이 그의 아내보다 많이 부족하다는 것이었다. 게다가 그런 사실은 첫눈에 알아볼 정도로 명백했다. 그녀는 비범하다고 할 정도로 유능하고 똑똑했다. 그녀의 남편도 재능이 없지는 않았지만, 그의 가장 훌륭한 면모는 주로 성품에 있었다. 그의 아내는 당시에 여성들이 거의 선택하지 않았던 어려운 전공 분야에서 학위를 취득하며, 수석으로 졸업했다. 그에 비해 남편은 상대적으로 훨씬 더 쉬운 과목을 전공했음에도 눈에 띄지 않는 성적으로 학업을 마쳤다. 그 아내의 재능은 의심의 여지가 없었다. 나는 지적인 문제를 파악하는 그녀의 능력과 이해력에 큰 감명을 받았다. 그 사실은 내가 그들의 집을 방문할수록 더욱 분명해졌다. 그런데도 그녀는 항상 성경이 정한 남편의 지위를 확실히 인정했다.

내가 목격한 것 중에 이보다 더 놀라운 일은 기억에 없는 듯하다. 그녀는 매우 자연스럽고 지혜롭게 처신했다. 그녀는 남편이 더 잘 말을 할 수 있게 거들곤 했다. 그녀는 무슨 말이든 항상 그것이 자신의 말이 아니라 남편의 말인 것처럼 들리게 했다. 그런 모습을 보는 것은 즐거웠다. 그것은 내가 지금까지 경험한 것 가운데 가장 놀랍고도 감동적인 모습 가운데 하나였다.

그녀는 능력 있는 여성이었을 뿐 아니라 진정한 그리스도인 여성이었다. 그녀는 남편이 머리라는 성경의 원리를 실천에 옮겼다. 어떤 일을 결정해야 할 때 그녀도 여러 가지 타당한 이유를 제시했지만, 최종 결정권은 항상 남편에게 있었다. 그녀는 남편을 돕는 배필의 역할에 충실했다. 그녀는 남편에게 없는 자질을 구비했다. 그녀는 그것으로 남편을 보완하고 도왔다. 그러나 머리는 남편이었다. 그녀는 자녀들도 항상 아버지의 의견을 물어 행동하게 했다. 그녀는 남편의 지위를 보호했다.

모든 질서가 혼란스러워지다

이 가르침을 깨닫고 이해하는 것이 그토록 중요하고, 또 특히 오늘날에 더욱 그러한 이유는 무엇인가? 정치나 국제 문제에 대해 의견을 제시하는 것보다 이 가르침에 대해 이야기하는 것이 더욱 중요한 이유는 무엇인가? 그 이유는 오늘날 세상에서 일어나고 있는 대다수 문제의 원인이 이 가르침을 이해하고 실행하지 못하는 데 있기 때문이다. 오늘날 세상의 근본적인 문제는 권위 상실의 문제다. 오늘날 세상이 이처럼 혼란스러운 이유는 국가 간의 일 혹은 국내의 일, 또 학교나 가정이나 사업체 등의 삶의 모든 영역에서 권위를 존중하는 태도가 사라졌기 때문이다.

또한 내가 보기에 이같은 권위의 상실은 가정과 결혼 관계에서부터 시작된다. 이것이 내가 결혼 관계가 깨어진 정치인이 세상의 문제를 거론할 권리가 있는지 의심하는 이유다. 가장 큰 능력을 발휘해야 할 곳에서 실패한 사람이 과연 다른 사람들의 삶에 대해 이러쿵저러쿵 말할 자격이 있겠는가? 그런 사람은 공직 생활에서 떠나야 한다. 진정한 파국은 가정과 결혼 관계에서부터 시작한다. 2차 세계 대전 이후에 이혼율이 크게 증가한 이유는 오직 하나, 곧 남자와 여자 모두가 결혼과 남녀의 관계에 관한 성경의 가르침을 이해하지 못하기 때문이다(현재는 이혼율이 다소 둔화되고 있다는 말이 들리지만, 나는 이것이 단지 일시적인 현상일 뿐이라고 생각한다).

요즘 또다시 심해지고 있는 가정의 파괴와 결혼생활의 파탄은 이런 이해의 결핍에서 시작된다. 가정은 예전과는 달리 더 이상 삶의 중심이 아니다. 가족들은 항상 밖에서 활동하고, 심지어는 저녁 시간에도 종종 밖에서 시간을 보낸다. 가족들이 서로 강하게 결속된, 삶의 기본 단위로써의 '가정'이 점차 사라지고 있다. 자녀들이 법도를 어기고 제멋대로 행동하며 청소년 범죄가 늘어나는 이유도 여기에서 찾을 수 있다. 이런 사실은 통계 수치만 살펴보아도 쉽게 확인할 수 있다.

안타깝게도 비행을 저지르는 청소년은 거의 대부분 결혼생활이 파탄에 이른, 온전하지 못한 가정의 자녀들이다. 흔히 이야기하는 대로, 그들에게는 일반적인 가정에서의 삶의 기회가 주어지지 않는다. 그들은 아내가 남편을 대적하고, 남편이 아내를 학대하는 가정, 곧 갈등과 우유부단함과 불확실함이 팽배한 환경에서 성장한다. 그런 탓에 인격이 미처 성숙하지 못한 상태에서 냉소적인 태도를 갖게 된다. 그들은 부모는 물론, 다른 누구도 존경하지 않는다. 그들이 신뢰할 수 있는 장소, 곧 지도와 인도를 받을 수 있으며 권위를 인정하는 법을 배울 수 있는 곳이 사라지고 말았다. 그런 장소는 더 이상 존재하지 않는다. 따라서 가엾은 아이들은 비행을 저지를 수밖에 없다. 그들은 아버지와 어머니, 곧 남편과 아내가 다툼을 일삼는 환경 속에서 성장했다.

이런 현상 가운데에서 이보다 훨씬 더 암울한 측면을 또 한 가지 찾아 볼 수 있는데, 바로 남자들이 자신의 지위와 의무를 포기하는 것이다. 그들은 나태함과 이기심 때문에 자신의 지위를 포기하고 스스로 물러나 남편과 아버지로서의 의무를 등한시한다. 그리고 이러한 경향은 갈수록 심각해지고 있다. 남편들은 가정을 다스려야 할 책임을 아내들, 곧 어머니들에게 떠넘긴다. 직장에서 돌아오면 모든 것을 귀찮게 여기고 마는 것이다. 남편들은 자녀들이 묻는 말에 대답을 하는 것을 비롯해 그들을 돌보는 모든 책임을 아내에게 전가시킨다. 이런 현상이 갈수록 심해지고 있지 않은가? 남편들은 하나님이 맡기신 책임을 고의로 회피하고 있다. 그리스도인들의 경우도 예외는 아니지만, 이런 현상은 불신자들 가운데서 훨씬 더 많이 나타난다. 남편들은 나태함에 사로잡혀 자신의 책임을 외면한 채 모든 것을 아내에게 일임한다.

오늘날 이런 현상은 다른 여러 분야에서도 확인될 수 있다. 요즘은 정치에 관심을 두지 않으려는 그리스도인들이 많다. 그들은 정치를 "추잡한 일"이라고 말한다. 그러나 그런 생각은 큰 잘못이다. 정치에 관심을 갖는 것은 그 나라 시민의 의무다. 물론, 이 문제 역시 이 자리에서 상세히 다루지는 않을 것이다. 왜냐하면 이 책의 주제는 결혼생활이기 때문이다.

한편, 여성 해방 운동은 아내, 곧 어머니들의 공격성을 높였다. 아내들은 남편과 동등함을 주장하며 아버지가 자녀들에게 미치는 영향력을 약화시킨다. 그로 인해 전반적인 문제를 잘못된 방법으로 접근해 처리하려는 불행한 사태가 빚어졌다. 단지 비판을 위해 이런 말을 하는 것은 아니다. 이런 현상은 이 나라에서도 점차 심각해지고 있지만, 아직까지는 미국의 경우만큼 심각하지는 않다. 오늘날 미국은 모권제 사회라고 일컬을 정도가 되고 말았다. 남자는 단지 돈을 벌어오는 사람, 즉 가족들이 쓸 돈을 가져다주는 사람으로 간주된다. 거기에 비해 아내, 곧 어머니는 문화인이요 가정의 머리이다. 자녀들은 모두 어머니를 바라본다. 남자와 여자, 아버지와 어머니에 대한 비성경적인 견해가 모권제 사회를 만들어냈다.

내가 보기에 이런 현상은 매우 위험하다. 그 결과, 미국은 온갖 끔찍한 사회 문제로 몸살을 앓고 있다. 더군다나 미국은 영화를 비롯해 다양한 매체를 통해 다른 모든 나라에 크게 영향을 미친다. 따라서 이런 현상은 세계 곳곳으로 널리 확산되는 추세다. 여성을 가정의 중심이요 머리로 여기는 모권제 사회는 성경의 가르침을 부인할 뿐 아니라, 하와가 저질렀던 옛 죄를 되풀이하게 만들고 있다.

이에 대한 문제 의식들도 점차 고조되는 추세다. 이것이 결혼 상담소를 비롯해 그와 유사한 단체들이 등장하게 된 이유다. 그러나 안타깝게도 그들은 대개 심리학의 관점에서 문제를 바라보고 있다. 혹시 많은 심리학자들의 결혼생활을 엿볼 기회가 있다면, 큰 충격을 받을 것이 틀림없다. 그들은 남들에게는 결혼생활을 이끌어가는 방법, 곧 결혼생활을 보존하고 유지하는 방법을 조언하면서 정작 자신의 결혼생활에는 그것을 전혀 적용하지 못한다. 물론 그들이 그렇게 하지 못하는 것은 당연한 것이기도 하다.

결혼생활은 절대 심리학으로 해결 될 문제가 아니기 때문이다. 적당한 상식과 지혜, 동반자 정신, 자로 잰 듯 똑같이 주고받는 관계만이 그 전부가 아니다. 남자와 여자들은 그 모든 것을 잘 알고 있다. 그들은 항상 알고 있지만 실천에 옮길 수가 없다. 그들은 그렇게 할 수 없다. 희망은 오직 하나뿐이다. 바꾸어 말해, 모든 권위가 하나님께 있음을 인정하고 남편과 아내가 함께 그분께 복종하며, 하나님은 그리스도의 머리가 되시고 그리스도께서는 남자의 머리가 되시는 것처럼, 남자가 여자의 머리라는 사실을 받아들여 모든 일을 "주께 하듯" 행하기 전까지는 그 어떤 희망도 있을 수 없다. 남자와 여자들이 지난 100년 동안 성경의 권위를 외면한 탓에 이 끔찍하고 불행한 사회 문제가 더욱더 크게 불거지게 되었다.

물론, 사람들은 이런 말을 하는 내게 "당신은 그 엄격하고, 강압적이고, 독재적인 빅토리아 시대의 남편이자 아버지로 되돌아가고 싶은 모양이군요"라고 말할 것이 틀림없다. 그러나 그 말은 결코 그런 의도가 아니다. 나는 오늘날의 문제가 빅토리아 시대에 대한 반발에서 비롯되었다는 것을 잘 알고 있다. 이 시대는 물론, 빅토리아 시대도 둘 다 개탄스럽기는 마찬가지다.

우리는 성경으로 돌아가야 한다. 나는 "하나님께 돌아가라. 그리스도께 돌아가라. 권위 있는 하나님의 말씀에 귀를 기울이라"고 말하고 있을 뿐이다. 하나님은 남자를 창조하시고, 여자를 "돕는 배필"로 허락하셨다. 남편과 아내는 각자 자신의 위치를 지키며 서로를 사랑하고 존중하며, 서로를 영화롭게 해야 한다. 이것이 하나님의 완전하신 계획이다. 우리는 이 계획을 다시 올바로 받아들여야 한다.

하나님이 우리에게 은혜를 베푸시어 이런 가르침을 깨닫고 복종함으로써 복되신 주님의 이름을 빛내고 영광스럽게 할 수 있게 해주시기를 간절히 기도한다. "주께 하듯 하라!"

가장 근본적인 이야기

다시 본문으로 돌아가자. 바울은 아내들이 남편에게 복종해야 하는 이유를 크게 두 가지로 설명하였다. 앞서 말한 대로, 그 첫 번째 이유는 자연의 질서에 있다. 바울은 "남편이 아내의 머리다"라고 말했다. 하나님이 태초에 남자와 여자를 창조하실 때 그렇게 작정하셨다. 이미 설명한 대로, 신약성경도 그 사실을 인정하고 하나님이 본래 뜻하신 바를 줄곧 언급한다.

우리는 지금 인간의 삶과 행복과 직결되는 가장 근본적이고 기본적인 문제를 다루고 있는 중이다. 앞에서 설명한 내용 가운데 특별히 기독교 특유의 가르침에 해당하는 내용은 아직 언급한 바 없다. 지금까지는 구약성경의 가르침, 곧 그리스도인이든 아니든 모두가 인정해야 할 진리를 언급했다. 이것은 인간의 삶 전체에 관한 하나님의 법령이다.

가정을 인정한다는 것은 곧 이 진리를 인정하는 것이다. 가정을 세우신 하나님이 결혼도 계획하셨다. 국가를 세우신 하나님이 결혼 제도를 세우셨다. 우리는 국가에 복종하는 것처럼, 남편과 아내의 상대적 지위와 그들 사이에 마땅히 확립되어야 할 관계에 대한 하나님의 본래 뜻에 주목해야 한다.

지금까지 말한 것은 모두 일반 진리다. 우리가 그리스도인이라는 사실은 일반 진리에 관심이 없다는 뜻은 결코 아니다. 그리스도인이라고 해서 구약성경에 무관심해서는 안 된다. 구약성경은 여전히 모든 진리의 토대이고, 기독교의 가르침은 그것에 바탕을 둔다. 바울이 구약성경의 가르침을 먼저 제시한 이유가 여기에 있다.

그러면 이제 바울이 말한 두 번째 이유, 곧 기독교 특유의 가르침을 살펴보자. 그는 "남편이 아내의 머리이다"라고 말한 다음, "그리스도께서 교회의 머리됨과 같으니"라는 기독교적 진술을 덧붙였다. 이 말씀은 우리를 좀 더 깊은 곳으로 인도한다. 첫 번째 진리를 폐지한 것이 아니라 거기에 덧붙여졌다는 사실에 유념하라. 사실, 이 두 번째 이유는 첫 번째 이유를 이해하도록 돕는다. 기독교 신앙은 인간의 삶 전체를 아우른다.

이 세상에서 삶을 진정으로 이해할 수 있는 사람은 오직 그리스도인뿐이다. 창조된 자연을 진정으로 즐거워할 수 있는 사람은 궁극적으로 그리스도인밖에 없다. 그리스도인은 세상 사람들과 다른 방식으로 자연을 바라본다. 그리스도인은 자연에서 새로운 것을 본다. 다시 말해, 단지 사물 자체만을 보지 않고 그 안에서 위대하신 창조주와 그 행사의 경이로움과 다양함과 다채로움과 아름다움을 발견한다. 그리스도인이 된다는 것은 곧 삶을 바라보는 관점이 풍요로워졌다는 것을 의미한다. 인간이 소유하고 있거나 발현하는 모든 은사를 진정으로 이해할 수 있는 사람은 그리스도인뿐이다. 그리스도인은 더욱 깊은 눈으로 삶을 바라보고, 더욱 온전히 이해한다.

이처럼 기독교의 메시지는 우리가 전에 가지고 있던 것에 덧붙여진 것이 아니라 그것을 더욱 풍요롭게 만들고, 더욱 깊은 통찰력을 부여한다. 여기에 더해진 기독교의 메시지는 이미 설정된 자연 질서를 이해하도록 도울 뿐 아니라, 그 위에 새로운 특성을 부여해 옛 진리를 더욱 강화하고 발전시킨다.

바울은 "이는 남편이 아내의 머리됨이 그리스도께서 교회의 머리됨과 같음이니 그가 바로 몸의 구주시니라"라고 말했다. 이 말씀 가운데는 오직 그리스도인만이 이해할 수 있는 내용이 담겨 있다. 주 예수 그리스도를 믿지 않는 사람, 곧 구원의 길을 알지 못하는 사람은 "그리스도께서 교회의 머리됨과 같음이니"라는 말씀을 절대 이해할 수 없다. 이 말씀은 불신자에게는 아무 의미가 없다. 불신자는 이 말씀을 전혀 이해할 수 없다. 따라서 불신자는 결혼에 관한 기독교의 가르침을 이해하기 어렵다. 이 말씀은 교회에 관한 기독교의 교리에 근거하고 있기 때문에 기독교의 교회론을 이해하지 못하는 사람은 바울 사도가 가르치는 기독교의 결혼관을 이해할 수 없다. 우리는 이런 사실에서 몇 가지 결론을 도출할 수 있다.

첫째, 그리스도인은 불신자와 결혼해서는 안 된다. 바울은 고린도후서 6장 14절에서 "너희는 믿지 않는 자와 멍에를 함께 메지 말라"고 말했다. 이 말씀은 결혼의 문제를 언급하고 있는 것이 확실하다. 우리가 이 권고를 받아들여야 할 이유는 다음과 같다. 신자와 불신자가 결혼할 경우, 한쪽은 기독교의 숭고한 결혼관을 알고 있지만 다른 한쪽은 그것을 전혀 알지 못하는 상황이 빚어진다. 이미 그 자체로 결혼 관계에 결함이 발생한다. 결혼에 관한 부부의 생각이 일치하지 않고, 또 결혼 관계를 맺는 방식도 서로 다르다. 한 사람이 가지고 있는 것을 다른 사람이 가지고 있지 못하는 탓에 처음부터 화합이 이루어지기 어렵다. 바울이 고린도후서 6장에서 설명하는 대로, 이미 다툼의 씨앗이 존재한다.

두 번째의 결론은 기독교 결혼 예식은 그리스도인들에게만 치러져야 한다는 것이다. 이것은 범위가 매우 넓은 주제에 속한다. 즉, 이는 교회의 질서 유지와 관련된 규율의 일부다. 기독교에 관해 아무것도 알지 못하는 사람이 "남편이 아내의 머리됨이 그리스도께서 교회의 머리됨과 같음이니"라는 말씀이 낭독되는 기독교의 결혼 예식을 통해 혼인가약을 맺는다면, 혼란스런 사태가 빚어질 것이 틀림없다. 불신자에게는 그런 말씀이 아무 의미가 없다. 따라서 나는 그런 결혼 예식이 이루어져서는 안 된다고 생각한다. 그리스도인이 아닌 사람에게 기독교의 심오한 교리를 가르칠 수는 없다. 그런 사람에게는 회개와 믿음의 필요성만을 가르쳐야 한다. 그들은 결혼에 관한 교리를 이해할 수 없다. 그것을 이해하려면 먼저 그리스도인이 되어야 한다. 따라서 기독교 결혼 예식은 전적으로 그리스도인들에게만 적용되어야 한다. 불신자들을 위해 기독교 결혼 예식을 베푼다면, 그 결혼 예식은 하찮고 우스꽝스럽게 전락하고 말 것이다.

셋째, 그리스도인들이 결혼할 때는 반드시 기독교 결혼 예식이 필요하다. 그리스도인들에게 그런 예식을 베푸는 것은 매우 적절하고 옳은 일이다. 이 점을 좀 더 설명하면 다음과 같다. 300년 전 청교도들 가운데는 로마 가톨릭교회에 대한 극도의 반발심 때문에 결혼 예식조차도 거행해서는 안 된다고 주장했던 이들이 있었다. 그들은 결혼은 단지 법률적 계약일 뿐이라고 주장했다. 그들이 그렇게 반발할 수밖에 없었던 심정은 충분히 이해가 가고도 남는다. 로마 가톨릭교회는 성경의 가르침과는 달리 결혼이 성례라는 그릇된 가르침을 전했다. 때문에 청교도들은 그런 잘못된 견해를 배격해야 한다고 생각했고, 그에 따라 결혼 예식을 중단했다.

그러나 본문에 나타난 바울 사도의 가르침에 따르면, 그런 태도는 매우 잘못된 것이었다. 그들의 반발심은 성경의 가르침까지 외면할 정도로 너무 지나쳤다. 본문의 가르침을 비롯해 여러 성경 말씀을 옳게 이해한다면, 결혼에 예식이 필요한 측면이 분명히 있다는 것을 쉽게 알 수 있다.

본문이 가르치는 대로, 결혼은 그리스도와 교회의 신비적 연합에 비견될 수 있는 측면이 있다. 따라서 결혼 예식은 하나님을 향한 예배요 진정한 기독교적 예배가 이루어질 수 있는 기회를 제공한다. 결혼은 단지 법률적인 계약이 아니다. 앞서 당부한 대로, 생각이 잘못된 사람들이 잠시라도 우리의 사고와 행동에 영향을 미치도록 허용해서는 안 된다. 그리스도인은 단순한 반발심으로 행동해서는 안 된다. 그리스도인은 긍정적이며 또한 성경적이어야 한다. 그러나 어떤 사람들은 로마 가톨릭교회에 대한 증오심과 같은 이유들 때문에 또 다른 극단에 치우쳐 스스로 믿는다고 주장하는 성경마저 부인하는 결과를 초래한다.

그러나 한 가지 분명히 해둘 것이 있다. 기독교의 결혼관은 위의 세 가지 요소를 함축하고 있을 뿐, 로마 가톨릭교회의 경우처럼 결혼 예식을 성례로 인정하는 것은 아니다. 성경 어느 곳에도 그런 주장을 뒷받침하는 근거는 없다. 누구라도 성경을 그런 식으로 해석한다면, 나는 단호히 반박할 것이다. 결혼은 성례가 아니다.

그렇다면 본문은 무엇을 가르치는가? 본문은 신비적 연합에 관한 개념을 가르친다. 본문은 남편과 아내, 아내와 남편의 관계를 그리스도와 교회, 교회와 그리스도와 관계에 빗대고 있다. 바울은 나중에 이해를 돕기 위해 "이 비밀이 크도다"라고 말했다. 그리스도와 교회의 관계는 신비다. 이것은 현실이면서 동시에 큰 신비에 속한다. 교회와 그리스도, 신자 개인과 그리스도의 연합은 큰 신비이지만 또한 현실이기 때문에 우리는 이 진리를 열심히 이해하려고 노력해야 한다. 바울은 남편과 아내, 아내와 남편의 관계를 그러한 현실에 빗대었다. 남편과 아내의 관계를 이해하려면, 먼저 그리스도와 교회의 관계를 이해해야 한다. 그것이 순서다. 우리는 여기에서 교회에 관한 위대한 교리를 접하게 된다.

바울은 에베소 신자들이 이 사실을 어렵지 않게 이해할 것이라고 확신했다. 왜냐하면 이미 그들에게 그 교리를 가르쳤기 때문이다. 그는 에베소서 1장 후반부에서 그들을 위해 "믿는 우리에게 베푸신 능력의 지극히 크심이 어떠한 것을 너희로 알게 하시기를 구하노라"라고 기도했다. 그러면서 그는 "그의 능력이 그리스도 안에서 역사하사 죽은 자들 가운데서 다시 살리시고…만물을 그의 발 아래에 복종하게 하시고 그를 만물 위에 교회의 머리로 삼으셨느니라 교회는 그의 몸이니 만물 안에서 만물을 충만하게 하시는 이의 충만함이니라"라고 덧붙였다. 바울은 이 말씀으로 에베소 신자들에게 교회에 관한 교리를 가르쳤다.

이제 그는 그 교리를 남편과 아내의 관계에 적용한다. 서신의 첫 부분을 읽지 않고 성급히 마지막 부분을 읽는 사람은 항상 실수를 범한다. 본문은 원리에서 도출한 결론이다. 바울은 에베소서 4장 15-16절에서도 같은 방법을 적용해 원리를 확대하여 적용한다.

"오직 사랑 안에서 참된 것을 하여 범사에 그에게까지 자랄지라 그는 머리니 곧 그리스도라 그에게서 온 몸이 각 마디를 통하여 도움을 받음으로 연결되고 결합되어 각 지체의 분량대로 역사하여 그 몸을 자라게 하며 사랑 안에서 스스로 세우느니라"

이처럼, 바울은 교리를 바탕으로 기독교가 가르치는 결혼의 참된 본질을 이해시키려고 노력했다. 그 요점은 무엇인가? 바울은 살아 있는 유기적인 결합, 곧 친밀한 관계를 강조한다. 그는 4장 16절에서 "각 마디"를 언급했다. "각 마디"란 신경과 동맥을 "연결하고 결합하는" 역할을 해 몸의 중심인 머리에서부터 몸의 각 부분에 생명력을 공급한다. 남편과 아내 사이에도 이렇게 살아 있는 유기적인 연합이 이루어진다. 교회가 머리이신 그리스도와 하나의 생명이듯, 남편과 아내도 하나의 생명이다. 물론 바울은 여기에서 그 모든 측면 가운데 하나의 측면, 곧 복종에만 특별히 초점을 맞춘다.

"아내들이여 자기 남편에게 복종하기를 주께 하듯 하라 이는 남편이 아내의 머리됨이 그리스도께서 교회의 머리됨과 같음이니"

그가 그리스도와 교회의 관계를 언급한 이유는 아내가 남편에게 어떻게 복종해야 하고, 또 왜 복종해야 하는지를 밝히기 위해서다. 바울은 나중에 또 다른 측면, 곧 아내에 대한 남편의 의무도 마저 다루었다. 그러나 이 위대한 말씀을 생각하는 순간, 즉시 한 가지 문제점이 대두된다.

바울은 왜 그 말씀을 덧붙였을까?
본문을 다시 읽어보자.

"이는 남편이 아내의 머리됨이 그리스도께서 교회의 머리됨과 같음이니 그가 바로 몸의 구주시니라"

성경 주석학자들의 관심을 크게 사로잡은 문제점을 설명하면 다음과 같다. 바울은 왜 그 마지막 문장을 덧붙였을까? 그가 "이는 남편이 아내의 머리됨이 그리스도께서 교회의 머리됨과 같음이니…그러므로 교회가 그리스도에게 하듯 아내들도 범사에 자기 남편에게 복종할지니라"라고만 하지 않고, "그가 바로 몸의 구주시니라"는 말씀을 덧붙인 이유는 과연 무엇일까? 찰스 하지 Charlse Hodge와 같은 유명한 주석학자들을 비롯해 대다수 주석학자들은 조금도 머뭇거리지 않고 이 말씀이 문맥과 상관없이 따로 첨가된 것이라고 설명한다. 다시 말해, "그가 바로 몸의 구주시니라"는 말씀은 주 예수 그리스도께서 교회의 구주이시라는 사실을 부연 설명하는 역할을 한다는 것이 그들의 지론이다. 그들의 주장은 이 말씀이 남편과는 아무런 상관이 없다는 것이다.

그렇다면 바울이 그 말씀을 덧붙인 이유는 무엇일까? 주석학자들은 그 이유를 이렇게 설명한다. 즉, 바울이 그리스도께서 교회의 머리시듯 남편이 아내의 머리라고 말하고 나서, 곧바로 그리스도의 이름을 언급한 것을 의식하고는 "그분은 몸의 구주시니라"라고 외치지 않을 수 없었다는 것이다. 그 주장대로라면 이 말씀은 바울이 이 장에서 가르치고 있는 내용과는 아무 상관이 없다. 그리스도의 이름을 언급하는 것 자체로 그로 하여금 이 놀라운 말씀을 덧붙이게 만들었을 뿐이다. 주석학자들은 이런 이유를 들어 이 말씀을 독립된 문장으로 간주해야 하고, 남편과 아내의 관계에 적용해서는 안 된다고 주장한다.

그들의 논리를 좀 더 설명하면 이렇다. 그들은 "그리스도께서 교회의 구주이시듯이 남편이 아내의 구주라는 것이 어떻게 가능할 수 있겠는가?"라고 묻는다. 그들은 그런 생각은 터무니없다고 주장한다. 잘 알다시피, 그리스도께서는 교회를 위해 죽으셨다. 그분은 속죄의 죽음과 부활을 통해 우리를 구원하신다. 다른 관계에는 이런 진리를 적용할 수 없다. 이 진리는 매우 독특하다. 따라서 바울이 그리스도라는 이름을 언급하는 순간, 북받치는 감정을 이기지 못하고 남편과 아내의 관계와 아무 상관없는 이 문장을 기록했다고 보는 것이 옳다는 것이다.

그러면 이런 주장에 대해 어떻게 말해야 할까? 물론, 이 문장을 주의 깊게 살펴보지 않고 피상적으로 읽는다면, 그들의 주장에 동의하지 않을 수 없을 것이다. 더 이상 아무런 논증도 필요하지 않을 것 같을지도 모른다. 그리스도께서는 교회의 구주로서 독보적인 존재이시기 때문에 이 진리를 남편에게 적용하는 것은 불가하다고 생각하면 그만인 것이다.

그러나 주석학자들의 설명은 거기에서 끝나지 않는다. 그들은 한 가지 요점을 더 끄집어내어 그것에 큰 중요성을 부여한다. 그들의 설명은 24절을 시작하는 "그러므로"라는 용어에 근거한다. 24절은 "그러므로 교회가 그리스도에게 하듯 아내들도 범사에 자기 남편에게 복종할지니라"고 말한다. 주석학자들이 주장하는 요지는 이렇다. 그들은 "그러므로"라는 번역이 잘못되었다고 지적한다. 그들의 지적은 옳다. 그러나 그들은 "그러므로"라고 번역된 말을 "그럼에도 불구하고"라고 번역해야 한다고 주장한다는 것이다.

그들의 주장에 따르면, 본문은 "이는 남편이 아내의 머리됨이 그리스도께서 교회의 머리됨과 같음이니 '그럼에도 불구하고(즉, 이 진리를 남편이 아내의 관계에 적용할 수는 없더라도)' 교회가 그리스도께 하듯 아내들도 범사에 자기 남편에게 복종할지니라"라고 번역해야 한다. 그들은 자신들의 이러한 이해가 확실하다고 생각한다. 이는 결국 바울이 "그리스도께서 몸의 구주시라고 말하는 순간, 나는 내가 그리스도와 교회의 관계에 남편과 아내의 관계를 빗대어 말하고 있다는 사실을 잠시 잊었다. '그럼에도 불구하고', 남편과 아내의 문제에는 적용할 수는 없더라도 교회가 그리스도에게 하듯 아내들은 자기 남편에게 복종해야한다"라고 말했다는 뜻이 된다.

나는 이런 견해에 맞설 적절한 해결책을 제시할 수 있다고 생각한다. 먼저, 주석학자들의 견해는 구주의 의미를 매우 좁게 제한하고 있다. 구주라는 말이 항상 그리스도께서 교회를 위해 생명을 내주셨고, 보혈을 흘리셨다는 한 가지 의미로만 사용되는 것은 아니다. 그것은 가장 빈번하게 사용되는 의미일 뿐, 유일한 의미는 아니다. 구주라는 말은 그보다 좀 더 넓은 의미로 사용된다. 그런 예를 하나 들면 디모데전서 4장 10절이다.

"이를 위하여 우리가 수고하고 힘쓰는 것은 우리 소망을 살아 계신 하나님께 둠이니 곧 모든 사람 특히 믿는 자들의 구주시라"

여기에 사용된 '구주'와 "몸의 구주"의 '구주'는 정확히 똑같다. 하나님, 살아 계신 하나님은 만민, 특히 믿는 자들의 구주시다. 모든 사람이 영적 구원을 받는다고 말할 수 없다. 그런 주장은 보편 구원론에 해당한다. 여기에 사용된 구주는 다른 의미로 사용되었다. 즉 이 용어는 "보호자", 곧 하나님이 만민을 보살피고 돌보신다는 뜻이다. 하나님은 만민, 그 중에서도 특히 믿는 자들의 보호자이시다. 주님은 "이는 하나님이 그 해를 악인과 선인에게 비추시며 비를 의로운 자와 불의한 자에게 내려주심이라"(마 5:45)라고 말씀하셨다. 그렇다. 하나님은 만민에게 양식을 주신다. 하나님이 만민의 구주이시라는 말은 바로 이런 뜻이다. 따라서 본문의 '구주'도 이런 의미로 해석하는 것이 더 낫지 않겠는가? 하나님은 몸을 보호하고 돌보시는 분이시다. 이것이 앞서 말한 주석학자들의 견해를 논박할 수 있는 한 가지 이유다.

그러나 "그가 바로 몸의 구주시니라"는 이 짧은 문장을 주 예수 그리스도와 그분의 구원 사역에만 적용하려는 견해를 논박할 수 있는 이유는 이외에도 더 있다. 그들의 견해를 논박할 수 있는 두 번째 이유는 그 뒤에 이어지는 28절과 29절에 있다. 이 두 구절은 이 문장을 그리스도와 교회는 물론, 남편과 아내에게 적용해야 한다는 우리의 해석을 지지한다. 바울은 "이와 같이 남편들도 자기 아내 사랑하기를 자기 자신과 같이 할지니 자기 아내를 사랑하는 자는 자기(즉, 자기 육체)를 사랑하는 것이라"고 말했다.

남편은 자기 육체를 어떻게 사랑하는가? 남편은 자기 육체를 "양육하고 보호"한다. 남편은 자기 육체에 대해 마치 구주처럼 행동한다. 그는 자기 육체를 돌보고 보존한다. "누구든지 언제나 자기 육체를 미워하지 않고 오직 양육하여 보호하기를 그리스도께서 교회에게 함과 같이 하나니", 이 말씀은 남편이 아내를 자기의 육체처럼 대해야 한다는 뜻이다. 남편은 자기 육체를 소홀히 하지 않고 양육하고 보호한다.

다시 말해, 그는 "몸의 구주"다. 성경 말씀은 항상 전후 문맥을 중심으로 이해해야 한다. 식견이 뛰어난 학자들도 얼마든지 이 점을 간과할 수 있다. 나는 이 두 구절이 우리의 해석을 지지한다고 생각한다. "그가 바로 몸의 구주시니라"는 말씀은 주 예수 그리스도께만 적용되는 독립된 문장이 아니다. 바울은 여전히 남편과 아내에 관해 말한다. "이는 남편이 아내의 머리됨이 그리스도께서 교회의 머리됨과 같음이니 그가 바로 몸의 구주시니라"는 바울의 말은 그리스도와 남편 모두에게 적용된다.

그러면 24절의 첫머리에 "그러므로"라고 번역된 말은 어떻게 생각해야 할까?" 이 말은 매우 흥미롭다. 나는 이 말의 의미를 알기 위해 가장 훌륭한 헬라어 원어사전을 몇 권이나 뒤적거렸다. "그러므로"로 번역된 헬라어는 "알라"이다. 나는 이 말을 항상 반대나 대조의 의미로 번역할 필요가 없다는 사실을 발견했다. 아른트Arndt와 긴그리히Gingrich의 『신약성경 헬라어 원어사전Greek/English Lexicon of the New Testament(1952년판)』은 가장 훌륭하고 권위 있는 헬라어 원어사전 가운데 하나다. 그들은 "알라"라는 용어가 "이제" 또는 "그러니"를 의미한다고 설명한다. 그들은 "이 말은 명령을 강화하기 위해 사용되었다"라고 말했다. 즉, 대조나 차이를 드러내기 위해서가 아니라 바울이 말하고 있는 명령을 강화하는 의미로 사용되었다는 것이 그들의 설명이다. 그들은 에베소서 5장 24절을 이 용어의 특별한 용례로 제시했다. 그림-데이어Grimm-Thayer 원어사전에서도 비슷한 설명을 하고 있다.

따라서 이런 모든 근거에 비춰볼 때 이 문장이 주님에게만 따로 적용된다는 해석은 타당하지 못한 듯하다. 만일 그렇다면 이 문장은 문맥을 혼란시키는 불필요한 사족이 되고 만다. 바울이 그런 식으로 어설프게 말했을 리는 절대 없다. 우리는 이 구절을 "그리스도께서 교회의 머리됨과 같음이니 그가 바로 몸의 구주시니라 그러니 교회가 그리스도에게 하듯 아내들도 범사에 자기 남편에게 복종할지니라"라는 그대로의 뜻으로 읽어야 한다.

그렇다면 이 구절이 가르치는 교리는 무엇인가? 그것은 곧 아내가

---

* 에베소서 5장 24절의 첫 접속사는 한국어 성경의 경우, 개역개정판은 '그러므로', 개역한글판은 '그러나'로 번역되어 있다. 영어 성경의 경우 NASB역은 But(그러나), NIV역은 Now(이제), KJV역은 Therefore(그러므로)로 각각 사용된다. 본문에서는 개역개정판을 따라 인용하였다.

남편의 보호와 보존과 인도와 보살핌을 받아야 할 대상이라는 것이다. 그리스도께서 교회를 양육하고 보호하시듯, 남편은 아내를 양육하고 보호해야 한다. 아내는 남편과의 관계에서 자신의 위치를 정확히 의식해야 한다. 남편은 보호자요 몸의 구주다. 아내는 항상 그 점을 염두에 두고 행동해야 한다.

아직도 생각해야 할 것이 좀 더 남아 있다. 몸과 머리는 어떤 관계를 맺고 있는가 하는 문제다. 그리스도와 교회의 관계에 적용되는 것은 남편과 아내의 관계에도 똑같이 적용된다. 바울이 여기에서 말하는 내용과 전에 내가 교회를 그리스도의 몸이라고 말씀하는 대목(예를 들면, 로마서 12장과 고린도전서 12장)을 설명할 때 언급했던 내용을 생각하면, 이 말씀이 무엇을 가르치고 있는지 익히 짐작할 수 있을 것이다. 아내와 남편과의 관계는 몸과 머리, 즉 교회와 그리스도와의 관계와 같다.

여기에서 다시 "보완"의 개념이 등장한다. 기독교의 결혼관에서 가장 중요한 것은 온전함과 완전함의 개념이다. 창세기 2장은 여자를 "돕는 배필"이라고 말한다. 아담에게서 취한 하와는 그의 일부다. 그녀는 아담을 보완해 온전함을 이룬다. 우리의 몸, 곧 우리의 몸 전체를 생각하면, 이 개념을 쉽게 떠올릴 수 있다. 몸은 지체들 각자의 총합이 아니다. 손가락이 손에, 발가락이 발에 붙어 있고, 몸통에 팔다리가 달려 있다고 해서 그것이 온전한 몸이라고 할 수는 없다. 몸을 그런 식으로 생각하는 것은 잘못이다. 몸은 생명의 관계를 맺고 있는 유기적 결합체이다. 몸은 하나요, 또한 온전하다. 이것이 여기에서 가르치는 몸의 개념이다.

남편과 아내는 분리되지 않는다. 부부의 관계를, 외교를 맺고 있어도 늘 전쟁을 의식하고 긴장해야 하는 경쟁국가처럼 생각하면 곤란하다. 그런 개념은 기독교의 결혼관과는 정면으로 배치된다. 그리스도와 교회는 몸과 머리가 하나이듯 서로 하나다. 그러면서도 서로 그 기능이 제각기 다르다. 우리는 이 점, 곧 각 지체의 기능과 목적과 책임이 모두 다르다는 점을 이해해야 한다. 그러면서도 각 지체는 몸의 일부이며, 제각기 다른 활동을 하더라도 일치된 행동의 일부로서 통일된 결과를 낳는다.

'우열'이 아닌, '역할'의 문제

그러면 이번에는 이 점을 좀 더 상세히 다뤄 결혼의 상태와 부부 관계의 문제에 관한 이해의 폭을 더욱 넓혀보기로 하자. 이 문제는 참으로 중요하다. 나는 이미 그 이유를 몇 가지 제시했다. 오늘날의 반종교적인 정서는 빅토리아 시대의 생활양식에 대한 반발심에 어느 정도 원인이 있다.

당시의 남편과 아내들 가운데는 겉으로는 훌륭한 그리스도인처럼 보여도 실제로는 "저 사람의 사생활을 안다면, 결코 훌륭하다고 말하지 못할 것이다"는 비난을 샀던 이들이 적지 않았다. 한 집안의 가장

이 교회나 길거리나 일터에서의 행동과 집안에서의 행동이 서로 다른 것보다 기독교에 더 큰 악영향을 미치는 것은 없다. 집안에서의 행동을 보면 그 사람의 진정한 실체를 알 수 있다. 가정에서 가족들과 어떻게 관계를 맺고 있는가? 가족들과의 관계는 그 자체만으로도 중요할 뿐 아니라, 세상에 기독교 신앙의 진정성을 증언하는 역할을 하기도 한다.

그러면 아내가 남편에게 복종해야 한다는 말씀은 과연 어떤 의미일까? 우선, 아내의 복종이 순전히 수동적인 복종이 아닌 것만은 분명한 듯하다. 아내는 무조건 복종해서는 안 된다. 아내는 말이나 의견을 내세울 수 없고, 벙어리처럼 입을 다문 채 피동적인 태도를 취하는 것이 옳다고 생각한다면, 여기에서 말하는 복종의 의미를 곡해하는 것이며, 본문의 비유와 예증을 무의미하게 만드는 것이다.

여기에서 말하는 복종을 더 자세히 살펴보면, 아내 혼자 독자적으로 행동해서는 안 된다는 뜻을 담고 있다. 몸과 머리의 비유가 이 점을 분명히 한다. 몸의 역할은 나와 따로 행동하는 것이 아니다. 생각과 의지로 행동을 결정하는 것은 나의 두뇌, 곧 나 자신이다. 몸은 나의 의지와 생각을 표현하는 수단이다. 몸이 나와 따로 행동한다면, 나의 의지와는 상관없는 "발작"에 지나지 않을 것이다. 발작이란 몸이 나의 생각이나 의지와 상관없이 제멋대로 움직이는 현상을 가리킨다. 발작은 의도적인 행동이 아니다. 몸이 움직이는 것을 원하지 않는데도 움직임을 멈출 수 없는 것, 곧 몸이 나의 생각이나 의지와 따로 노는 것, 그것이 바로 발작이며 혼돈이다.

바울이 "아내들이여 자기 남편에게 복종하라. 범사에 자기 남편에게 복종하라"고 이야기하는 이유는 아내가 남편과의 관계에서 독자적으로 행동하게 해서는 안 되기 때문이다. 만일 그렇게 된다면 발작, 곧 혼돈이 빚어지고 만다.

이 문제를 좀 더 면밀히 살펴보자. 성경은 남편이 머리라고 가르친다. 남편이 궁극적인 통솔자라는 것이다. 아내는 독자적으로 행동해도 안 되고, 남편보다 먼저 행동해도 안 된다. 그러나 한 가지 덧붙일 말이 있다. 즉, 아내는 남편보다 먼저 행동해서는 안 되지만, 그렇다고 행동을 미룬다든지 회피하거나 거부해서도 안 된다. 몸의 경우를 떠올려 생각하면 쉽게 이해가 될 것이다. 중풍병자의 경우, 그 사람은 몸을 움직이고 싶어도 사지가 마비되어 움직일 수가 없었다. 그는 움직이고 싶은 의지를 가지고 있지만, 몸이 따라주지 않는다. 팔다리가 건강하지 못하기 때문에 움직일 수가 없다. 이것이 본문의 가르침 가운데 하나다. 아내는 몸이기에, 머리인 남편보다 먼저 행동해서도 안 되며 또 미루고 회피하거나 거부하느라 움직이지 못하도록 해서도 안 된다. 이런 일은 결혼 관계를 온전히 유지하는 데 반드시 필요한 요건이다.

우리 주변에서 많은 결혼 관계가 파국으로 치닫는 이유는 사람들이 이런 사실을 이해하지 못하기 때문이다. 아내의 독자적인 행동이나 남편보다 앞선 행동, 또는 행동을 마다하거나 회피하거나 거부하는 것은 모두 잘못이다. 그런 일이 발생하는 이유는 남자와 여자들이 기독교의 결혼관을 올바로 이해하지 못하기 때문이다.

이 점을 한 마디로 요약하면 다음과 같다. 주도권과 통솔권은 남편에게 있지만, 행동은 항상 통합적으로 이루어져야 한다. 이것이 몸의 비유가 가르치는 의미다. 행동은 통합적으로 이루어지지만 통솔권은 머리에 있다.

그러나 여기에 열등의 개념은 없다. 아내는 남편에 비해 열등하지 않다. 다만 다를 뿐이다. 아내는 영예롭고 존경스러운 자신만의 고유한 위치를 차지한다. 아내는 열등하지 않다. 그리스도인 여성이 이 모든 사실을 깨닫는다면, 남편이 제 역할에 충실할 수 있도록 그를 기쁘게 하고, 유익하게 하고, 돕고, 보완하는 일에 성심껏 임할 것이다. 이것이 바울의 가르침이다. 그런 아내는 결혼 예식에서 "남편에게 복종하겠다"고 말하기를 마다하지 않을 것이다.

참으로 안타깝게도, 최근에 한 친구로부터 어떤 목회자가 결혼 예식을 주관할 때에 "복종하라"는 말을 하지 않기로 결심했다는 소식을 전해 들었다. 그는 스스로를 현대적이라고 생각하고, 그렇게 해야만 기독교가 편협하지 않다는 사실을 알려 세상 사람들의 관심을 사로잡을 수 있을 것이라고 믿었다. 그는 자신이 성경의 가르침을 부인하고 있다는 사실을 깨닫지 못했다.

그런 사람들은 자신이 얼마나 일관성이 없는지 모른다. 그들도 만약 축구 경기를 한다면, 아마도 단체정신을 강조할 것이 틀림없다.

선수들 개개인이 각각 능력을 갖추고 개별적으로 경기를 하겠지만, 그래도 주장은 오직 한 사람뿐이라고 말할 것이다. 그들 모두가 "나는 주장이 아니야. 나는 주장에게 복종해야 해"라고 생각할 것이다. 선수 각자가 모두 주장에게 복종하는 것, 그것이 곧 단체정신이다. 그러나 그런 사람은 결혼 관계에 대해서는 그렇게 말해서는 안 된다고 주장한다. 그들은 "복종은 여성을 폄하하는 구태의연한 발상이야. 그것은 완고한 바리새인이었던 바울의 가르침이자 구약의 율법적인 가르침에 불과해"라고 생각한다. 그러나 그런 생각은 교리를 부인하는 것이요, 스스로가 자부하는 현대적 정신에도 어긋난다.

성경의 가르침을 옳게 이해한 그리스도인 아내는 "남편에게 복종하겠다", "남편을 사랑하고 소중히 여기며 그에게 순종하겠다"고 말하기를 주저하지 않는다. 당연히 그럴 수밖에 없다. 결혼의 목적이 무엇인가? 온전한 "한 몸"을 이루기 위해서가 아닌가? 통합된 행동, 온전한 결합을 세상 사람들에게 보여주기 위해서가 아닌가? 복종은 노예적 굴종과는 다르다. 아내의 복종은 교회가 주님을 섬기는 것과 같다. 그것은 기독교의 참된 정신을 발현하는 것이다.

마지막으로 한 마디를 덧붙이면 다음과 같다. "그러므로 교회가 그리스도에게 하듯 아내들도 범사에 자기 남편에게 복종할지니라"는 권고의 말씀을 보면, "범사"라는 표현이 발견된다. 그러면 그 말대로 과연 "모든 일"에 무조건 복종하라는 뜻일까? 이 문제에 대한 대답을 찾을 때도 성경의 전체적인 가르침을 염두에 두어야 한다. 성경은 이런 식으로 일반적인 진술을 전할 때는 항상 전체적인 가르침에 비춰 그 말을 이해하기를 기대한다.

따라서 로마서 13장을 비롯해 다른 여러 곳에서 가르치는 대로, 아내가 남편에게 범사에 복종하는 것은 그리스도인이 국가, 곧 위에 있는 권세에게 복종하는 것과 일맥상통한다. 아내는 어떤 상황이나 조건에서도 남편이 명령하는 대로 무조건 복종해야 할까? 그렇지 않다. 만일 그렇게 한다면, 성경은 우스꽝스럽게 되고 말 것이다. 아내의 복종에는 한계가 있다. 그 한계는 무엇인가? 그 가운데 하나는 그 누구도 자신의 양심을 거슬러 행동해서는 안 된다는 성경의 근본 규칙이다. 비록 혼인을 통해 결혼 관계를 맺었더라도 남편은 아내의 양심을 마음대로 지배할 권한이 없다.

우리는 여기에서 흥미로운 경우를 몇 가지 떠올릴 수 있다. 양심에 복종하는 것과 견해를 고수하는 것을 둘러싸고 많은 혼동이 빚어진다. 이 둘은 서로 같지 않다. 성경은 어떤 상황에서도 양심에 복종해야 한다고 가르친다. 그러나 양심에 복종하는 것과 우리 자신의 견해를 고수하는 것은 서로 다르다.

한 가지 예를 들면 다음과 같다. 나는 존 맥클리오드John Macleod 박사가 스코틀랜드 신학을 다룬 책을 읽은 기억이 난다. 그의 책에는 지금의 논의에 도움이 되는 매우 흥미로운 이야기가 실려 있다. 18세기에 그리스도인과 지방 정부의 관계를 둘러싸고 스코틀랜드에서 논쟁이 벌어졌다. 국교회에서 탈퇴한 스코틀랜드 장로교회의 일부가

"공직자 서약Burgess Oath*"을 지지하는 파와 반대하는 파로 양분되었다. 큰 논쟁이 불거졌다. 당시 제임스 스콧James Scott이라는 이름의 성직자가 있었다. 그의 아내 앨리슨Alison은 여러 모로 뛰어난 여성이었다. 그녀는 에베니저 어스킨Ebenezer Erskine이라는 매우 뛰어난 사람의 딸이었다. 그는 스코틀랜드 장로교회의 국교 분리를 주도했던 인물 가운데 하나였다. 그녀는 매우 유능한 사람의 아내였지만, 성격이 남달리 강했다. 스콧 목사와 그의 아내는 "공직자 서약"을 놓고 의견이 엇갈렸다. 스콧 목사는 반대파에 속했고, 스콧 부인은 지지파에 속했다. 여러 가지 어려운 상황이 발생했다. 스콧 목사는 아내의 아버지와 숙부와 매제를 징계해 면직시킨 교단 회의에 참석했다. 그것은 그로서는 매우 용기 있는 행동이었다. 그는 총회를 마치고 집으로 돌아가서 아내에게 자신이 행한 일을 말했다. 스콧 부인은 그 말에 이렇게 대답했다.

"여보. 당신은 여전히 내 남편이지만 더 이상 나의 목회자는 아니에요."

그녀는 자신의 말을 실천에 옮겨 매주 남편이 예배를 인도하며 말씀을 전하는 교회에 나가지 않고 "공직자 서약"을 지지하는 교회 가운데 한 곳에 가서 예배를 드렸다. 이 경우를 어떻게 판단할 것인가? 나는 주저하지 않고 앨리슨 스콧 부인이 잘못했다고 말할 것이다. 왜냐하면 그녀는 양심이 아니라 견해에 따라 행동했기 때문이다. 모든

---

*역자 주 공직자는 국가가 인정하는 신앙을 고백해야 한다는 규칙

이유를 따져보아도 그녀는 마땅히 남편의 지도와 인도에 복종했어야 옳았다. 그랬더라면 그녀는 양심을 어기지 않았을 것이다. 그녀의 행동은 순전히 견해를 따른 것이다. 우리는 양심과 견해를 혼동하는 잘못을 저질러서는 안 된다. 아내는 의견을 제시할 수 있지만, 남편의 뜻이 확고하다는 것을 알면 그의 지시에 따라야 한다.

위의 이야기와 균형을 맞추기 위해 한 가지 예를 더 들면 다음과 같다. 약 18개월 전의 일이다. 내 기억이 옳다면, 그것은 내가 웨스트민스터 채플에서 목회를 시작한 이후로 가장 감동적이고 인상적인 경험 가운데 하나였다. 여름휴가를 마치고 돌아온 첫 주일 밤에 나는 교회에서 "우리는 그리스도의 사신이다"(고후 5:20)라는 제목으로 말씀을 전했다. 나는 사신의 소명을 강조했다. 설교를 마치고 내 방에 돌아온 즉시, 한 여성이 상기된 표정으로 나를 찾아왔다. 그녀는 그 날 설교가 자신을 위한 것이라고 확신한다고 말했다.

그녀와 그녀의 남편은 결혼한 지 약 10년이 지났다고 한다. 남편은 목회자의 소명을 받았다고 느끼고 학교 교사의 일을 그만둘 생각이었다. 그녀는 남편의 생각에 동의하지 않았다. 그녀는 남편의 결심을 막으려고 온갖 노력을 기울였지만, 남편은 확신을 잃지 않고 자신의 생각을 밀고 나갔다. 그 결과 그들의 결혼생활에 위기가 찾아왔다. 그러던 중, 그녀는 예배를 드리는 동안 깊은 확신을 느꼈다. 그리고는 내게 찾아와 그 사실을 고백하고 곧바로 가장 가까이에 있는 전화기에 달려가 웨스트 카운티에 가 있는 남편에게 전화를 걸겠다고 말했다.

당시 그녀의 남편은 다음날 아침 목회자가 되기 위한 시험을 치를 예정이었다. 그녀는 자신의 견해를 고집하며 남편을 향한 하나님의 뜻을 방해해온 것이 얼마나 잘못되었는지를 깨달았다. 그것은 양심에 복종하는 것이 아니라 견해를 고집하는 것이었다. 우리는 양심을 거역하지 말아야 할 뿐 아니라 견해를 말할 때도 공손한 태도를 취해야 한다. 남편을 둔 아내는 양심을 거역할 때까지 고집을 부려서도 안 되고, 남편의 잘못된 요구를 수용해서도 안 된다. 남편이 죄를 짓도록 유도한다면, 아내는 "안 돼요!"라고 단호히 거절해야 한다. 그렇게 하지 않으면, 성경은 우스꽝스러운 것이 되고 만다. 남편이 이성을 잃고 미치광이처럼 행동할 때에도, 아내가 남편의 모든 일에 무조건 복종해서야 되겠는가. 성경은 터무니없는 것을 가르치지 않는다. 성경의 가르침은 항상 타당하다. 아내의 복종에는 분명한 한계가 있다.

내가 말하고 싶은 것은 복종의 명령을 따른다고 해서 남편이 아내에게 하나님과 주 예수 그리스도의 관계까지 간섭하게 해서는 안 된다는 것이다. 다른 것에는 모두 복종할지라도 그것만은 복종해서는 안 된다.

다음으로 기억해야 하는 것은 간음은 결혼 관계를 파괴한다는 것이다. 남편이 간음을 저질렀거든, 아내는 더 이상 범사에 그에게 복종할 필요가 없다. 아내는 이혼을 요구할 수 있다. 성경은 그런 경우에 이혼을 허락한다. 아내가 이혼을 요구할 수 있는 이유는 간음이 부부의 연합과 관계를 깨뜨리기 때문이다. 그들은 서로 분리되었고, 더 이상 하나가 아니다. 남편이 부부의 연합을 깨뜨렸고, 관계에서 이탈했다. 아내가 간음한 남편에게 일생동안 충실해야 한다는 것은 성경의 가르침과 거리가 멀다. 아내는 선택할 수 있다. 그녀는 결정할 권리가 있다. 성경은 그런 경우에도 무조건 복종해야 한다고 가르치지 않는다. 아내의 복종에는 분명한 한계가 있다.

지금까지 나는 본문을 토대로 몇 가지 교훈을 제시했다. 아내들은 지금까지 말한 모든 교훈을 기억하고, 조금 전에 말한 원칙을 어기지 않는 한도에서 그리스도를 위해 최선을 다해 남편에게 복종해야 한다. 이 문제에 어려움을 느끼는 아내들을 위해 유익하고 실질적인 조언을 제시하면 다음과 같다. 복종의 문제로 고민하는 아내들은 스스로를 향해 이렇게 물어보기 바란다.

"나는 애초에 왜 이 남자와 결혼했을까? 그때의 결혼생활은 어땠는가? 그 관계가 회복될 수는 없을까?"

그런 다음에는 그리스도와 복음의 정신 안에서 결혼 관계를 다시 생각해보라. "그렇지만, 그것은 불가능해요. 나는 할 수 없어요"라고 대답할지도 모르겠다. 그래도 그리스도인이라면 남편을 불쌍히 여기는 마음으로 그를 위해 기도해야 한다. 베드로 사도가 베드로전서 3장에서 가르친 것을 실천에 옮겨라. 그는 아내들에게 심지어 남편이 그리스도인이 아니더라도 기꺼이 순종하라고 당부했다.

"아내들아 이와 같이 자기 남편에게 순종하라 이는 혹 말씀을 순종하지 않는 자라도 말로 말미암지 않고 그 아내의 행실로 말미암아 구원을 받게 하려 함이니 너희의 두려워하며 정결한 행실을 봄이라"
(벧전 3:1-2)

이 말씀을 실천에 옮겨라. 그리고 겸손하고 온유한 태도로 남편을 구원으로 인도하라.

"너희의 단장은 머리를 꾸미고 금을 차고 아름다운 옷을 입는 외모로 하지 말고 오직 마음에 숨은 사람을 온유하고 안정한 심령의 썩지 아니할 것으로 하라 이는 하나님 앞에 값진 것이니라"(벧전 3:3-4)

끝까지 최선을 다해 이 말씀에 복종하려고 노력하라. 끝으로 스스로에게 "주님은 나의 사악함과 죄악에도 불구하고 하늘에서 내려오시어 갈보리 십자가를 짊어지시고 나를 위해 목숨을 내어주셨다. 지금 이런 나의 상태와 태도로 과연 주님을 떳떳하게 대할 수 있을까?"라고 물어 보아라. 주님을 자신 있게 대할 수 있다면, 참으로 다행이다. 그렇다면 더 이상 할 말이 없다.
그러나 주님 앞에서 스스로의 태도와 사람들과의 관계가 떳떳하지 못하다는 생각이 든다면, 가서 모든 것을 바로잡아라. 그러면 떳떳한 양심과 평온한 심령으로 주님 앞에 다시 나와 그분의 거룩한 임재 안에서 기뻐할 수 있을 것이다.

결혼은 신앙의 문제다. 아내와 남편의 관계는 교회와 그리스도, 곧 몸과 머리의 관계와 똑같다. 그런 관점에서 결혼 관계를 바라본다면 아무 문제가 없다. 결혼 관계는 큰 특권이다. 하나님은 기쁘고 즐거운 마음으로 우리의 결혼생활을 내려다보신다.

"아내들아 이와 같이 자기 남편에게 순종하라…온유하고 안정한 심령의 썩지 아니할 것으로 하라 이는 하나님 앞에서 값진 것이니라"

(벧전 3:1-4)

혹여 세상에서 그 고통이 클지라도, 반드시 장차 하늘에서 큰 상을 받게 될 것임을 기억하라.

2 남편에게 주신 존엄한 진리

엡 5:25-33

무엇보다 강조하고 싶은 권고

지금까지 바울이 아내들을 권고하는 말을 살펴보았다. 이번에는 그가 남편들을 권고하는 말을 살펴보자. 남편들을 위한 권고는 25절에서 5장 마지막 구절까지 기록되어 있다. 여기에서는 두 가지 점이 특히 눈에 띈다. 한 가지는 남편의 의무에 관한 가르침이요, 더 놀라운 또 한 가지는 주 예수 그리스도와 교회의 관계에 관한 가르침이다.

바울의 서신에서는 항상 그런 놀라운 요소가 발견된다. 언제 어느 때에, 값진 진주 같은 진리가 튀어나올지 예상할 수 없다. 바울은 적용과 실천을 다루는 대목에서 느닷없이 교회의 본질 및 그리스도와 교회의 관계에 관한, 다른 어느 곳에서보다 더욱 놀랍고 존엄한 진리를 제시한다. 그는 남편에 관한 문제와 아내를 대하는 남편의 태도를 다루면서 그와 동시에 또 다른 주제를 언급한다. 그는 이 두 가지를 놀랍도록 탁월하게 다룬다.

앞으로 알게 되겠지만, 이 두 가지 가르침은 서로 밀접하게 얽혀 있다. 우리가 해야 할 첫 번째 일은 이 둘을 적절히 구분하는 것이다. 바울은 전자에서 후자로 나갔다가 다시 전자로 돌아온다. 이것은 바울이 종종 사용하는 방법이다. 그는 천편일률적으로 진리를 모두 진술하고 나서 적용하는 일반적인 방법만을 사용하지 않는다. 그는 진리의 일부를 진술하고 나서 적용하고, 또 다시 그 일부를 진술하고 나서 적용하는 방법을 사용할 때가 적지 않다.

내가 보기에, 본문을 다음과 같이 이해하여 구분하는 것이 좋을 듯하다. 먼저 25-27절은 그리스도께서 교회를 위해 행하신 일과 그 이유를 밝힌다. 그리고 28-29절은 그것을 바탕으로 특히 그리스도와 교회, 남편과 아내 사이에 존재하는 연합의 관점에서 아내에 대한 남편의 의무를 다룬다. 마지막으로 29절의 일부와 30절과 32절은 그리스도와 교회의 신비적 연합이라는 장엄한 교리를, 31절과 33절은 다시 실천적인 가르침을 각각 다루고 있다.

그러나 바울의 가르침을 좀 더 분명하게 이해하려면, 다음과 같은 방법으로 본문에 접근하는 것이 좋을 듯싶다.

첫째, 우리는 "남편들아 아내를 사랑하라"는 일반적인 권고에서부터 시작해야 한다. 이것은 바울이 무엇보다 강조하고 싶어 하는 권고였다. 다시 말해, 남편에게 가장 중요한 것은 바로 사랑이다. 앞서 살펴보았듯 아내에게 가장 중요한 것은 복종이었다(아내들이여 남편에게 복종하라). 아내에게는 복종이, 남편에게는 사랑이 가장 중요하다. 우리는 이 점을 분명히 의식해야 한다.

물론, 남편만 사랑을 실천해야 한다는 뜻은 아니다. "바울은 아내들이 남편을 사랑해야 한다고 말하지 않았다"고 주장한다면, 명백히 그의 의도를 오해하는 것이다. 바울은 여기에서 결혼에 관한 모든 가르침을 다 다루지 않았다. 아내들에게 복종을 당부하는 말 속에는 이미 사랑이 포함되어 있다. 사도가 무엇을 가장 염두에 두고 있었는가를 파악해야 한다. 그는 가장 핵심적인 것 한 가지, 곧 결혼 관계와 가정생활을 통해 나타나는 화합과 평화와 일치에 관심을 집중하고 있다. 바울의 주제가 바로 이것이다.

그는 남편과 아내 각각에게 가장 중요하다고 생각하는 요소에 초점을 맞춘다. 가정의 화합을 유지하기 위해 아내가 항상 관심을 기울여야 할 것은 남편에 대한 복종이고, 남편이 항상 관심을 기울여야 할 것은 아내에 대한 사랑이다. 바울은 남편과 아내가 이 놀라운 결혼 관계를 통해 기독교적 삶의 영광스러움을 드러내는 데 가장 크게 기여할 수 있다는 것을 깨우치는 데 초점을 맞춘다. 이것이 그가 남편들에게 "아내를 사랑하라"고 권고했던 이유다.

이 권고는 특히 앞의 가르침과의 상관관계를 고려할 때 그 중요성이 더욱 커진다. 이 권고는 앞의 가르침을 더욱 확실하게 한다. 우리는 이 권고를 그런 관점에서 바라봐야 한다. 바울은 "남편이 아내의 머리됨이 그리스도께서 교회의 머리됨과 같음이니"라고 강조했다. 남편은 지도자의 위치에 있다. 남편은 아내의 주인이다. 이것이 신, 구약성경 모두의 가르침이다. 따라서 바울은 그 사실을 강조했다.

그러나 그는 즉각 "남편들아 아내를 사랑하라"고 덧붙였다. 이 말에는 "너희는 머리요 지도자다. 결혼 관계의 주도권은 너희에게 있다. 그러나 너희는 아내를 사랑해야 한다. 주도권을 쥐고 있다고 해서 전횡을 일삼아서는 안 된다. 너희는 아내의 주인일 뿐, 결코 폭군처럼 행동해서는 안 된다"라는 속뜻이 담겨 있다. 아내와 남편에 대한 권고는 이런 식으로 서로 연관을 맺는다.

한 가지 예를 더 들면 다음과 같다. 이 문제를 가장 잘 설명하고 있는 성경 구절은 디모데후서 1장 7절을 보라. 바울은 그곳에서 "하나님이 우리에게 주신 것은 두려워하는 마음이 아니요 오직 능력과 사랑과 절제하는 마음이니"라고 말했다. 여기에서도 같은 교훈이 발견된다. "하나님이 우리에게 주신 것은 두려워하는 마음이 아니요", 그러면 하나님은 우리에게 무엇을 주셨는가? "능력"을 주셨다. 그러나 바울은 이 능력을 폭압의 뜻으로 오해하지 않게 하기 위해 즉시 "사랑"을 덧붙였다. 여기에서 말하는 능력은 "사랑의 능력"이다. 이 능력은 힘을 과시하기 위한 능력도 아니고, 폭군이나 독재자의 권력도 아니다. 남편은 권한을 남용해 아내의 감정을 무참히 짓밟고 가정에서 폭군처럼 행세해서는 안 된다.

나는 앞에서 빅토리아 시대의 생활양식과 당시의 기독교가 어떤 결함을 지니고 있는지를 지적했다. 당시 사람들은 지금 지적하고 있는 잘못에 치우쳤다. 그들은 한 가지를 무시하고 다른 한 가지만 강조하는 경향이 있었다. 오늘날 우리 시대의 문제는 대부분 빅토리아 시대의 그릇된 생활양식에 대한 반발이 지나쳐 또 다른 극단에 치우친 데서 기인한다.

우리는 항상 균형을 유지해야 한다. 힘과 사랑이 조화를 이루어야 한다. 힘은 사랑의 통제를 받아야 한다. 힘은 곧 "사랑의 능력"을 뜻한다. 아내를 사랑하지 않으면서 자신이 아내의 머리라고 주장할 권리를 지닌 남편은 어디에도 없다. 아내를 사랑하지 않으면, 성경의 명령을 옳게 이행할 수 없다. 사랑과 다스림은 서로 밀접하게 관련된다. 다시 말해, 이것은 성령의 나타나심에 해당한다. 성령께서는 능력만이 아니라 사랑과 절제하는 마음을 주신다. 남편이 아내의 머리이자 가장으로서의 권한을 행사할 때는 사랑으로 행해야 한다. 남편은 항상 사랑의 통제를 받아야 하고, 절제하는 마음으로 행해야 한다. 남편은 먼저 스스로를 다스려야 한다. 전횡을 일삼는 성향이 자신에게 있더라도 아내에게 그렇게 해서는 안 된다. "오직 능력과 사랑과 절제하는 마음"을 지녀야 한다. 이것이 본문이 말하는 "사랑"이라는 위대한 말에 담겨 있는 뜻이다.

남편의 다스림은 사랑의 통치, 사랑의 리더십에 근거해야 한다. 부패한 교황이나 독재자처럼 행동해서는 안 된다. 큰 권위를 내세우며 독단을 부려서는 곤란하다. 남편의 권위는 사랑의 능력과 성령께서 주시는 절제하는 마음에 근거한다. 남편의 권위와 능력과 위엄은 사랑에서 비롯한다. 이것이 "남편들아 아내를 사랑하라"는 권고를 지배하는 근본 개념이다.

그러면 이제 사랑의 본질과 특성을 생각해보자. 이것도 오늘날 절실히 필요한 문제 가운데 하나다. 오늘날 크게 눈에 띄는 현상이 두 가지 있다. 하나는 힘의 개념을 남용하는 것이고, 더 어처구니없는 또 하나는 사랑의 개념을 남용하는 것이다. 요즘처럼 사랑을 많이 외쳐대는 시대는 없었다. 그러나 내가 보기에는 요즘처럼 사랑이 적었던 시대 역시도 없었던 듯하다. 사랑이라는 이 위대한 용어가 지나치게 남용되어 왜곡된 나머지, 사랑의 의미조차 전혀 알지 못하는 사람들이 도처에 수두룩하다.

'사랑'을 설명하는 세 가지 용어

"남편들아 아내를 사랑하라", 여기의 이 사랑은 과연 무엇일까? 다행히도 바울은 사랑의 본질을 짐작할 수 있는 실마리를 제공한다. 그는 "남편들아 아내 사랑하기를 그리스도께서 교회를 사랑하시고"라고 말했다. 이 말씀에는 사랑의 본질을 규명하는 데 도움이 되는 두 가지 요소가 언급되어 나타난다.

먼저, 첫째는 "사랑"이라는 말 자체에 있다. 바울이 여기에서 사용하는 사랑이라는 용어는 그 교훈과 의미를 매우 분명하게 드러내고 있다. 바울 당시에 사용된 용어 가운데 사랑으로 번역되는 헬라어는 모두 세 가지였다. 이 점을 분명히 인식하고 그 뜻을 구별하는 일은 매우 중요하다. 왜냐하면 사랑에 관한 오늘날의 그릇된 인식은 주로 이를 옳게 이해하지 못하는 데서 비롯하기 때문이다.

그 세 가지 중에 하나는 신약성경에는 사용되지 않은 용어인 "에로스"로 육신에 속한 사랑을 가리킨다. 오늘날 흔히 사용되는 "에로틱"이라는 형용사를 떠올리면 그 의미를 즉시 이해할 수 있다. 물론 이것도 사랑의 한 종류다. 그러나 그것은 육신의 사랑이요 정욕이자 속된 욕망이다. 그런 사랑은 이기적이다. 물론 이기적이라고 해서 모두 잘못된 것은 아니다. 그러나 그런 사랑은 본질적으로 이기심과 욕망에서 비롯한다. 이 사랑은 무엇을 요구하고, 또 그것에만 관심을 집중한다. 이 사랑의 깊이는 그 정도에 지나지 않는다. 그것은 인간의 동물적인 본능에 근거한다.

오늘날 세상에서 말하는 사랑은 대개 이런 에로스적 차원에 머무른다. 세상은 "멋진 낭만"만을 노래하며, 그런 사랑이 얼마나 짜릿한지를 자랑한다. 남편과 아내가 서로에게 충실하지 않고, 어린 자녀들이 온갖 고통에 시달리는 것에 대해서는 일언반구 말이 없다. 온통 남녀 사이에 찾아온 "멋진 낭만"만을 떠들어댄다. 부부가 결혼 서약을 어기고 신성한 성전(몸)을 더럽힌 책임에 대해서는 아무 언급도 없고, 놀라운 사랑의 결합이라며 "멋진 낭만"만을 선전한다. 우리는 매일 그런 기사를 신문에서 읽곤 한다. 그런 사랑은 이기적이고 육신적이고 정욕적인 욕망에서 비롯하는 성애에 지나지 않는다. 그런데도 오늘날의 세상은 "에로스"를 사랑으로 간주하고 있다.

신약성경에서 "사랑"으로 번역된 두 개의 단어 가운데 하나는 "좋아하다"를 뜻하는 "필레오"이다. 이 말에서 영어의 "philanthropic(박애의, 인정 많은)", "Philadelphia(필라델피아)"라는 단어가 유래했다. 이 용어의 의미를 구체적으로 설명하는 사례가 요한복음의 마지막 장에서 발견된다. 베드로를 비롯해 몇몇 제자가 밤중에 물고기를 잡으러 나갔다가 돌아와 해안에서 갑자기 부활하신 주님을 뵙는 사건이 일어났다. 예수님은 그곳에서 그들을 위해 아침 식사를 준비하셨고, 그들에게 말씀하셨다. 그 대목을 함께 읽어보자.

"그들이 조반 먹은 후에 예수께서 시몬 베드로에게 이르시되 요한의 아들 시몬아 네가 이 사람들보다 나를 더 사랑하느냐 하시니 이르되 주님 그러하나이다 내가 주님을 사랑하는 줄 주님께서 아시나이다 이르시되 내 어린 양을 먹이라 하시고"(요 21:15)

흥미롭게도, "내가 주님을 사랑하는 줄 주님께서 아시나이다"라는 베드로의 말은 "내가 주님을 좋아하는 줄 주님께서 아시나이다"를 뜻한다. 주님은 우리가 아직 살펴보지 않은 마지막 세 번째 용어를 사용해 베드로에게 "나를 사랑하느냐"고 물으셨지만, 그는 "내가 주님을 좋아하는 줄 주님께서 아시나이다"라고 대답했다. "또 두 번째 이르시되 요한의 아들 시몬아 네가 나를 사랑하느냐 하시니 이르되 주님 그러하니이다 내가 주님을 사랑하는 줄 주님께서 아시나이다 …", 여기에서도 베드로의 말은 "내가 주님을 좋아하는 줄 주님께서 아시나이다"라는 뜻이다.

예수님은 17절에서 또 다시 베드로에게 물으신다. 그러나 이번에는 앞서 사용하셨던 용어를 사용하지 않으시고, 베드로가 사용한 용어로 그렇게 물으셨다. 다시 말해, 예수님은 "요한의 아들 시몬아 네가 나를 좋아하느냐"라고 물으셨다. 사랑의 수위를 낮추어 물으셨던 셈이다. 그러자 베드로는 근심하며 전과 동일하게 대답했다. 그는 자신이 예수님을 좋아하는 것조차 그분이 의심하는 줄로 생각하고 크게 근심하였다. 그는 스스로 저지른 잘못이 떠올랐기에 주님의 생각에 모든 것을 맡기고, "내가 주님을 좋아하는 줄 주님께서 아시나이다"라고 대답한 것이다. 아무튼 이 부분에서 "사랑"으로 번역된 말은 "좋아하다"를 뜻하는 "필레오"라는 점에 유념하라.

신약성경에 사용된 마지막 세 번째 용어는 지금까지 말한 사랑과는 비교할 수 없을 만큼 차원이 높다. 성경은 하나님의 사랑을 가리킬 때 항상 이 용어를 사용한다. "하나님이 세상을 이처럼 사랑하사"라는 말씀에서 "사랑"은 "아가페" 사랑을 뜻한다. 우리가 살펴보고 있는 "남편들아 아내를 사랑하라"는 말씀에도 이 용어가 사용되었다. 이 말은 "하나님이 사랑하시는 것처럼 사랑하라"는 뜻이다. 이보다 더 높은 차원의 사랑은 없다. 이 점은 갈라디아서 5장 22절에 언급된 성령의 열매를 살펴보아도 분명히 알 수 있다. 바울은 육신의 일과 성령의 열매를 비교하며 "성령의 열매는 사랑"이라고 말했다.

이 사랑은 성적 감정이나 좋아하는 감정이 아니라 하나님의 사랑을 닮은 사랑을 가리킨다. 바울은 남편들이 아내에게 그런 사랑을 보여주어야 한다고 말했다. 이러한 권고는 "술 취하지 말라 이는 방탕한 것이니 오직 성령의 충만함을 받으라"는 에베소서 5장 18절 말씀과 완벽하게 조화를 이룬다. 성령 충만을 받으면, 성령의 열매가 가득할 것이다. 성령의 열매는 "사랑"이다.

바울은 성령 충만한 사람들을 향해 말하고 있다. 왜냐하면 그런 사람들만이 진정한 사랑을 보여줄 수 있기 때문이다. 그리스도인이 아닌 사람에게 그런 말을 하는 것은 아무 유익이 없다. 불신자는 그런 사랑을 할 수 없으며, 또한 그런 사랑을 베풀 수 없다. 그러나 바울은 그리스도인은 성령으로 충만하기 때문에 그런 사랑을 베풀어야 한다고 말한다. 성령 충만의 증거들은 황홀경에 잠겨 무슨 특별한 현상을 일으키는 것이 아니라 집안에서 아내를 대하는 태도, 곧 "성령의 열매"인 사랑을 베푸는 것에서 찾아볼 수 있다.

결혼생활에서 '사랑'은 어떤 역할을 하는가?

바울이 선택한 용어 자체가 그가 말하고자 하는 요점을 분명히 드러낸다. 따라서 나는 그리스도인의 결혼 관계를 그런 관점에서 설명하고 싶다.

바울은 첫 번째 요소인 에로스를 완전히 배제하고 있지 않다. 그러나 에로스를 없는 것처럼 제하여 버리는 것은 엄연히 잘못임에도 그렇게 가르치는 이들이 늘 있어 왔다. 독신에 관한 로마 가톨릭교회의 가르침은 궁극적으로 그런 오해에서 비롯한다. 이 문제로 고심하는 그리스도인들이 많다. 그들은 그리스도인은 인간도 아니고 본능적이지도 않다고 생각하는 듯하다. 다시 말해, 그들은 성애를 악으로 간주한다. 그것은 명백한 오류로서 기독교의 가르침과는 거리가 멀다. "에로스"의 요소가 반드시 포함되어야 한다.

인간은 인간이다. 하나님이 인간을 만드셨다. 그분은 성을 비롯해 많은 은사를 인간에게 부여하셨다. 성애는 그 자체로 아무 잘못이 없다. 성애는 반드시 필요하다. 내가 이 말을 하는 이유는 종종 성애와 관련된 질문을 받기 때문이다. 그들은 성애와 본능적인 것에 관한 그릇된 견해 때문에 그리스도인 남자는 여자가 그리스도인이기만 하면 누구하고라도 결혼할 수 있다고 생각한다. 그들은 중요한 것은 오직 한 가지, 그리스도인이라는 사실뿐이라고 말한다. 그들은 본능적인 요소를 모두 제거해야 한다고 믿는다. 그러나 성경은 그렇게 가르치지 않는다. 우리는 그리스도인이지만, 어떤 사람에게서 다른 사람들보다 더 큰 매력을 느낀다고 해도 아무 잘못이 없다. 본능적인 요소를 배제해서는 안 된다. 아무하고나 결혼할 수 있다는 생각은 잘못이다. 물론 함께 살 수는 있을 테지만, 그것은 본능적인 요소를 배제한 결합에 지나지 않는다.

지금까지 설명한 대로 기독교의 가르침은 본능적인 것, 곧 하나님이 인간을 창조하실 때 허락하셨던 요소를 배제하지 않는다. 하나님은 어떤 사람에게서 다른 사람보다 더 큰 매력을 느낄 수 있는 본능을 인간에게 허락하셨다. 사랑은 상호적이다. 그것은 결코 외면해서는 안 될 지극히 자연스러운 일이다. 본문도 그런 사랑을 전제로 한다. 바울은 남자와 여자가 서로에게서 매력을 느끼기 때문에, 즉 흔한 말로 "서로 사랑에 빠졌기" 때문에 결혼한다는 것을 전제하고 있다. 그리스도인도 다른 모든 사람과 마찬가지로 그렇게 행동해야 한다. 사랑은 기계적인 것이 아니다.

이를 제대로 깨달은 그리스도인은 "나는 그리스도인이기 때문에 냉정하게 주위를 살펴보고 결혼할 사람을 결정해야 한다"라고 말하지 않는다. 이것은 성경의 가르침이 아니다. 어떤 사람들에게는 괴상하게 들릴 수도 있을 테지만, 실제로 에로스를 완전히 배제한 채 그런 식으로 생각하고 행동했던 그리스도인들이 많았다. 이 이야기는 나의 실제 목회 경험에서 우러나온 것이다. 그런 그리스도인들은 매우 정직하지만, 안타깝게도 성애를 악으로 여겨 그릇된 생각에 치우쳤다. 우리는 본능적인 것을 무조건 배제해서는 안 된다. 바울은 남자와 여자가 서로에게 매력을 느끼고, 그런 본능적인 사랑에 이끌려 결혼 관계를 맺는다는 것을 전제로 한다.

더욱이 바울은 부부가 서로를 좋아한다는 것을 당연시한다. 다시 말해, 부부는 서로 동반관계를 맺는다. 그리스도인의 결혼에도 그러한 요소가 반드시 필요하다. 자연적인 친화력이 있어야 한다. 그것을 무시하는 것은 위험을 자초하는 것이다. 다시 말하지만, 나는 그런 사람들을 종종 보았다. 그들은 자신들이 그리스도인이기 때문에 다른 것은 아무것도 중요하지 않다고 생각하고 결혼 관계를 맺는다. 그러나 결혼 관계를 맺으려면 두 사람이 서로를 좋아해야 한다. 서로를 좋아하지 않고 결합한다면, 결혼생활은 곧 파경에 이르고 말 것이다.

그런 경우 영원한 부부의 관계는 불가능하다. 부부가 영원한 관계를 맺으려면 서로를 좋아해야 한다. 결혼생활을 하다보면 여러 가지 복잡한 일들이 발생하기 마련이다. 부부는 서로 성격이 비슷하고 관심사가 같아 같은 일에 관심을 기울이는 것이 좋다. 그들이 서로를 얼마나 사랑하느냐에 상관없이 그 점에서 근본적으로 서로 다르다면, 많은 어려움에 부딪치게 될 것이다. 다시 말해, 결혼생활과 서로 화합을 이루어 살아가는 문제가 생각했던 것보다 훨씬 더 크게 느껴질 것이다. 따라서 나는 베드로가 "내가 주님을 좋아하는 줄 주님께서 아시나이다"라고 말했던 두 번째 사랑의 요소가 반드시 필요하다고 말하고 싶다.

바울은 결혼생활에 이 두 가지 사랑이 모두 필요함을 전제로 하고 있다. 당시 그리스도인들 가운데에서도 이방인이었을 당시에 서로 혼인하면서 결혼에 "에로스"와 "필레오"가 필요하다고 생각했던 사람들이 있었을 것이 분명하다. 그런데 바울은 거기에 기독교의 독특한 가르침을 덧붙인다. 그리스도인이기 때문에 또 한 가지 사랑을 기억해야 한다. 이 사랑은 앞의 두 가지 사랑을 더욱 숭고하고, 거룩하고 영광스럽고 빛나게 만든다. 이것이 그리스도 안에서 이루어진 결혼 관계의 다른 점이다. 오직 그리스도인만이 그런 차원의 결혼 관계를 맺을 수 있다.

물론, 세 번째 사랑이 없어도 행복하고 성공적인 결혼생활이 가능하다. 감사하게도, 그런 결혼 관계가 지금도 여전히 가능하다. 인간의 차원에서도 나름대로 행복한 결혼생활을 할 수 있다. 그런 결혼생활은 내가 말한 두 가지 사랑을 토대로 한다. 첫 번째 사랑에 서로를 좋아하는 두 번째 사랑이 더해지고, 적절한 조절과 양보가 있으면 행복하고 성공적인 결혼생활을 영위할 수 있다. 그러나 그보다 더 높은 차원으로 발전하는 것은 불가능하다. 바울은 그리스도인에게 그런 숭고한 차원의 결혼 관계를 요구한다. 자연 상태의 인간에게 가능한 것을 뛰어넘어 참된 사랑, 곧 고린도전서 13장이 묘사하는 하나님께 속한 사랑으로 나아가게 한다.

아내에게 마땅한 사랑

바울은 용어를 신중히 선택해 우리에게 많은 것을 가르치고 있다. 이 권고를 듣거나 읽는 남편은 누구나 이 용어에 비춰 스스로를 살펴봐야 할 의무가 있다. 이 세 가지 사랑을 갖추고 있는가? 하나님께 속한 이 사랑으로 모든 것을 영화롭게 장식했는가?

바울은 이 문제를 혼동하지 않도록 한 가지를 더 제시한다. 이는 사랑의 본질을 설명하는 두 번째 요소이다. 본문에서 그는 "남편들아 아내 사랑하기를 그리스도께서 교회를 사랑하시고"라고 말했다. 그는 다시금 우리의 이해를 도우려고 노력한다. 그리스도의 이름을 언급하자마자 곧바로 그 의미를 설명하고 있는 것이다. 그는 "그리스도께서 교회를 사랑하시고"라고 일단락 짓지 않고, 얼른 이렇게 말을 이어갔다.

"그 교회를 위하여 자신을 주심 같이 하라 이는 곧 물로 씻어 말씀으로 깨끗하게 하사 거룩하게 하시고 자기 앞에 영광스러운 교회로 세우사 티나 주름 잡힌 것이나 이런 것들이 없이 거룩하고 흠이 없게 하려 하심이라"

바울이 이런 말을 하는 이유는 남편들이 아내에게 마땅한 사랑을 베풀 수 있도록 돕기 위해서다.

그렇다면 바울은 왜 이 문제를 이토록 심도 있게 다루고 있을까?

첫째, 바울은 우리 모두가 우리를 향한 그리스도의 크신 사랑을 이해할 수 있기를 원한다. 그는 우리가 그리스도와 우리 자신 및 그분과 우리의 관계에 대한 진리를 깨닫기를 바란다. 그가 이 문제에 그토록 관심을 기울이는 이유는 무엇인가? 그 이유는 그리스도와 교회와의 관계에 대한 진리를 알아야만, 그리스도인 남편이 마땅히 행할 바를 알고 행할 수 있기 때문이다. 그는 이 점을 확실히 밝히기 위해 "이 비밀이 크도다 나는 그리스도와 교회에 대하여 말하노라"라는 말로 가르침을 끝맺었다. 그가 그리스도와 교회에 대해 말하는 이유는 무엇인가? 왜 그는 우리를 그러한 비밀 속으로 인도하는가? 그 이유는 남편들에게 아내를 사랑하는 법을 깨우쳐주기 위해서다.

그럴 듯한 언변으로 교리를 비웃는 사람들은 바로 이 점에서 스스로의 어리석음과 무지를 한껏 드러낸다. 그들은 "사람들은 교리에 관심을 기울이지만, 우리는 실천을 중요하게 여깁니다"라고 말한다. 그러나 교리가 없으면 실천도 없다. 교리, 곧 이 위대한 신비에 관해 아무것도 알지 못하면 아내를 진정으로 사랑할 수 없다.

또 어떤 사람들은 "이 가르침은 너무 어려워서 도무지 이해할 수가 없어"라고 말한다. 그러나 그리스도인으로서 살기를 원한다면, 이 가르침을 이해해야 한다. 거기에 생각을 집중해 그 의미를 연구하고, 이해하고, 깨우치려고 애써야 한다. 이 가르침은 우리를 위한 것이다. 이 가르침을 도외시하는 것은 곧 하나님이 주시는 것을 거부하는 것이나 다름없다. 그렇게 하는 사람은 큰 죄인이며, 교리를 거부하는 것은 심각한 죄이다. 교리와 실천을 서로 대립시켜서는 안 된다. 교리가 없으면 실천도 없음을 알아야 한다.

바울이 그리스도와 교회의 관계에 관한 놀라운 교리를 애써 설명하는 이유는 단순히 교리 자체를 제시하기 위해서가 아니라 남편이 가정에서 아내에게 마땅한 사랑을 베풀 수 있도록(그리스도께서 교회를 사랑하시는 것처럼 사랑할 수 있도록) 하기 위해서다.

따라서 우리는 이 문제를 다음과 같은 방식으로 다룰 수 있다. 우리의 실천을 이끄는 원리는 남편과 아내의 관계가 본질적으로 그리스도와 교회의 관계와 똑같다는 것이다. 우리는 이 문제에 어떻게 접근해야 할까? 바로 앞서 살펴 본 바울 사도의 방식과 같이, 먼저 그리스도와 교회의 관계를 연구하고 그런 다음에 남편과 아내의 관계를 살펴보는 방식을 취해야 한다.

바울은 "남편들아 아내 사랑하기를 그리스도께서 교회를 사랑하시고"라고 말했다. 그는 그리스도께서 교회를 어떻게 사랑하셨는지 정확히 설명했다. 그는 "너희도 가서 그대로 행하라. 이것이 너희의 규칙이다"라고 말한다. 이것이 첫 번째 주요 교리이며, 원리다.

그리스도 앞에 우리의 가정을 비춰보라

이제 그리스도와 교회와의 관계를 살펴보는 데서부터 출발해보자. 이는 남편들만이 아니라 모든 사람과 관련된다. 그리스도와 교회의 관계는 우리 개개인에게 다 적용된다. 그리스도께서는 교회의 남편이시며, 신자 개개인의 남편이시다. 그런 가르침이 성경 어디에 있느냐고 묻는다면, 로마서 7장 4절을 예로 들 수 있다.

"그러므로 형제들아 너희도 그리스도의 몸으로 말미암아 율법에 대하여 죽임을 당하였으니 이는 다른 이 곧 죽은 자 가운데서 살아나신 이에게 가서 우리가 하나님을 위하여 열매를 맺게 하려 함이라"

그리스도께서는 교회의 남편이시고, 교회는 그리스도의 신부이다. 이 의미를 따라, 우리 모두는 주 예수 그리스도를 우리의 남편으로 생각할 수 있다. 우리는 교회의 지체로서 그분을 그렇게 바라보아야 한다. 바울은 또 어떻게 말하는가? 그는 먼저 주 예수 그리스도께서 교회를 대하시는 태도, 곧 그분이 교회를 어떻게 바라보시는지를 언급한다.

여기에 남편들을 위한 교훈이 있다. 우리의 태도는 어떤가? 아내를 어떻게 바라보는가? 바울은 여기에서 놀라운 말들을 하고 있다. 우리 그리스도인들은 교회의 지체인 우리에게 이런 일들이 요구되고 있다는 것을 의식하는가? 주님이 신부인 교회를 대하시는 태도를 생각해보라. "그리스도께서 교회를 사랑하시고"라는 말씀대로, 그분은 교회를 사랑하신다. 얼마나 감동적인 말인가! 그리스도께서는 교회의 무가치함과 온갖 결함에도 불구하고 교회를 사랑하신다.

그리스도께서 교회를 위해 행하시는 일을 생각해보라. 교회는 깨끗이 씻음을 받아야 할 필요가 있다. 교회는 누더기를 걸친 채 방탕을 일삼았지만, 그리스도께서는 그 모습을 보시면서도 교회를 사랑하셨다. 이것이 구원의 교리다. 그분은 우리가 아무 자격이 없는데도 우리를 사랑하셨다. 그분은 "우리가 아직 죄인 되었을 때에"(롬 5:8), 우리를 사랑하셨다. 그분은 "우리가 아직 원수 되었을 때에"(롬 5:10), 곧 우리가 경건하지 못한 상태에 있을 때 사랑을 베푸셨다. 주님은 우리의 모든 사악함과 가치 없음에도 불구하고 우리를 사랑하셨다. 주님이 교회를 사랑하신 이유는 교회가 영광스럽고 아름다워서가 아니라 교회를 영광스럽고 아름답게 만드시기 위해서였다.

이 교리에 주목하고, 그것이 남편들에게 무엇을 말하고 있는지 생각해보라. 남편은 아내의 부족함과 대하기 힘든 점과 비난할 만한 요소를 발견하더라도 "그리스도께서 교회를 사랑하신" 것처럼 아내를 사랑해야 한다. 이것이 남편이 마땅히 보여주어야 할 사랑이다. 첫 번째 교리(원리)는 이쯤 해두기로 하자.

두 번째 교리는 "그 교회를 위하여 자신을 주심 같이 하라"는 말씀에서 찾을 수 있다. 주님은 교회를 위해 기꺼이 희생할 각오가 되어 있으셨을 뿐 아니라 실제로 그렇게 하셨다. 이것이 교회를 위한 그리스도의 사랑이다. 그분은 교회를 위해 목숨을 내주심으로 교회를 구원하셨다. 그분은 자신의 생명을 내주셨다. 이것이 주님의 사랑에서 발견되는 특별함이다.

그리스도께서는 교회와 교회의 행복에 지대한 관심을 기울이셨다. 그분은 교회를 바라보시고, 교회를 염려하신다. 그분은 교회의 가능성을 보시며, 교회가 완전해지기를 바라신다. 이것이 바울이 "이는 곧 물로 씻어 말씀으로 깨끗하게 하사 거룩하게 하시고 자기 앞에 영광스러운 교회로 세우사 티나 주름 잡힌 것이나 이런 것들이 없이 거룩하고 흠이 없게 하려 하심이라"라고 말하고 있는 이유다.

그리스도께서는 교회에 관심과 사랑을 기울이시고, 교회를 자랑스럽게 생각하신다. 교회를 향한 그리스도의 사랑은 이러하다. 그분의 가장 큰 열망은 교회가 완전해지는 것이다. 주님은 교회가 완전해질 때까지 만족하지 않으실 것이다. 그분은 교회가 "티나 주름 잡힌 것이나 이런 것들이 없이" 영광스러운 교회로 자기 앞에 설 수 있기를 원하신다. 주님은 교회가 완전하게 되어 모든 비난에서 자유롭게 되기를 원하시며, 온 세상이 교회를 흠모해 마지않기를 바라신다.

이것이 에베소서 3장 10절에서 "이는 이제 교회로 말미암아 하늘에 있는 통치자들과 권세들에게 하나님의 각종 지혜를 알게 하려 하심이니"라고 말하고 있는 이유다.

신랑이신 주님은 신부의 그런 모습을 자랑스럽게 여기신다. 주님은 신부인 교회의 아름다움과 생김새를 비롯해 교회의 모든 것을 자랑스럽게 생각하신다. 주님은 교회를 하늘의 가족들과 모든 피조물에게 보여주고 싶어하신다. 이것이 주 예수 그리스도와 교회 사이에 존재하는 관계다.

내가 이런 세부적인 내용에서 원리를 도출하는 이유는 이 신비롭고 놀라운 관계를 이해하도록 돕기 위해서다. 주님은 교회와의 관계를 기뻐하시고, 그 안에서 행복을 느끼시며, 승리하시고 영광을 얻으신다. 주님이 신부인 교회를 위해 하지 못하실 일은 아무것도 없다.

이것이 바울이 다루는 이 방대하고 숭엄한 주제 안에서 첫 번째로 발견되는 진리다. 우리는 그리스도와 교회의 관계에서부터 출발해야 한다. 주님이 교회를 어떻게 바라보시고, 교회를 위해 무엇을 행하시는지, 또 교회를 위해 어떤 목표를 설정하고 계시는지 알아야 한다. 바로 이 모든 것 때문에 신비로운 연합과 일치, 곧 주님과 교회가 하나이며, 교회가 그분의 몸이라는 위대한 진리가 가능한 것이다.

"남편들아 아내 사랑하기를 그리스도께서 교회를 사랑하심 같이 하라"

그리스도께서 교회를 사랑하신다는 것이 가장 중요한 핵심 교리다. 남편과 아내 사이에는 그리스도와 교회의 관계가 적용되어야 한다. 따라서 그리스도와 교회의 이 위대한 교리부터 살펴봐야 한다. 기혼자든 미혼자든 모두가 귀를 기울여야 하는 내용이다. 우리가 교회에 속해 있는 한, 이 진리는 우리 모두에게 적용된다. 우리가 그리스도와 그런 관계를 맺고 있다는 사실을 깨닫는다면, 그 얼마나 놀라운 일이겠는가! 주님은 그런 식으로 우리를 바라보시고, 그런 태도로 우리를 대하신다.

이 사랑, 곧 하나님과 같은 아가페 사랑은 세상에서 가장 높게 평가하는 "에로스"와 "필레오"의 사랑을 초월한다. 다른 사랑들과 본질적으로 구별되는 이 사랑의 가장 큰 특징은 갖고 싶어 하는 마음이 아니라, 주고 싶어 하는 마음에서 비롯한다는 데 있다.

하나님이 세상을 이처럼 사랑하셨다. 어떻게 사랑하셨는가? 교회를 위하여 자신을 주셨다. 앞서 말한 대로 다른 종류의 사랑도 그 자체로는 아무 문제가 없다. 그러나 그런 사랑은 최상의 상태라고 하더라도 항상 자신만을 생각하는 자기중심적인 사랑에 지나지 않는다. 그러나 그리스도의 사랑은 자기를 생각하지 않는다. 그분은 자기를 내어주셨다. 그분은 교회를 위해 죽음을 감당하셨다. 이 사랑의 특징은 희생이다. 이 사랑은 주는 사랑이다. 이 사랑은 무엇을 취할 것인지가 아니라 무엇을 내주어 상대방을 유익하게 할 것인지를 생각한다.

지금까지 그리스도께서 교회를 대하시는 태도를 개괄적으로 살펴보았다. 이제 이런 태도를 실천에 옮기는 방법을 살펴보고, 거기에서 한 걸음 더 나아가 그 궁극적인 목표를 고찰한 뒤 마지막으로는 신비로운 관계와 연합을 생각하는 순서를 밟도록 하자. 결혼은 매우 흔하고 일상적인 사건이다. 그러나 우리는 그리스도인이기 때문에 결혼의 의미를 기독교의 진리와 신학과 교리 및 교회 안에서, 또 교회를 통해 나타난 "그리스도 안에서의 하나님의 신비"에 비춰 생각하는 것이 마땅하다. 하나님이 이런 노력을 기울이는 우리를 축복해 주시기를 기도한다.

CHRISTIAN MARRIAGE

Part 2
영광스러운 연합

3 가장 위대한 계획을 만나라

4 성령이 준비하시는 것

5 우리가 경험하게 될 일들

6 가슴 벅찬 비밀이 밝혀지다

7 모든 것이 주어졌다

3 가장 위대한 계획을 만나라

엡 5:25-33

생각만으로는 부족하다

앞서 살펴본 대로, 그리스도와 교회에 관한 진리를 이해하지 못하면, 남편과 아내의 의무를 이해할 수 없다는 것이 바울의 근본 명제다. 따라서 우리도 바울처럼 이 진리에서부터 출발했다. 남편은 "그리스도께서 교회를 사랑하심 같이" 아내를 사랑해야 한다. 우리는 이미 "사랑"의 의미를 고찰했다. 그것은 성경에 사용된 가장 숭고한 용어다. 그리스도께서 교회를 사랑하신 사랑이나 하나님이 세상을 사랑하신 사랑이 모두 그 사랑에 속한다. 이것이 우리가 교회를 향한 주 예수 그리스도의 사랑에 초점을 맞추고 있는 이유다. 우리는 이 사랑을 지금까지 개괄적으로 다루면서 교회를 대하시는 그리스도의 태도를 살펴보았다. 그리스도께서는 교회를 염려하시고, 교회를 자랑스럽게 여기신다. 또한 주님은 교회를 보호하고 지키시며 보살피신다. 이것이 지금까지 설명한 내용이다.

그러나 우리는 여기에서 한 걸음 더 나아가야 한다. 왜냐하면 바울이 교회를 향한 그리스도의 사랑이 실제 행동으로 나타났다는 것을 상기시켜주고 있기 때문이다. 이것이 이번 장의 주제다.

"남편들아 아내 사랑하기를 그리스도께서 교회를 사랑하시고 그 교회를 위하여 자신을 주심 같이 하라"

교회를 향한 주님의 사랑과 교회를 바라보시는 주님의 관점을 그저 생각하는 것만으로는 충분하지 않다. 바울은 여기에서 그런 사랑과 관점이 실제 행동으로 나타났다고 말하고 있다. 우리는 바울이 강조하고 있는 이 요점에 마땅히 주의를 기울여야 한다.

사랑은 말로만 이루어지는 것이 아니다. 또한 사랑은 단순히 글이나 시의 소재가 되거나, 훌륭한 오페라의 아리아나 위대한 노래, 또는 감상적인 대중가요의 주제로만 이용되는 것이 아니다. 사랑은 이론이나 형식으로만 설명할 수 없으며, 사랑은 세상에서 가장 실제적인 것이다. 이것이 우리가 여기에서 배워야 할 위대한 원리다.

그러나 오늘날에 사랑이라는 말보다 더 천박하게 전락해버린 말은 없을 것이다. 사랑이 무엇을 의미하는지도 알지 못하는 사람들이 많다. 아마도 지금처럼 애정을 표현하는 말을 이토록 자유롭게 사용하면서도 사랑이 이처럼 드물었던 시대는 없었을 것이다. 모두가 서로에게 "최상급" 형용사를 붙여 말로 애정을 표현한다. 서로 잘 알지 못하는 사람들끼리 그런 다정한 용어들을 아무 의미 없이 자유롭게 주고받는다. 그런 사람들의 대화를 듣고 있자면, 언뜻 세상에서 가장 훌륭한 연인인 것처럼 들린다. 그러나 실상은 사랑에 관해 아무것도 알지 못하기 때문에 머지않아 쉽게 결별을 선언할 가능성이 높다.

이처럼 오늘날에는 사랑을 마치 말과 노래로 읊조릴 수 있는 것처럼 생각하는 경향이 만연하다. 이 점에서 시인들은 어느 누구보다 위험하다. 시인들이 노래하는 것과 그들의 실생활이 얼마나 다른 모습인지 알고 있는가? 그렇게 훌륭하고 아름다운 사랑의 시를 쓰면서도 그런 천박한 삶을 살다니 참으로 큰 불행이 아닌가? 그들의 전기를 읽어보면, 너무나도 놀랍고 충격적이라서 과연 그것이 사실인지 의아한 생각이 든다. 그 이유는 그들이 사랑의 참된 의미를 전혀 이해하지 못했기 때문이다. 그들은 사랑을 이론상으로, 단지 아름답게만 생각했을 뿐 사랑에 관한 진리가 세상에서 가장 실제적인 진리라는 점을 깨닫지 못했다.

주님은 "나의 계명을 지키는 자라야 나를 사랑하는 자니"라고 가르치셨다. 사랑을 낭만적으로만 생각하는 사람들이 듣기에는 참으로 무미건조한 말이 아닐 수 없다. 물론, 그들의 낭만적 사랑은 따지고 보면 전혀 낭만적이지 않다. 그것은 어리석고, 감상적이고, 육신적인 감정에 지나지 않는다. 그리스도께서는 "사랑이란 나의 계명을 지키는 것"이라고 말씀한다. 사랑의 진정성을 입증하는 증거는 우리의 말이 아니라 행동이다. 이것이 남편과 아내의 관계에서 가장 본질적인 문제다. 얼마나 감동적인 편지를 쓰고, 얼마나 멋진 표현을 사용해 사랑을 고백하느냐는 크게 중요하지 않다. 남편의 사랑은 그가 매일 집안에서 행하는 행동으로 검증된다. 결혼 전의 행동이나 신혼여행을 갔을 때의 행동, 또는 신혼생활을 하는 처음 몇 달 간의 행동을 잣대로 삼아서는 안 된다. 중요한 문제는 "난관과 어려움과 시련과 질병이 발생했을 때나 중년기와 노년기를 거칠 때 남편이 어떻게 행동하느냐?"는 것이다.

많은 사람의 결혼이 파경에 이르는 이유는 사람들이 사랑의 의미를 처음부터 옳게 깨닫지 못했기 때문이다. 바울이 고린도전서 13장에서 사랑을 어떻게 묘사했는지 생각하라. 그는 그곳에서 사랑의 실천적 특성을 강조했다. 그는 사랑과 사랑이 아닌 것을 나열하고 나서 "사랑은 언제까지나 떨어지지 아니하되"라는 말로 모든 것을 요약했다. 이것이 곧 사랑의 잣대다. 남편이 아내를 마땅히 사랑해야 하는 대로 사랑하는지를 알아보려면, 그가 하는 말에만 귀를 기울일 것이 아니라 그의 행동과 태도를 관찰해야 한다.

바울은 본문에서 이 모든 것을 언급한다. 그는 참으로 놀라운 방법으로 이 주제를 다루고 있다. "남편들아 아내 사랑하기를 그리스도께서 교회를 사랑하심 같이 하라", 주님은 어떻게 교회를 사랑하셨는가? 그 대답은 "교회를 위하여 자신을 주셨다"는 말씀에 있다. 그것이 사랑이다. 그러나 주님은 거기에서 멈추지 않으셨다. 25-27절을 다시 읽어보자.

"남편들아 아내 사랑하기를 그리스도께서 교회를 사랑하시고 그 교회를 위하여 자신을 주심 같이 하라 이는 곧 물로 씻어 말씀으로 깨끗하게 하사 거룩하게 하시고 자기 앞에 영광스러운 교회로 세우사 티나 주름 잡힌 것이나 이런 것들이 없이 거룩하고 흠이 없게 하려 하심이라"

이 말씀을 주의 깊게 분석해보자. 바울의 말은 세 가지 요점을 강조한다. 그리스도의 사랑, 곧 교회를 대하시는 그리스도의 태도는 세 가지 행동을 통해 실제로 나타났다.

첫째는 그리스도께서 이미 교회를 위해 행하신 일이다. 그분은 교회를 사랑하셨고, 교회를 위해 자신을 내어주셨다. 우리는 여기에서 기독교 진리의 정수이자 핵심을 발견한다. 이 진리가 없었다면, 교회도 없었을 것이다. 이 진리는 가장 근본적인 진리에 해당한다. 이것은 근본 토대이다. 바울은 고린도 신자들에게 "이 닦아둔 것 외에 능히 다른 터를 닦아 둘 자가 없으니"(고전 3:11)라고 말했다. 이 토대는 바로 예수 그리스도와 그분이 행하신 일이다. 이것이 바울이 "예수 그리스도와 그가 십자가에 못 박히신 것 외에는 아무것도 알지 아니하기로 작정한"(고전 2:2) 이유다. 이 토대가 없었다면 고린도 교회는 물론, 그 어디에도 교회가 존재하지 않았을 것이다. 바울이 에베소 교회의 장로들과 작별을 나누었던 일을 잠시 생각해보라. 그 일은 사도행전 20장에 기록되어 있다.

"하나님이 자기 피로 사신 교회를 보살피게 하셨느니라"(행 20:28)

이것이 신랑이신 그리스도와 신부인 교회의 위대한 낭만이다.
주님은 교회를 신부로 맞이하시기 전에 피로 값을 치르셔야 했다. 바울은 여기에서 교회 전체를 염두에 두고 말했다. 그러나 이 말은 우리 개개인, 즉 교회의 지체인 신자에게도 똑같이 적용된다는 사실을 잊어서는 안 된다. 바울은 자신의 경우도 그렇다고 주저하지 않고 말한다. 다시 말해, 그는 갈라디아서 2장 20절에서 "나를 사랑하사 나를 위하여 자기 자신을 버리신 하나님의 아들"이라고 말했다. 교회를 사랑하신 그리스도께서는 단지 교회만 아니라 "나", 곧 우리 개개인 모두를 위해 자신을 내주셨다.
바울은 이미 에베소서에서 이 위대한 진리를 언급했다.

"우리는 그리스도 안에서 그의 은혜의 풍성함을 따라 그의 피로 말미암아 속량 곧 죄 사함을 받았느니라"(엡 1:7)

이것은 에베소서 2장에서 이어지는 주제이기도 하다.

"이제는 전에 멀리 있던 너희가 그리스도 예수 안에서 그리스도의 피로 가까워졌느니라"(엡 2:13)

어떻게 가까워졌는가? "그리스도의 피"로 가까워졌다.

"그는 우리의 화평이신지라 둘로 하나를 만드사 원수된 것 곧 중간에 막힌 담을 자기 육체로 허시고"(엡 2:14)

어떻게 허물어뜨리셨는가? "자기 육체"로 허물어뜨리셨다.

"또 십자가로 이 둘을 한 몸으로 하나님과 화목하게 하려 하심이라 원수된 것을 십자가로 소멸하시고"(엡 2:16)

바울은 5장 1-2절에서도 같은 진리를 언급한다.

"그러므로 사랑을 받는 자녀 같이 너희는 하나님을 본받는 자가 되고 그리스도께서 너희를 사랑하신 것 같이 너희도 사랑 가운데서 행하라 그는 우리를 위하여 자신을 버리사 향기로운 제물과 희생 제물로 하나님께 드리셨느니라"

바울은 같은 진리를 거듭 반복한다. 우리도 그래야 한다. 어떤 어리석은 사람들은 "십자가는 내가 회심해서 구원받을 때만 적용된다"라고 말한다. 그러나 그렇지 않다. 신자는 항상 이 진리를 굳게 붙잡아야 한다. 우리는 이 진리를 절대 잊어서는 안 된다. 이 진리는 계속된다. "교회를 위하여 자신을 주셨다"는 진리는 토대이자 근본일 뿐 아니라, 계속되는 삶의 원천이자 능력이다.

바울은 가장 높고 탁월한 교리를 다루고 있다. 주 예수 그리스도께서는 교회를 위해 놀라운 일을 행하셨다. 본문의 25절을 보라.

"…그리스도께서 교회를 사랑하시고 그 교회를 위하여 자신을 주심 같이 하라"

주님은 요한복음 17장에 기록된 대제사장의 기도를 통해 성부께 이렇게 아뢰셨다.

"아버지여 때가 이르렀사오니 아들을 영화롭게 하사 아들로 아버지를 영화롭게 하게 하옵소서 아버지께서 아들에게 주신 모든 사람에게 영생을 주게 하시려고 만민을 다스리는 권세를 아들에게 주셨음이로소이다"(요 17:1- 2)

그들은 주님의 백성이요 그분의 교회다. 주님은 "내가 비옵는 것은 세상을 위함이 아니요 내게 주신 자들을 위함이니이다"(9절)라고 기도하셨다. 우리는 이 기도에서 그리스도께서 교회를 위해 죽으셨음을 알 수 있다. 우리는 이 사실을 결코 잊어서는 안 된다. 주님은 다른 무엇을 위해서가 아니라 교회를 위해 죽으셨다.

칼빈을 비롯한 주석학자들이 설명하는 대로, 주님은 영원하신 하나님의 아들이시기 때문에 그분의 희생은 온 세상을 능히 구원하기에 충분한 효력을 지니고 있지만, 그 효력은 오직 교회에게만 적용된다. 주님이 죽으신 목적은 교회를 구원하시기 위해서다. 그분은 교회와 교회에 속한 모든 신자를 위해 자신을 주셨다. 교회는 장차 완전하고 온전해질 것이다. 하나님은 영원 전부터 모든 신자를 알고 계셨고, 성자께서 오셔서 그들을 위해 자신의 목숨을 내주셨다.

따라서 그리스도께서 자신을 내주지 않으셨다면, 우리는 그분의 것이 될 수도 없고, 신앙생활의 모든 축복도 누릴 수 없었을 것이다. 우리는 구원과 속량을 받아 교회에 속하게 되었다. 구원 외에는 그 무엇도 우리를 신자로 만들지 못한다. 우리는 이 점을 항상 상기해야 한다. 구원받지 못하면, 세상에서 가장 훌륭한 도덕군자가 될 수는 있을지 몰라도 결단코 그리스도인은 될 수 없다. 구원받지 못하면, 그리스도의 지체도 될 수 없고, 교회의 지체도 될 수 없다. 교회의 지체가 될 수 있는 유일한 길은 그리스도께서 보혈로 그 사람을 속량하시는 것뿐이다. 다시 말해, 그리스도의 죽음을 통해서만 구원받는다. 이것이 참 교회, 곧 가시적인 교회가 아니라 참된 불가시적 교회(그리스도의 신령한 몸)에 참여할 수 있는 유일한 길이다. 우리는 주님의 보혈로 구원받는다.

우리가 망각하고 있는 것

바울은 특별히 교회를 향한 그리스도의 위대한 사랑이라는 관점에서 이 진리를 강조한다. 그리스도께서는 그런 놀라운 일을 왜 하셨고, 또 어떻게 하셨는가? 우리는 그 대답을 성경 여러 곳에서 찾을 수 있다. 남편은 아내를 어떻게 사랑해야 하는가? 그리스도께서 교회를 사랑하시고 그 교회를 위하여 자신을 주심 같이 사랑해야 한다. 그렇다면 이 사랑은 어떤 사랑인가? 이 문제에 대한 가장 적절한 대답은 빌립보서 2장 5-8절에 있다.

"너희 안에 이 마음을 품으라 곧 그리스도 예수의 마음이니 그는 근본 하나님의 본체시나 하나님과 동등됨을 취할 것으로 여기지 아니하시고 오히려 자기를 비워 종의 형체를 가지사 사람들과 같이 되셨고 사람의 모양으로 나타나사 자기를 낮추시고 죽기까지 복종하셨으니 곧 십자가에 죽으심이라"

이 말씀은 그리스도께서 교회를 어떻게 사랑하시고, 또 교회를 위해 어떻게 자신을 내주셨는지를 보여준다. 주님은 자신을 생각하지 않으셨다. 주님은 "하나님과 동등됨을 취할 것"으로 여기지 않으셨다. 이는 주님이 하나님과 동등하신 위치를 고수하려고 하지 않으셨다는 뜻이다. 주님은 하나님의 영원하신 아들로서 영원 전부터 성부와 성령과 함께 영광을 누리셨지만, 그 지위를 굳게 고수하시면서 "내가 왜 세상에 내려가야 하는가? 내가 왜 나의 영광을 버리고 세상에 가서 매를 맞고 침 뱉음을 당해야 하는가?"라고 말씀하지 않으셨다. 주님은 하나님과 동등한 위치를 당연한 권리로 간주하시고, 어떻게 해서든지 그것을 지키려고 하지 않으셨다. 그분은 오히려 자기를 비우셨다.

주님이 그렇게 하셔야 할 필요는 없었다. 사랑의 요구 외에는 그 무엇도 그분을 강요하지 않았다. 그리스도께서 자신만을 생각하시고 그 영원한 영광과 위엄을 지키려고 하셨다면, 교회는 존재하지 않았을 것이다. 만물이 주님을 통해 창조되었다. 모든 천사가 그분을 경배했고, 정사와 권세들이 그분께 복종했다. 그들은 주님을 하나님의 아들로 경배하며 영광을 돌렸다. 만일 주님이 "나는 그런 영광을 포기할 수 없다. 내가 마땅히 누려야 할 존귀를 누리고, 내 위치를 굳게 지켜야 한다"라고 말씀하셨더라면 우리는 과연 어떻게 되었을까?

그러나 주님은 그와 정반대되는 일을 행하셨다. 그분은 자기를 비우시고, 사람의 모습으로 태어나셨다. 더욱이 주님은 종이 되셨다. 그분은 자신을 전혀 생각하지 않으셨다. 만일 그렇지 않았다면 우리는 구원받지 못했을 것이고, 교회도 존재하지 않았을 것이다. 주님은 자신의 권리나 정당한 몫을 지키려고 하지 않으셨다. 그분은 "내가 왜 고난을 받고, 왜 나를 낮춰야 하는가?" 하고 따져 묻지 않으셨다. 주님은 자신의 희생이나 수치를 염두에 두지 않으셨다. 주님은 그 희생이 어떤 희생인지 잘 아셨다. 그분은 바리새인과 서기관과 사두개인과 율법학자들에게 매를 맞고, 사람들에게 조롱과 돌팔매질과 침 뱉음을 당하게 될 것을 모두 알고 계셨다. 주님은 아무 잘못도 저지르지 않았는데도 그런 대접을 받게 될 것을 알고 계셨다.

그렇다면 주님은 왜 그런 고난을 감당하셨을까? 그 이유는 교회를 향한 사랑 때문이다. 주님은 자기를 낮추시고 비우셨다. 그분은 오직 자신의 신부가 될 교회의 유익만을 생각하셨다. 주님은 교회를 값 주고 사셨다. 그분의 생각은 오직 교회뿐이었다. 주님은 자신이 아니라 교회를 생각하셨다. 남편들이여, 이 마음을 품으라.

"남편들아 아내 사랑하기를 그리스도께서 교회를 사랑하시고 그 교회를 위하여 자신을 주심 같이 하라"

이 진리의 깊은 의미를 파헤치려면 한 가지 요점을 더 강조해야 한다. 바로, 주님은 우리가 경건하지 못한 죄인이자 원수일 때 우리를 위해 자신을 내주셨다는 사실이다. 로마서 5장을 보라.

"…그리스도께서 경건하지 않은 자를 위하여 죽으셨도다"(6절)

"우리가 아직 죄인 되었을 때에 그리스도께서 우리를 위해 죽으심으로…"(8절)

"곧 우리가 원수 되었을 때에 그의 아들의 죽으심으로 말미암아 하나님과 화목하게 되었은즉 화목하게 된 자로서는 더욱 그의 살아나심으로 말미암아 구원을 받을 것이니라"(10절)

우리는 "경건"하지 않았다. 우리는 "원수"요, 또 "죄인"이었다. 우리는 사악했다. 우리에게는 칭찬받을 만한 것이 아무것도 없었다. 신데렐라의 이야기를 재미있게 읽어본 사람은 이 점을 쉽게 이해할 수 있을 것이다. 교회는 누더기를 걸친 더러운 몰골을 하고 있다. 교회는 죄 가운데서 하나님과 반목하며 악한 삶을 일삼았다. 그러나 영광의 왕이신 하나님의 아들은 교회의 그런 모습에도 불구하고 놀라운 사랑을 베푸셨다. 그분은 심지어 교회를 위해 목숨까지 내놓으셨다. 다시 이 말씀을 되새겨보자.

"남편들아 아내 사랑하기를 그리스도께서 교회를 사랑하시고 그 교회를 위하여 자신을 주심 같이 하라"

물론, 우리는 그리스도께서 행하신 그대로 행할 수 없다. 그리스도께서는 모든 것에도 불구하고 자신을 내주시기까지 사랑을 베푸셨다. 그분은 우리를 위해 귀한 보혈을 흘리셨다.

바울의 말은 다음과 같은 뜻을 담고 있다.

"결혼 관계를 맺고 있는 너희는 서로에게서 인정하거나 좋아할 수 없는 것들, 즉 여러 가지 결함과 부족함과 실패와 죄를 발견한다. 그리고 자신의 권리를 내세우며 서로 비판하고 정죄하고 다투고 외면한다. 그 이유는 무엇일까? 그것은 너희가 어떻게 구원받아 신자가 되고, 교회의 지체가 되었는지를 망각했기 때문이다"

그리스도의 온전한 목적

바울은 주 예수 그리스도께서 만일 우리가 서로를 대하는 방식대로 우리를 대하셨다면, 교회가 존재하지 않았을 것이라는 사실을 일깨워준다. 사랑은 떨어지지 않는다. 사랑은 모든 결함에도 불구하고 여전히 계속된다. 그리스도께서는 바로 그런 사랑으로 교회를 사랑하신다.

교리와 실천을 분리하는 것보다 더 그릇된 것이 어디에 있겠는가? 그런데도 우리는 그런 잘못을 저지르고 있다. 결혼 관계를 속죄 교리의 관점에서 이해해야 한다는 것을 깨우친 사람이 우리 가운데 얼마나 되는가? 남편들과 아내들을 비롯해 우리 모두는 과연 결혼 관계를 이런 방식으로 이해하는가? 결혼 관계를 속죄 교리의 관점에서 생각하는 습관이 우리의 몸에 배어 있는가? 어떤 책, 어느 항목에서 결혼의 참된 의미를 깨우칠 수 있을까? 윤리학 책을 보면 알 수 있을까? 그렇지 않다. 오직 속죄 교리의 관점에서만 결혼의 참된 의미를 알 수 있다.

교리를 싫어하고, 신학과 교육의 중요성을 무시하는 그리스도인이야말로 가장 어리석은 사람이 아닐 수 없다. 교리를 무시하면 실천도 제대로 이루어지지 않는다. 이 둘을 구분해서는 안 된다. 속죄 교리는 회심할 때나 신학을 연구할 때만 필요하다고 생각해서는 곤란하다. 많은 신자가 저녁 예배에 참석하지 않는 이유가 여기에 있다. 그들은 "저녁 예배 설교는 십자가와 용서와 같은 신앙생활의 기초에 관한 내용이 주를 이룹니다. 나는 신앙생활을 한 지 오래되었습니다. 그런 설교는 내게는 적절하지 않아요"라고 말한다.

어리석은 신자여! 십자가를 전하는 설교를 듣는 것이 지겨운가? 이미 많은 것을 알고 이해하고 있기 때문에 더 이상 마음의 감동을 느낄 수 없다고 생각하는가? "더 고차원적인 가르침이 필요해. 나는 거룩한 삶을 사는 법을 자세히 가르치는 설교를 원해"라고 말하는가? 항상 십자가를 생각하며, 그 진리를 삶과 생각과 행위를 지배하는 원리로 삼지 않으면, 결단코 거룩한 삶을 살 수 없다.

본문은 에베소서의 실천 부분이다. 바울은 에베소서 후반부에서 실천에 관한 여러 가지 교훈을 제시한다. 그런데 바로 그 문맥 안에서 그는 느닷없이 교회에 관한 교리와 속죄의 교리를 끄집어냈다. 십자가를 무시하면 항상 초보에만 머물 뿐, 신앙생활의 성장을 기대할 수 없다. 그것은 결혼을 비롯해 삶의 여러 측면을 파국으로 이끄는 지름길이다. 그리스도의 사랑은 너무나 놀랍고, 너무나 거룩하다. 그 사랑이 나의 영혼과 삶과 모든 것을 지배해야 한다. 항상 그래야 한다. 그리스도의 사랑에서 시작해 계속 그 사랑을 의지해야 한다. 만일 그렇지 않으면 우리에게 화가 있다. 그리스도의 사랑, 바로 이것이 바울이 말하는 첫 번째 핵심이다.

그는 이어서 두 번째 핵심을 제시한다. 두 번째 핵심이란 그리스도께서 그 위대하신 사랑 때문에 교회를 위해 계속 행하고 계시는 일을 가리킨다. 그분은 교회를 위하여 자신을 주셨고, 물로 씻어 말씀으로 깨끗하게 하사 거룩하게 하신다(26절). 이 말씀은 가장 중요하고 위대한 진리 가운데 하나다. 이 말씀은 두 가지 사실을 증언하는데, 나는 이미 그 가운데 하나를 언급했다. 즉, 이 말씀은 주 예수 그리스도께서 교회를 위해 계속 행하시는 일을 상기시켜준다. 그와 동시에 그리스도께서 자기를 내주신 목적까지 밝히고 있다.

그리스도께서는 왜 죽으셨는가? 그분은 "물로 씻어 말씀으로 깨끗하게 하사 거룩하게 하시기" 위해 죽으셨다. 이것은 성화의 교리를 가르치는 내용이다. 바울은 속죄, 칭의, 성화 등 모든 것을 다룬다. 우리가 힘써 기억해야 할 것은 죄 사함, 정죄와 지옥으로부터의 구원이 궁극적인 목적이 아니라는 것이다. 그것은 목적이 아니라 목적을 이루는 수단이다. 우리는 죄 사함과 칭의에만 머물러서는 안 된다.

바울이 여기에서 위대한 성화의 교리를 어떻게 가르치고 있는지 주의 깊게 살펴보자. 칭의와 성화를 따로 분리하는 것만큼 성경의 가르침에 어긋나는 것은 없다. 그런데도 그렇게 하는 사람이 많다. 그들은 "주 예수 그리스도를 구주로 영접하면 죄를 용서받고 의롭다 하심을 받습니다. 그렇게만 해도 구원받는 데는 아무 지장이 없지요"라고 말한다. 그러면서 "물론, 그 단계에만 머물러서는 곤란하고, 두 번째 단계로 나가야하지만, 첫 번째 단계에만 머물러 있는 신자들도 많습니다. 그들은 그리스도를 믿어 구원받았고, 죄 사함과 의롭다하심을 받았습니다. 비록 성화의 단계에 들어서지는 못했더라도 그들은 분명히 그리스도인들입니다"라고 덧붙인다. 그리고 난 다음에는 "전에 칭의를 받아들인 것처럼 이제는 성화를 받아들이세요"라고 아주 쉽게 권고한다.

그런 식의 가르침은 바울이 여기에서 말하는 것과 정면으로 충돌한다. 그것은 성경의 가르침에 어긋난다. 그리스도께서 죽으신 목적은 단지 용서와 칭의를 베풀어 하나님 앞에서 법적으로 의인이 되게 하기 위해서만이 아니다. 그분이 자신을 주신 목적은 "깨끗하게 하사 거룩하게 하시기" 위해서다. 용서와 칭의는 전체 과정의 첫 단계에 지나지 않는다. 용서와 칭의가 목적이 아니다. 거기에만 머물러서는 안 된다.

바울은 이 진리를 에베소 신자들에게만 가르치지 않는다. 그의 가르침은 온 교회를 겨냥한다. 로마서 8장 3-4절에서도 이와 동일한 가르침이 발견된다. 디도서 2장 14절에서도 마찬가지다.

"그가 우리를 대신하여 자신을 주심은 모든 불법에서 우리를 속량하시고 우리를 깨끗하게 하사 선한 일을 열심히 하는 자기 백성이 되게 하려 하심이라"

이것이 주님이 우리를 위해 자신을 주신 이유다. 그분이 죽으신 이유는 죄 사함과 지옥으로부터의 구원을 베푸시기 위해서만 아니라 우리를 거룩하게 구별해 "선한 일을 열심히 하는 자기 백성"으로 만드시기 위해서다. 주님은 대제사장의 기도에서도 이 모든 것을 언급하셨다.

"또 그들을 위하여 내가 나를 거룩하게 하오니 이는 그들도 진리로 거룩함을 얻게 하려 함이니이다"(요 17:19)

칭의에서 멈춰도 된다는 생각은 엄연히 틀린 생각이다. 그러나 사실, 성화는 그리스도께서 행하시는 일이기 때문에 우리 스스로가 아무리 칭의에만 머물러 있으려고 해도 그렇게 할 수가 없다. 주님은 교회를 위해 자신을 주셨다. 그 목적은 무엇인가? 그 목적은 교회를 깨끗하게 하고 거룩하게 하시기 위해서다. 주님은 교회의 성화를 이끄신다. 성화는 우리가 수락 여부를 결정할 수 있는 사안이 아니다. 그렇게 생각하는 사람들 때문에 많은 문제가 발생한다. 성경은 어디에서도 그렇게 가르치지 않는다. 성경은 그리스도께서 교회를 지극히 사랑하신다고 가르친다.

교회는 누더기를 걸친 몰골로 사악함에 사로잡혀 죄를 일삼았던 탓에 저주 아래에 있는 상태였다. 그러나 그리스도께서 인간의 형상, 곧 "죄 있는 육신의 모양으로"(롬 8:3) 세상에 오셨다. 그분은 교회의 죄를 대신 짊어지시고, 십자가에 매달리셨다. 그분은 징벌을 받아 죽으셨고, 속죄를 이루시어 우리를 하나님과 화목하게 하셨다. 그 결과, 교회는 정죄를 면하게 되었다.

그러나 주님은 그것으로 만족하지 않으신다. 그분은 교회를 영광스러운 교회로 만들고 싶어하신다. 그분은 교회를 "자기 앞에 영광스러운 교회로 세우사 티나 주름 잡힌 것이나 이런 것들이 없이 거룩하고 흠이 없게" 하신다. 주님은 교회를 그렇게 세우시기 위해 즉각 행동에 돌입하시고 있다. 그분은 첫 번째 단계에만 머물지 않으신다. 다시 말해, 주님이 우리와 우리의 죄를 위해 십자가에서 죽으신 일은 그 전체 과정의 시작에 불과했다. 그분은 교회를 위해 온전한 목적을 세우시고, 한 단계씩 목적을 이루어 가신다.

나는 이 점을 크게 강조하고 싶다. 결국, 성화는 우리가 결정할 문제가 아니다. 그것은 그리스도께서 행하시는 사역이다. 그분은 우리를 위해 죽으셨다. 그분이 우리를 위해 죽으신 이유는 우리를 깨끗하게 씻어 거룩하게 만드시기 위해서다. 주님은 그 일을 행하실 것이다. 그 일은 반드시 이루어진다. 우리를 위해 죽으신 주님은 성화의 과정을 계속 이끌어 결국에는 우리를 완전하게 하실 것이다. 이는 참으로 우리의 경각심을 크게 일깨우는 가르침이 아닐 수 없다. 우리가 기꺼이 이 성경의 가르침에 복종하지 않으면, 주님은 다른 방법을 통해 우리를 깨끗하게 하실 것이다. 다시 말해, 그분은 징계의 수단을 사용하신다.

"주께서 그 사랑하시는 자를 징계하시고 그가 받아들이시는 아들마다 채찍질하심이라"(히 12:6)

주님은 우리가 "나는 괜찮아. 그리스도께서 나를 위해 죽으셨어. 나는 용서받았어. 나는 그리스도인이야"라며 안주하는 것을 원하지 않으신다. 더럽고 사악한 상태로 머물러 있으면서 말이다. 주님은 우리의 그런 말과 태도를 그대로 용납하지 않으신다. 주님은 우리를 사랑하시고, 우리는 그분께 속해 있다. 따라서 그분은 우리를 정화시키신다. 만약 우리가 자발적으로 올바른 길을 가지 않으면, 히브리서 저자가 말한 바대로 징계의 훈련을 거쳐야 할 것이다. 주님은 모난 것을 제거하시고, 더러움과 사악함을 없애 우리를 깨끗하게 하실 것이다. 몸에 질병을 주어 징계하실 수도 있다. 하나님이 질병을 주지 않으신다고 말하는 "신앙 치료사"들은 성경을 부인하는 것이다. 질병은 하나님의 징계 수단 가운데 하나다. 또는 상황이 잘못될 수도 있고, 직업을 잃거나 사랑하는 사람이 죽을 수도 있다.

신자들이여! 그리스도께서 우리를 위해 죽으셨고, 우리는 그분께 속해 있기 때문에 그분은 우리를 온전하게 하실 것이다. 우리가 만약 어리석게 고집을 피우며 주님을 대적한다면, 그분은 징계를 통해 우리를 깨끗하고 온전하게 만드실 것이다. 이것이 성경의 가르침이다.

주님은 끊임없이 성화의 사역을 행하시며, 그것은 우리가 결정할 수 있는 사안이 아니다. 이에 대하여 우리가 분명히 이해해야 할 원리는 성화가 본질적으로 주 예수 그리스도께서 우리를 위해 행하시는 사역이라는 사실이다. 주님은 여러 가지 방법으로 성화의 사역을 행하신다. 물론, 우리의 복종이 필요하지만, 거기에 우선적인 강조점을 두어서는 안 된다. 성화는 우리가 아니라 주님이 결정하신 일이다. 그 결정은 세상이 창조되기 전, 곧 영원 전에 이루어졌다.

성화는 주님의 중요한 사역이자 활동이다. 그분은 우리를 위해 죽으셨기 때문에 반드시 성화를 이루실 것이다. 주님의 뜻을 거역하는 것은 위험하다. 주님은 하나님의 부르심을 받은 모든 자녀를 영원한 영광 속으로 인도하실 것이다. 히브리서 12장에서 말씀하신 바와 같이, 만일 주님이 우리를 그렇게 다루지 않으신다면 우리는 아들이 아니라 "사생자"에 지나지 않을 것이다(히 12:5-11). 이것이 사도적 가르침의 토대를 형성하는 위대한 진리다.

특별한 소유가 되다

그렇다면 그리스도께서는 어떻게 이 진리를 실천하시는가? 그 대답은 "거룩하게 하신다"는 말에서 찾을 수 있다. 그리스도께서 교회를 사랑하시고 그 교회를 위하여 자신을 주신 목적은 "거룩하게 하시기" 위해서다. "거룩하게 하다"라는 말은 성경에서 다양한 방식으로 사용되었다.

그러나 그 첫 번째 의미는 "하나님을 위해, 곧 하나님의 특별한 소유이자 도구로 선별되다"라는 뜻이다. 예를 들어, 출애굽기 19장에 보면, 하나님이 모세에게 십계명을 주신 산이 "거룩하게 구별된" 것을 알 수 있다. 그 산이 "거룩한 산"으로 일컬어지는 이유는 따로 구별되었기 때문이다. 산은 아무런 변화가 없지만, 하나님의 목적과 수단과 특별한 소유로 구별되었다. 성전에서 사용된 의식용 그릇들도 그처럼 "거룩하게 구별"되었다. 잔이나 접시의 재질에 변화가 일어났기 때문이 아니라, 성전에서 하나님을 섬기는 데 사용되었기 때문이다. 그런 그릇들은 일반적인 용도로 사용할 수 없었다. "거룩하게 된다"는 것은 하나님을 위해 특별한 소유로 따로 구별되어 그분의 목적을 이루는 도구로 사용된다는 뜻이다. 이처럼 우리는 "그의 소유가 된 백성"(벧전 2:9)이다.

여기에서 두 번째 의미가 자연스레 도출된다. 그들이 "거룩하게 된" 이유는 그들이 구별되었기 때문이다. 본문에서 "거룩하게 하다"는 말의 의미는 의문의 여지가 있을 수 없다. 이 말은 구별의 의미를 담고 있다. "거룩하게 하시고"라는 말은 "자기를 위해 구별하신다"는 뜻, 곧 "다른 모든 것에서 분리해 자신의 소유이자 특별히 사용하는 도구로 기쁘게 사용하신다"는 뜻을 담고 있다. 여기에서 이 말은 그 이상의 의미를 지니지 않는다. 왜냐하면 바울이 "깨끗하게 하사"라는 말로 "거룩하게 하다"의 두 번째 의미를 따로 설명하고 있기 때문이다.

바울은 성화를 두 단계로 나눈다. 교회는 누더기를 걸친 것처럼 더럽고 사악한 상태였다. 그리스도께서는 교회를 위해 죽으셨다. 그분은 교회를 구원해 심판을 면하게 하셨다. 그분은 교회를 받아들이시어 자신을 위해 거룩하게 구별하셨다. 교회는 "흑암의 권세에서 건져내사 그의 사랑의 아들의 나라로 옮겨졌다"(골 1:13). 이는 교회가 세상에서 구별되어 특별한 위치로 옮겨졌다는 뜻이다.

참으로 놀라운 일이다. 이것이 주 예수 그리스도께서 교회를 위해 행하신 일이다. 한 남자가 수많은 여자 중에서 한 여자에게 애정과 사랑을 느낄 때도 그와 비슷한 일이 일어난다. 그는 자신을 위해 그녀를 선택하고, 그녀를 다른 모든 여자들과 구별한다. 그는 "그녀는 나의 것이야"라고 말한다. 그는 그녀를 따로 분리시켜 "구별"하고, 홀로 우뚝 서게 만든다. 그는 그녀를 오직 자기만을 위한 여자로 삼는다. 이것은 그리스도인이자 교회의 지체인 우리 모두에게 적용되는 진리다. 이 진리, 곧 영광의 주님이시요 하나님의 영원하신 아들이 우리를 따로 구별해 자기 앞에 세우시고, "자신의 특별한 소유가 된 백성"으로 삼으셨다는 사실을 깨달았는가?

이 진리를 영광스럽게 증언하고 있는 베드로전서 2장 9절을 다시 생각해보자. 이 진리가 실제로 우리에게 적용된다는 사실을 알고 있는가?

"너희는 택하신 족속이요 왕 같은 제사장들이요 거룩한 나라요 그의 소유가 된 백성이니 이는 너희를 어두운 데서 불러 내어 그의 기이한 빛에 들어가게 하신 이의 아름다운 덕을 선포하게 하려 하심이라"

여기에서 "거룩한 나라(구별된 나라)"라는 말은 우리가 완전하지도 않고 죄가 없지도 않지만, 따로 구별된 백성이 되었다는 의미를 지닌다. 베드로는 하나님이 우리를 그의 특별한 "소유가 된 백성"으로 삼아 우리를 "어두운 데서 불러내어 그의 기이한 빛에 들어가게 하신 이의 아름다운 덕을 선포하게 하셨다"고 말한다. 이것이 그리스도께서 교회를 위해 행하신 일이다. 그분은 우리를 불러내셨다. 교회를 뜻하는 "에클레시아"는 "부르심을 받은 자들"이라는 뜻이다. 우리는 세상에서 부르심을 받아 그리스도의 신부이자 그분의 몸인 교회를 이루었다. 그리스도께서는 우리를 다스리신다.

같은 장 11절에 기록된 베드로의 표현을 빌려 말하면, 우리는 이 세상에서 "거류민과 나그네"이다. 베드로가 이를 어떤 식으로 말하고 있는지 주목하라.

"사랑하는 자들아 거류민과 나그네 같은 너희를 권하노니…"

우리는 더 이상 이 세상에 속하지 않는다. 우리는 세상에서 부르심을 받아 거룩하게 구별되었다. 우리는 이곳 세상에서 단지 거류민이고 나그네일 뿐이다. 우리는 전처럼 세상에 속하지 않는다. 바울 사도는 에베소서 2장에서도 이미 이 사실을 언급했다.

"그러므로 이제부터 너희는 외인도 아니요 나그네도 아니요 오직 성도들과 동일한 시민이요 하나님의 권속이라"(19절)

우리는 전에는 하나님께 외인이었지만, 지금은 하나님의 백성에 속해 세상에 대해 외인이 되었다. 우리는 하나님을 위해 거룩하게 구별되었다. 더 이상 이전에 행했던 대로 자유롭게 살 수가 없다. 신부는 남편을 위해 살아야 하고, 남편은 신부를 위해 살아야 한다. 남편은 다른 여자를 쳐다보지 않는다. 왜냐하면 자신의 신부를 자기를 위해 선택해 따로 구별했기 때문이다. 그리스도께서도 교회를 그렇게 생각하신다. 남편도 아내를 그렇게 생각해야 한다. 그리스도의 신부인 우리는 우리 자신을 더 이상 자유롭게 생각해서는 안 된다. 우리는 우리 자신에게 속해 있지 않다. 더 이상 세상에 속해 우리의 행위를 우리 멋대로 결정해서도 안 된다.

이 모든 내용을 질문의 형태로 바꾸어 말하고 싶다. 먼저 교회의 지체들에게 묻고, 나중에 남편들에게 적용하는 순서를 따르고자 한다. 주 예수 그리스도를 믿는 신자를 자처하는 사람들, 곧 "그리스도께서 나를 구원하시기 위해 나와 나의 죄를 위해 죽으셨다고 믿는다"고 말하는 모든 사람에게 묻고 싶은 물음은 이렇다. 그리스도께서 우리를 구별하여 거룩하게 하신다고 믿는가? 만일 그렇지 않으면서 주님이 우리를 위해 죽었다고 생각한다면, 그것은 스스로를 속이는 어리석은 짓이다.

그리스도께서 누군가를 위해 죽으셨다면, 그분은 항상 그 사람을 따로 취해 자신의 특별한 소유로 삼으신다. 그리스도께서 "자신"을 주셨다. 이것은 단지 첫 번째 단계에 지나지 않는다. 그분은 결코 거기에서 멈추지 않으신다. 그것은 성화의 단계를 위한 예비 단계에 불과하다. 따라서 그리스도께서 우리를 구별하셨다는 것을 알지 못하면서 그분이 우리를 위해 죽으셨다고 주장하는 것은 어리석은 일이다. 우리가 더 이상 세상에 속하지 않을 뿐 아니라, 우리에게 변화가 일어나 "흑암의 권세에서 건져내사 그의 사랑의 아들의 나라로 옮겨졌다"고 확신하는가? 우리가 세상에서 나그네라고 생각하는가? 바울처럼 "우리의 시민권은 하늘에 있는지라"(빌 3:20)라고 말하는가?

그리스도께서 교회를 위해 자신을 주신 이유는 교회를 따로 구별해 자신의 특별한 소유로 삼으시기 위해서다. 그리스도께서 희생을 통해 자신을 위해 세우신 공동체, 곧 세상에서 구별되어 영원히 그분과 함께 영광을 누리게 될 백성 가운데 속하는 그리스도인의 특권은 참으로 놀랍기 그지없다.

4 성령이
   준비하시는 것

엡 5:25-33

깨끗하여진다는 것은…

지금까지 주님과 교회와의 관계에 초점을 맞춰 아내에 대한 남편의 의무에 대한 바울의 가르침을 고찰했다. 우리는 교회를 향한 주님의 사랑과 관심을 살펴보았고, 그런 사랑과 관심이 실제 행위를 통해 나타났다는 사실을 확인했다. 우리는 주님이 교회를 위해 어떤 일을 행하셨는지 알게 되었다. 그분은 교회를 위하여 자신을 주셨다. 또한, 우리는 주님이 여전히 교회를 위해 일하고 계신다는 사실을 살펴보았다. 주님은 교회를 위해 단번에 자신을 내주셨지만, 거기에 머물지 않으시고 계속 교회를 위한 사역을 행하고 계신다.

또한 앞 장에서 "거룩하게 하다"는 말의 의미를 살펴보았다. 주님은 교회를 따로 구별하셨다. 우리는 그분의 "특별한 백성"이 되었다. 우리는 그분의 특별한 소유이자 그분의 신부다. 주님이 교회를 따로 구별해 세우신 목적은 교회를 위해 무엇인가를 행하시기 위해서다.

이제 이런 논의를 바탕으로 성화의 다음 단계를 생각해보자. 우리가 이번에 생각해 보아야 할 것은 "깨끗하게 하다"라는 말이다.

"곧 물로 씻어 깨끗하게 하사 거룩하게 하시고"

깨끗하게 한다는 표현은 우리가 대개 "성화"라고 일컫는 정화의 개념을 더욱 확실하게 해준다. 간혹 이 말을 죄책의 면제라는 의미에 국한시키는 사람들이 있다. 그러나 그것만으로는 충분하지 않다. 그리스도께서 교회를 위해 자기를 주셨고, 교회를 따로 구별하셨다는 사실 가운데 이미 우리가 죄책을 면하게 되었다는 개념이 함축되어 있다. 물론 지금 "깨끗하게 하다"는 말에 죄책의 면제라는 개념만을 포함시키려는 사람들과 논쟁을 벌일 생각은 없다.

그리스도께서 우리의 죄책을 깨끗이 없애주신 것은 사실이지만, 이 말은 그 이상의 의미를 내포하고 있다. 바울이 "깨끗하게 하사"라고만 하지 않고, "물로 씻어 말씀으로"라는 표현을 덧붙였다는 사실 자체가 그 사역이 계속 진행 중이라는 증거다. 죄책에서 깨끗해지는 것은 단번에 이루어지는 일회적인 행위이지만 "물로 씻어 말씀으로 깨끗하게 하는" 사역은 계속적인 행위다. 이 말은 단지 죄책을 없애는 것에만 국한되지 않음을 기억해야 한다. 27절 말씀은 이 문제를 좀 더 구체적으로 언급한다.

"자기 앞에 영광스러운 교회로 세우사 티나 주름 잡힌 것이나 이런 것들이 없이 거룩하고 흠이 없게 하려 하심이라"

이 말씀은 그리스도의 궁극적인 목적이 교회를 죄책에서 구원하는 것이 아니라 온갖 형태의 죄로부터 온전히 깨끗하게 하시는 데 있다는 것을 분명히 보여준다. 톱레이디Toplady가 작사한 찬송가는 이 점을 완벽하게 시사한다.

죄를 이중으로 치유하소서
죄의 책임과 권세로부터 저를 깨끗하게 하소서*

신약성경은 단지 죄책을 면하는 것뿐 아니라, 죄의 권세로부터 깨끗해진다고 증언한다. 나는 거기에 한 가지를 덧붙이고 싶다. 즉, "깨끗하게 하다"라는 말은 죄책과 죄의 권세만이 아니라 죄의 오염으로부터 깨끗해지는 것을 의미한다.

이 세 번째 요소는 간과될 때가 많다. 신앙 단체들은 "신앙의 기본

---

* **역자 주** 원곡 〈Hidden In The Rock〉, 새찬송가 494장의 〈만세반석 열리니〉

원리"를 가르칠 때 죄의 권세만을 언급할 뿐, 죄의 오염은 고려하지 않는다. 타락의 가장 끔찍한 결과는 죄로 인해 우리의 본성이 오염된 것이다. 바울은 로마서 7장 18절에서 이 점을 생생하게 묘사했다.

"내 속 곧 내 육신에 선한 것이 거하지 아니하는 줄을 아노니…"

이것은 죄의 권세가 아니라 죄의 오염을 말한다. 물론, 죄는 권세를 휘두른다. 그러나 죄가 우리 안에서 권세를 휘두르는 이유는 우리의 본성이 타락으로 오염되고 손상되어 더럽고 불결해졌기 때문이다. 따라서 우리는 죄책과 죄의 권세만이 아니라 죄의 끔찍한 오염, 곧 그 모든 더러움과 왜곡으로부터 깨끗해져야 할 필요가 있다.

죄는 인간의 본성 전체에 영향을 미쳤다. 우리의 본성은 사악하며 뒤틀리고, 왜곡되었다. 우리의 본성이 그런 상태라는 사실을 아는 것은 매우 중요하다. 우리의 본성은 중립 상태가 아니다. 우리가 단지 외부의 유혹에만 노출되어 있다고 생각하면 큰 오산이다. 우리는 죄악 중에서 출생했다. 시편 저자는 "어머니가 죄 중에서 나를 잉태하였나이다"(시 51:5)라고 말했다. 이것이 성경의 가르침이다.

바울은 이미 이 사실을 에베소서 2장 서두에서 분명히 언급했다. 그는 그곳에서 "허물과 죄로 죽었던 너희를"이라고 말했다. 또한 그는 "육체와 마음의 원하는 것"(3절)을 언급했다. 이것은 "내 지체 속에 있는 죄의 법"(롬 7:23)을 달리 표현한 것이다. 이것은 죄가 가진 권세일 뿐 아니라 오염이다. 흘러가는 강물이 아니라 강물의 수원지가 오염된 것이나 같다. "영광스러운 교회"가 되어 "티나 주름 잡힌 것이나 이런 것들이 없이 거룩하고 흠이 없는" 상태로 주님 앞에 서려면 먼저 죄의 오염으로부터 깨끗해져야 한다.

이를 가능하게 하는 것은 무엇인가?

그렇다면 그런 일은 어떻게 이루어지는가? 바울은 "물로 씻어 말씀으로 깨끗하게 된다"라고 말한다. 이것은 중요하면서도 매우 어려운 말씀이다. 이 말씀을 둘러싸고 종종 많은 오해와 그릇된 해석이 빚어진다. 이른바 "세례를 통한 거듭남"을 가르치는 사람들이 있다. 세례를 통해 죄에서 온전히 벗어나 깨끗해진다는 가르침이다.

이 그릇된 가르침은 교회사 초기에 교회 안에 침투했다. 로마 가톨릭교회를 비롯해 가톨릭주의를 표방하는 사람들은 심지어 오늘날까지 이 그릇된 교리를 지지해왔다. 나는 이 문제를 길게 논하고 싶은 마음이 없다. 왜냐하면 성경의 가르침을 있는 그대로 받아들인다면 절대로 그런 의미를 발견할 수 없는데도, 순전히 인위적인 해석을 덧붙여 존재하지 않는 의미를 부여함으로써 생겨난 오류이기 때문이다. 이 그릇된 가르침은 교권 강화를 목적으로 도입된 것이다. 가톨릭교회든 아니면 그 외의 신앙 단체든, 지금도 이 그릇된 교리를 가르치는 이들은 모두 동일한 오류를 저지르는 셈이다. 이 말씀의 핵심은 세례를 받을 때 마법과도 같은 현상이 일어난다거나, 특별한 공식을 사용해야 한다는 것과는 아무 관계가 없다. 그런데도 어떤 사람들은 유아 세례를 베푸는 사람이 사용하는 말의 형식이 중요하고, 그 형식에 의해 세례의 효력이 나타난다고 주장한다. 이것은 단지 사제의 권위를 높이려는 사제주의에 지나지 않는다.

그러면 이 말씀은 무엇을 가리키는가? 이 말씀은 세례, 곧 세례의 사실과 행위를 언급하는 것은 분명하다. 이것은 그리 놀라운 일은 아니다. 왜냐하면 바울은 여기에서 전에 이방인이었던 사람들을 언급하고 있기 때문이다. 그들은 복음을 듣고 믿었다. 그리고 세례를 받고 교회 안으로 들어왔다. 그들은 세례를 받은 후에 비로소 교회의 지체가 되었다. 따라서 그들은 "깨끗하게 하사"라는 말을 세례를 가리키는 의미로 받아들여 전에 속했던 곳에서 건져내 다른 곳에 속하게 만든 사건을 뜻하는 말로 이해했을 것이 틀림없다. 바울 사도는 고린도 교회에 보낸 편지에서 이 점을 아래와 같이 언급했다.

"불의한 자가 하나님의 나라를 유업으로 받지 못할 줄을 알지 못하느냐 미혹을 받지 말라 음행하는 자나 우상 숭배하는 자나 간음하는 자나 탐색하는 자나 남색하는 자나 도적이나 탐욕을 부리는 자나 술 취하는 자나 모욕하는 자나 속여 빼앗는 자들은 하나님의 나라를 유업으로 받지 못하리라 너희 중에 이와 같은 자들이 있더니 주 예수 그리스도의 이름과 우리 하나님의 성령 안에서 씻음과 거룩함과 의

롭다 하심을 받았으니라"(고전 6:9-11)

위의 말씀에도 "씻는다"는 개념이 똑같이 사용되었다. 바울의 말은 "너희도 전에 그와 같았다. 그러나 더 이상 그런 상태에 있지 않다. 너희는 이제 교회의 성도들이다. 너희는 씻음을 받았다"라는 뜻을 담고 있다. 세례는 그런 변화를 나타내는 증표의 역할을 한다.

베드로 사도도 베드로전서 3장 19절 이하에서 이와 비슷한 가르침을 전하고 있다. 그는 이렇게 말했다.

"그가 또한 영으로 가서 옥에 있는 영들에게 선포하시니라 그들은 전에 노아의 날 방주를 준비할 동안 하나님이 오래 참고 기다리실 때에 복종하지 아니하던 자들이라 방주에서 물로 말미암아 구원을 얻는 자가 몇 명뿐이니 겨우 여덟 명이라 물은 예수 그리스도께서 부활하심으로 말미암아 이제 너희를 구원하는 표니 곧 세례라 이는 육체의 더러운 것을 제하여 버림이 아니요 하나님을 향한 선한 양심의 간구니라"

이것이 우리가 지금 다루고 있는 본문의 가르침이다. 세례는 증표, 곧 주 예수 그리스도께서 성화의 과정에서 우리를 위해 행하시고 계시는 일을 나타내는 상징이다. 세례는 우리의 마음과 생각에 그 사실을 나타내고 증명하는 역할을 한다. 세례의 목적은 단지 그것뿐이다.

세례는 그 자체로는 아무 효력도 일으키지 않는다. 세례를 받았다고 해서 변화되는 것은 아니다. 그런 가르침은 그릇된 성례주의에 지나지 않는다. 로마 가톨릭교회와 가톨릭의 가르침은 "사효적 효과ex opere operato"라는 전문 용어를 사용해 성례의 효력을 입증하려 든다. 다시 말해, 그들은 성례를 받는 사람의 행위와 상관없이 성례 자체가 효력을 일으킨다고 주장한다(이는 유아나 성인이 세례를 받는 순간 즉시 거듭난다는 주장이다).

그러나 성경은 그렇게 가르치지 않는다. 베드로는 세례를 "표(상징적 행위)"라고 일컬었다. 세례는 생생한 증표일 뿐이다. 물론, 성찬식도 마찬가지다. 우리는 떡이 그리스도의 살로 변한다고 믿지 않는다. 그것은 상징이다. 주님의 말씀은 "이 떡을 보라. 너희가 이 떡을 먹을 때는 이 떡이 나의 상한 몸을 상징하는 것인 줄 알고 그 사실을 기억하라"는 뜻이다. 포도주의 의미도 마찬가지다.

"이 잔은 내 피로 세우는 새 언약이니…"(눅 22:20)

이것이 포도주가 주님의 피로 변한다고 주장하는 로마 가톨릭교회를 향해 우리가 해줄 수 있는 대답이다. 그들은 떡과 포도주를 문자 그대로 해석한다. 그러나 이 둘을 문자대로 이해해서는 곤란하다. 주님은 "이 포도주"가 아니라 "이 잔"이라는 표현을 사용하셨다. 그분은 "이 잔은 내 피로 세우는 새 언약이다"라는 말씀으로 그것이 상징이요 증표라는 의도를 분명히 하셨다.

세례의 경우도 이와 같다. 세례는 무엇을 나타내는가?

첫째, 세례는 우리가 죄책에서 깨끗해졌다는 사실을 상징한다. 우리는 전에 죄인으로 죄 가운데 살면서 하나님의 진노 아래 있었다. 우리는 주 예수 그리스도를 믿는 믿음으로, 곧 그분이 우리를 위해 행하신 속죄 사역을 통해 구원받았다. 세례는 우리의 구원을 상기시켜준다.

둘째, 세례는 우리가 죄의 권세와 오염으로부터 깨끗해졌다는 사실을 깨우쳐준다. "씻음"은 "씻는 과정"을 나타내는 상징이다. 이것이 세례에 포함된 개념이다.

셋째, 세례는 우리가 성령을 통해 세례를 받고 그리스도께 속하게 되었다는 것을 상징한다. 바울은 고린도전서 10장에서 이스라엘 백성이 모세에게 속하여 그들의 머리 위에 있던 구름을 통해 세례를 받았다고 말했다. 그들이 구름 속에 들어간 것이 아니라 구름이 그들 위에 머물렀다. 마찬가지로, 세례는 우리가 성령을 통해 세례를 받아 그리스도께 속했다는 사실을 상징한다. 바울은 여기에서 그리스도와 우리의 연합을 염두에 두고 있다. 그는 우리는 그 몸의 "지체", 곧 그분의 살과 뼈라고 말한다. 어떻게 그런 결과가 나타났는가? 그것은 우리가 성령으로 세례를 받아 그리스도께 속했기 때문이다. 세례는 그런 변화를 상징한다. 이처럼 세례는 바울이 여기에서 강조하는 세 가지 요점을 나타내는 외적 상징이다.

바울의 주된 목적은 그리스도께서 어떻게 교회를 깨끗하게 하시고, 또 자기를 위해 어떻게 교회를 준비시키는지를 보여주는 데 있다. 그분은 성령을 통해 그런 일을 행하신다. 주님이 요단강에서 세례를 받으셨을 때 성령께서 비둘기의 형상으로 그분에게 임하신 것은 결코 우연이 아니다. 따라서 우리도 세례를 받을 때는 항상 그 사실을 기억해야 한다. 성령께서는 우리에게 임하시고 우리를 그리스도께 속하게 하시어 성화의 과정을 이루어나가신다.

이 구절의 용어와 문구를 살펴보는 것은 이것으로 충분하다고 생각한다. "물로 씻어"라는 문구는 해석하기가 매우 어려운 탓에 항상 많은 논란을 일으켜왔다. 그러나 여기에서 실제로 중요한 것은 "말씀"이라는 용어다. 26절은 "물로 씻어 말씀으로 깨끗하게 하사", 또는 (말의 순서를 바꾸는 것이 도움이 된다면) "말씀으로 씻어 물로 깨끗하게 하사"라고 말한다. 이 말은 "깨끗하게 하사"라는 표현과 연결된다.

세례는 "깨끗하게 하는" 것을 상징한다. 세례는 단지 그런 의미에 국한된다. 성화의 진정한 사역은 말씀을 통해 이루어진다. 성령께서는 말씀을 수단으로 삼아 우리 안에서 성화의 사역을 행하신다. 이것은 그리스도인들이 이해하고 파악해야 할 가장 중요한 진리 가운데 하나다. 성령께서 우리를 깨끗하게 하시는 도구는 바로 "말씀"이다.

이것은 성화와 거룩함에 관한 신약성경의 가르침 가운데 가장 중요한 개념이다. 성화란 성령께서 말씀을 통해 행하시는 사역이다. 성화는 과정이다. 성화는 우리가 "티나 주름 잡힌 것이나 이런 것들이 없이" 온전히 자유롭게 될 때까지 점진적으로 우리를 깨끗하게 씻는 과정이다. 이 과정은 우리가 모든 죄에서 벗어나 온전히 거룩해질 때까지 계속된다.

어떤 사람들은 그리스도인은 구원받았지만, 여전히 죄 가운데 머물러 있다고 가르친다. 그들은 "그리스도 안에 거하는 한" 겉으로 죄를 짓는 일을 피할 수는 있지만, 죄로 오염된 상태는 조금도 개선되지 않는다고 주장한다. 그들은 죄에 오염된 상태는 죽는 순간에 비로소 극복될 수 있다고 가르친다. 그러나 그런 가르침은 명백히 잘못되었다. 본문은 깨끗하게 하는 과정을 언급한다. 신앙생활을 하는 사람은 죄의 오염으로부터 차츰 벗어난다. 신자는 죄의 권세에 대항할 수 있을 뿐 아니라, 죄의 오염으로부터 점차 깨끗해져 간다. 그는 마침내 완전한 상태에 도달할 때를 향해 한걸음씩 나아간다. 이 모든 과정은 "말씀으로", 곧 말씀이라는 수단을 통해 이루어진다.

우리가 굳게 붙잡아야 할 위대한 원리는 이것이다. 우리 안에서 이루어지는 성령의 역사가 주로 말씀 안에서, 말씀을 통해 이루어진다는 것이다. 성령을 말씀과 분리하는 것이 항상 위험한 이유가 여기에 있다. 지금까지 많은 사람이 그런 오류를 범했다. 지나친 극단에 치우치는 경우가 적지 않았다. 퀘이커 교도들이 기독교의 가르침에 벗어난 이유는 바로 그런 잘못된 생각 때문이었다. 그들은 말씀을 무시하고 "내적 조명"을 강조했다. 그들은 말씀은 중요하지 않다고 말하는 경향이 있었다. 그들은 내적 조명을 중요하게 취급했다. 그들은 신약성경의 교리에서 이탈해 자신들의 신앙체계에서는 주 예수 그리스도마저도 거의 필요하지 않다고 생각하는 지경까지 나아갔다.

또 어떤 사람들은 말씀을 무시하고 성령만을 지나치게 강조해 그 둘을 분리하는 극단에 치우쳤다. 그런 사람들은 가르침이나 교육을 필요로 하지 않고, 감정과 기분과 경험만을 중시한다. 그들은 영적 황홀경만을 추구하다가 결국에는 믿음이 파선되고(딤전 1:19 참조), 큰 부도덕과 과도한 행위와 실패를 자초하기에 이른다.

성령과 말씀은 대개 함께 역사한다. 말씀은 성령의 감동으로 기록되었고, 성령께서는 자신의 말씀을 사용하신다. 말씀은 성령께서 사용하시는 도구다. 물론, 나는 성령께서 우리에게 직접 말씀하실 수 있는 가능성을 부인하지 않는다. 그러나 그런 경우는 극히 예외적이다. 우리의 내면에서 이루어지는 것으로 생각하는 성령의 사역은 무엇이든 항상 말씀에 비춰 판단해야 한다. 성령께서는 자신의 말씀과 모순 되는 일을 결코 행하지 않으신다. 이런 이유로 성경은 "영들이 하나님께 속하였나 분별하라"(요일 4:1)고 권고한다. 모든 영이 다 하나님께 속한 것은 아니기 때문에 영들을 시험하고 분별해야 한다. 시험의 기준은 무엇인가? 바로 말씀이다. 성화는 성령의 사역이지만, 말씀을 수단으로 이루어진다.

이 점은 매우 중요하기 때문에 좀 더 많은 설명이 필요하다. 거듭남을 살펴보아도 성령께서 신자 안에서 행하시는 사역이 거의 모두 말씀을 수단으로 이루어진다는 사실을 쉽게 이해할 수 있다.

야고보는 이렇게 말했다.

"그가 그 피조물 가운데서 우리로 첫 열매가 되게 하시려고 자기의 뜻을 따라 진리의 말씀으로 우리를 낳으셨느니라… 너희 영혼을 능히 구원할 바 마음에 심어진 말씀을 온유함으로 받으라"(약 1:18, 21)

베드로의 가르침도 마찬가지다.

"너희가 거듭난 것은 썩어질 씨로 된 것이 아니요 썩지 아니할 씨로 된 것이니 살아 있고 항상 있는 하나님의 말씀으로 되었느니라"(벧전 1:23)

거듭남은 성령의 사역이다. 성령께서는 말씀을 도구로 사용해 우리에게 새 생명을 주신다. 바울 역시 아래와 같이 말한 바 있다.

"이러므로 우리가 하나님께 끊임없이 감사함은 너희가 우리에게 들은 바 하나님의 말씀을 받을 때에 사람의 말로 받지 아니하고 하나님의 말씀으로 받음이니 진실로 그러하도다 이 말씀이 또한 너희 믿는 자 가운데에서 역사하느니라"(살 2:13)

말씀은 믿는 우리 안에서 효과적으로 역사한다. 말씀은 우리에게 영생을 주었고, 계속해서 우리 안에서 역사한다. 또한 바울은 "두렵고 떨림으로 너희 구원을 이루라 너희 안에서 행하시는 이는 하나님이시니"(빌 2:12-13)라고 말했다. 하나님은 어떻게 행하시는가? 바로 말씀으로 행하신다.

이와 똑같은 사례를 몇 가지 더 언급하면 다음과 같다. 주님이 직접 이 사실을 명확하고 분명하게 가르치셨다. 요한복음 8장에 보면, 어느 날 예수님이 전하시는 말씀을 듣고 많은 사람이 그분을 믿었다는 내용이 발견된다. 그 가운데 31-32절을 읽어보자.

"그러므로 예수께서 자기를 믿은 유대인들에게 이르시되 너희가 내 말에 거하면 참으로 내 제자가 되고 진리를 알지니 진리가 너희를 자유롭게 하리라"

그들은 예수님의 말씀에 거해야 했다. 그렇게 하면 진리가 그들을 자유롭게 할 것이다. 이번에는 요한복음 15장 3절을 읽어보자.

"너희는 내가 일러준 말로 이미 깨끗하여졌으니"

깨끗하게 하는 것은 바로 말씀이다. 요한복음 17장에서도 두 가지 증거가 발견된다. 먼저, 17절에서는 이렇게 말씀한다.

"그들을 진리로 거룩하게 하옵소서 아버지의 말씀은 진리니이다"

예수님은 제자들을 세상에 남겨 놓고 떠나실 예정이었다. 그들은 마귀의 공격을 받아야 할 처지에 놓였다. 그들을 위해 예수님은 "그들을 세상에서 데려가시기를 위함이 아니요 다만 악에 빠지지 않게 보전하시기를(그들을 깨끗하게 해 악에서 구원하시기를) 위함이니이다"라고 기도하시며, "그들을 진리로 거룩하게 하옵소서 아버지의 말씀은 진리니이다"라고 덧붙여 기도하셨다. 예수님은 "그들을 위하여 내가 나를 거룩하게 하오니"라고 기도하시며, 곧 닥치게 될 십자가의 죽음까지 이어 언급하셨다. 참으로 놀라운 말씀이었다.

그분이 십자가의 죽음을 당하시는 이유는 무엇인가? 그 이유는 "그들도 진리로 거룩함을 얻게 하기" 위해서다. 이것은 성경 도처에서 발견할 수 있는 위대한 진리다. 그리스도께서는 자신이 보내신 성령의 사역을 통해 교회를 깨끗하게 하시고, 성령께서는 말씀을 도구로 사용해 그 사역을 이루신다.

간단한 공식으로 성화를 이룬다?

그렇다면 여기에서 한 가지 중요한 문제가 대두된다. 그것은 "성령께서 사용하시는 말씀은 대체 무엇인가?"라는 문제다. 우리는 "말씀"을 통해 거룩해져야 한다. 성화의 말씀, 곧 우리를 점진적으로 거룩하게 해 죄의 권세와 오염으로부터 우리를 구원하는 가르침은 과연 무엇인가? 여기에서 다시 성화의 교리라는 전반적인 문제를 고려해야 할 필요성이 제기된다. 그렇지 않으면 성화에 관한 가르침을 축소시켜 그것을 성화에 관한 특수한 가르침이나 공식에 국한시키게 될 수도 있기 때문이다.

게다가 우리 모두는 그런 가르침에 익숙하다. 성화는 "아주 단순하다"라고 말하는 사람들이 분명히 있다. 그들은 자신들이 "아주 단순한" 성화와 거룩함에 관한 특별한 메시지를 지니고 있다고 주장한다. 그들의 주장은 "믿고 복종하라", "모든 것을 버리고 하나님을 의지하라"는 말로 간단히 요약된다. 그들은 이것이 성경이 가르치는 성화라고 말한다. 그들은 종종 구약성경에 나오는 몇 가지 이야기에 터무니없는 상상을 가미해 가르침을 전한다. 그들은 성화에 관한 간단한 공식만을 전하려고 애쓴다. 그들은 "아주 간단합니다. 고민하며 노력하려고 하지 말고 믿고 복종하면 됩니다. 믿음으로 받아들이세요. 성화를 이루었다고 믿고 살아가세요"라는 식으로 아주 쉬운 듯이 말한다. 그들은 그 이상 더 말할 것이나 행동할 것이 없다고 주장한다.

그러나 성경이 과연 그렇게 가르칠까? 우리를 거룩하게 하는 것은 말씀이 아닌가? 신약성경의 서신서와 그 가르침을 무시하고, 구약성경에서 몇 가지 사례를 찾아 멋대로 만든 공식을 성경이 가르치는 성화라고 주장할 수 있는가? 그런 주장은 성경을 난도질하는 것에 지나지 않는다. 그렇다면 우리에게 성화를 가르치고, 또 우리를 거룩하게 하는 이 말씀은 과연 무엇인가?

  이 말씀은 곧 성경 전체를 가르친다. 구약성경이나 신약성경의 서신서에서 발견되는 진리가 모두 포함된다. 바울은 왜 에베소서를 기록했는가? 그가 에베소서를 기록한 목적은 신자들의 성화를 장려하기 위해서다. 1장에서 언급한 대로, 에베소 신자들은 진리를 믿었다. 그러나 바울은 그들이 은혜 안에서 자라기를 원했다. 또한 죄책과 죄의 권세와 오염을 제거하고 더 성장하기를 바랐다. 그는 그들이 온전히 거룩하게 되어 흠이나 티가 전혀 없는 상태가 되는 것이 목표라는 사실을 알기를 원했다. 다시 말해, 그가 에베소서를 기록한 목적은 신자의 성화를 위해서다. 신자는 그 과정을 거쳐야 한다. 에베소서 전체가 성화를 가르친다. 이것이 바로 말씀이다.

  성화는 쉽게 적용할 수 있는 간단한 공식과는 거리가 멀다. 에베소서에 기록된 모든 말씀에 귀를 기울여야 한다. 우리를 거룩하게 하는 말씀은 성경의 가르침 전체를 가리킨다. 특히, 성경이 가르치는 모든 위대한 교리가 여기에 포함된다. 따라서 성화와 거룩함에 관한 가르침을 축소시켜 하나의 작은 공식에 국한시키는 것은 결국 성경의 가르침을 무시하는 것이다.

  성령께서 우리를 거룩하게 하시는 이 말씀은 과연 무엇인가? 무엇보다 이 말씀은 곧 하나님에 관한 말씀이다. 성화를 가르칠 때는 인간에게서부터 시작해서는 안 된다. 그러나 그런 일들이 종종 이루어지는 것을 너무나 쉽게 볼 수 있다.

사람들은 "당신의 삶에서 무슨 실패를 경험했습니까? 당신은 불행합니까? 당신을 넘어지게 하는 것이 무엇입니까? 마음이 편안하지 않습니까? 패배한 삶을 살고 있습니까?"라는 말로 그 모든 것을 시작한다. 그런 다음 그들은 "잘 들으세요. 그런 모든 고통에서 벗어날 수 있습니다. 모든 문제를 내려놓고, 그것을 주님께 맡기기만 하면 주님이 모두 해결해주실 것입니다. 주님이 모든 짐을 없애주실 것입니다. 그분 안에 거하기만 하면, 주님이 다 알아서 해주실 것"이라 말한다.

성화와 거룩함을 가르치는 매우 전형적인 화법이지 않은가? 이런 식의 가르침은 모두 인간과 인간의 문제에서부터 시작한다. 이때에는 "어떻게 내가 더 행복해질 수 있을까?"라거나 "그리스도인을 위한 행복한 삶의 비결"과 같은 표현이 주로 사용된다. 그러나 이것은 성경이 가르치는 성화와는 거리가 멀다.

그러면 성경은 성화를 어떻게 가르치는가? 성경은 하나님의 얼굴을 바라보는 데서부터 시작하라고 가르친다. 사람이 아니라 하나님에게서부터 시작해야 한다. 하나님의 존재와 본성과 성품에 관한 교리를 가르치는 것보다 성화와 거룩함을 더욱 깊이 있게 가르칠 수 있는 방법은 없다. 우리 자신과 우리의 문제와 필요에서부터 시작해서는 안 된다.

바로 하나님에게서부터 시작해야 한다. 우리의 욕망이 아니라 전능하신 하나님, "거룩하고, 거룩하고, 거룩하신 전능하신 주 하나님"에게서부터 시작해야 한다. 이보다 더 성화와 거룩함을 독려하는 것이 어디에 있겠는가? 이사야 선지자의 소명을 기록한 이사야서 6장 말씀은 참으로 놀랍다. 그 대목을 잠시 인용하면 다음과 같다.

"웃시야 왕이 죽던 해에 내가 본즉 주께서 높이 들린 보좌에 앉으셨는데 그의 옷자락은 성전에 가득하였고 스랍들이 모시고 섰는데 각기 여섯 날개가 있어 그 둘로는 자기의 얼굴을 가리었고 그 둘로는 자기의 발을 가리었고 그 둘로는 날며 서로 불러 이르되 거룩하다 거룩하다 거룩하다 만군의 여호와여 그의 영광이 온 땅에 충만하도다 하더라 이같이 화답하는 자의 소리로 말미암아 문지방의 터가 요동하며 성전에 연기가 충만한지라 그때에 내가 말하되 화로다 나여 망하게 되었도다 나는 입술이 부정한 사람이요 나는 입술이 부정한 백성 중에 거주하면서 만군의 여호와이신 왕을 뵈었음이로다 하였더라"(사 6:1-5)

이것이 성경이 거룩함과 성화를 가르치는 방식이다.

우리는 왜 이렇게 부족하기만 한가? 우리의 삶에 그토록 실패와 죄가 가득한 이유는 무엇인가? 그 이유는 하나님을 모르기 때문이다. 주님은 "의로우신 아버지여 세상이 아버지를 알지 못하여도 나는 아버지를 알았사옵고"(요 17:25)라고 말씀하셨다. 이 말씀은 "만일 그들이 아버지를 알았더라면 저런 식으로 살지 않았을 것입니다. 그들은 아버지를 알지 못합니다"라는 뜻이다. 사람들은 하나님에 관해 말하고 논의하지만 정작 그분을 알지는 못한다. "의로우신 아버지여 세상은 아버지를 알지 못합니다", 그러나 그리스도인인 우리조차도 하나님을 알지 못한다.

우리의 공식, 우리 자신, 우리를 걱정스럽게 하는 일, 우리를 절망하게 하는 일 따위는 모두 잊으라. 우리의 고민은 거기에 있지 않다. 우리의 본성은 오염되었다. 이 문제를 외면한다면, 엉뚱한 것과 씨름하게 될 것이다. 우리의 진정한 문제는 하나님을 알지 못하는 것이다.

가장 거룩한 삶을 살았던 사람들은 바로 하나님과 그분의 얼굴을 구했던 사람들이다. 우리에게 무엇보다 필요한 것은 경험이 아니라 하나님을 아는 지식, 곧 그분의 속성(영광과 존귀, 거룩하심과 전능하심, 영원하심과 전지전능하심 등)을 아는 지식이다. 우리가 어디에서 무엇을 하든지 하나님이 우리를 지켜보고 계신다는 사실을 깨닫는다면, 우리의 삶은 놀랍게 변화될 것이다. 따라서 성경, 곧 우리 주님이 가르치시는 말씀은 하나님, 곧 "거룩하신 아버지"에 관한 말씀이다.

이것이 거룩함에 관한 신약성경의 가르침이다. 우리는 이 가장 으뜸되고 핵심적인 교리에서부터 출발해야 한다. 이사야만이 아니라 에스겔도 이와 똑같은 사실을 가르친다. 환상 중에 하나님을 목격한 그는 스스로의 부정함을 의식하고 얼굴을 땅에 묻었다. 욥도 하나님에 관해 많은 말을 하면서 불평을 토로했지만, 결국에는 이렇게 고백했다.

"…손으로 내 입을 가릴 뿐이로소이다"(욥 40:4)

"…이제는 눈으로 주를 뵈옵나이다"(욥 42:6)

"…내가 스스로 거두어들이고 티끌과 재 가운데서 회개하나이다"

(욥 42:6)

성화와 거룩함을 가르치는 모임에서 하나님의 존재와 성품을 강조하는 말을 많이 들어보았는가? 하나님의 본성과 존재와 속성에 관한 설교를 얼마나 자주 들어보았는가? 우리는 그 모든 것을 당연시하고, 우리 자신과 우리의 문제에서부터 시작하는 경향이 있다. 우리는 문제를 해결하거나 특별한 축복을 받을 수 있는 방법을 알고 싶어 한다. 그런 접근 방식은 잘못이다. 근본적인 것은 말씀, 곧 "주님의 말씀"이다. 하나님에 관한 말씀, 곧 그분의 존재와 성품을 드러내는 계시에서부터 시작해야 한다. 이것이 "물로 씻어 말씀으로 깨끗하게 하사"라는 말씀의 의미다.

아울러, 말씀은 우리가 죄를 짓고 타락했다는 사실을 드러낸다. 말씀은 인간의 본래 상태를 묘사한다. 타락하기 전의 아담의 상태를 전하는 것은 성화를 가르치는 가장 좋은 방법 가운데 하나다. 인간은 본래는 그렇게 완전한 상태로 살아가도록 창조되었다. 성화와 거룩함을 가르치는 모임에서 아담에 관한 설교를 얼마나 자주 들어보았는가? 인간의 타락과 거기에서 비롯한 끔찍하고 무서운 결과를 언급하는 설교나 성화를 가르치는 설교는 또 얼마나 자주 들어보았는가?

로마서 5장 12-21절은 우리가 아담 안에 있으며, 그의 죄에 동참했다고 증언한다. 이것이 문제의 근원이다. 우리는 이 점을 잘 이해해야 한다. 말씀은 우리에게 그 모든 것을 가르친다. 이것이 성화에 관한 신약성경의 가르침이다. 우리는 구약성경의 인물들에 관한 이야기를 예로 들어 우리의 이론을 입증하려고 애쓰기보다 서신서가 가르치는 이 놀라운 진리에 귀를 기울여야 한다. 성화는 하나님이 죄를 미워하시며 모든 죄를 징계하신다는 진리를 가르치는 데서부터 시작해야 한다. 그리고 나서는 십계명을 가르쳐야 한다. 십계명은 죄가 무엇인지 구체적으로 알려준다. 우리는 십계명을 통해 죄를 깨달을 수 있다. 따라서 성화의 가르침에는 십계명이 포함되어야 한다.

물론, 우리가 십계명에만 머물러서는 안 된다. 십계명은 우리의 부족함을 일깨워주는 지침일 뿐이다. 율법은 "우리를 그리스도께 인도하는 초등교사"(갈 3:24)다. 율법은 하나님의 거룩하심을 드러내는 계시 속으로 우리를 인도한다. 이것이 교부들이 십계명을 예배당 벽에 새겨 놓았던 이유다. 율법은 구원의 길이 아니라 구원의 필요성과 지속적인 성화의 필요성을 일깨워주는 방편이다.

십계명을 가르친 다음에는 하나님의 은혜로운 구원의 목적, 창세 전에 마련된 구원의 언약, 성삼위 하나님이 힘을 합쳐 계획하신 인간의 구원에 관해 가르쳐야 한다. 바울은 이미 에베소서 서두에서 이 사실을 언급했다. 그는 "찬송하리로다 하나님 곧 우리 주 예수 그리스도의 아버지께서(이처럼 성화는 하나님에게서부터 시작해야 한다) 그리스도 안에서 하늘에 속한 모든 신령한 복을 우리에게 주시되 곧 창세 전에 그리스도 안에서 우리를 택하사 우리로 사랑 안에서 그 앞에 거룩하고 흠이 없게 하시려고"(엡 1:3-4)라고 말했다.

그런 다음에는 주 예수 그리스도의 인격과 사역, 그분이 행하시고 감당하신 모든 것을 가르쳐야 한다. 십자가를 전하는 것은 성화를 가르치는 가장 좋은 방법 가운데 하나다. 십자가를 바라보며 깊이 묵상하면 다음과 같은 결론에 도달하지 않을 수 없다.

온 세상 만물 가져도 주 은혜 못 다 갚겠네
놀라운 사랑 받은 나 몸으로 제물 삼겠네 *

혹시 "지금 우리의 관심은 거룩함에 있습니다. 구원의 시작이나 죄의 용서는 이미 이루어졌어요. 거룩함을 가르치는 모임에서 십자가를 설교해서는 안 됩니다. 우리는 성화의 공식에 관심이 있어요. 여기에서 십자가를 전하려고 해서는 안 됩니다"라고 말할 사람들이 있을지 모르겠다. 그러나 십자가만큼 거룩함과 성화를 독려하는 것이 어디에 또 있겠는가?

주 달려 죽은 십자가 우리가 생각할 때에
세상에 속한 욕심을 헛된 줄 알고 버리네 **

우리가 실상을 제대로 깨닫지 못하는 이유는 십자가의 온전한 의미를 진정으로 깨닫지 못했기 때문이다. 이것이 우리의 실패와 연약함의 원인이다. 우리는 우리를 향한 하나님의 사랑을 알지 못한다. 십자가의 의미를 진정으로 깨달을 수 있으면 참으로 좋으련만! 진젠도르프Zinzendorf 백작이 십자가를 바라보며 "주님은 저를 위해 이런 일을 행하셨는데, 저는 주님을 위해 무엇을 할 수 있을까요?"라고 외쳤던 것처럼 우리도 그렇게 할 수만 있다면, 더 이상 바랄 게 없을 것이다. 그는 십자가를 바라보며 "나의 염원은 오직 하나, 그리스도, 오직 그리스도뿐이다"라고 말했다.

이것이 말씀이다. 말씀은 성령과 그분의 인격과 사역과 권능을 비롯해 모든 위대한 교리를 다 포함한다. 성령께서는 우리에게 세례를 주시어 그리스도께 속하게 하셨고, 그분과 연합하게 하셨다. 이 사실을 깨달았다면, 이제는 교회에 관한 교리를 가르쳐야 한다. 이것이 성화를 장려하는 말씀이다. 또한 우리는 이 모든 교리와 더불어 재림에 관한 교리를 바라보아야 한다.

본문 27절은 "자기 앞에 영광스러운 교회로 세우사 티나 주름 잡힌 것이나 이런 것들이 없이 거룩하고 흠이 없게 하려 하심이라"라 말한다. 최근에 거룩함을 가르치는 모임에서 그리스도의 재림에 관한 설교를 들어본 적이 있는가? 사람들은 "그런 말은 잘못되었어요. 그런 설교를 들으려면 재림을 가르치는 모임에 가야해요. 성화를 가르치

---

* 역자 주 원곡 〈When I Survey The Wondrous Cross〉, 새찬송가 149장 〈주 달려 죽은 십자가〉

** 같은 찬송

는 모임에 가서 재림에 관한 교리를 들으려고 해서는 안 됩니다"라고 말한다. 그런 생각은 성경에 크게 어긋난다. 그동안 교회의 삶 속에 여러 가지 유별난 성화 교리가 침투해왔다.

사람들은 "거룩함이요? 성화에는 십자가도 필요 없고, 재림도 필요하지 않아요. '아주 간단한' 이 한 가지만 있으면 됩니다"라고 말한다. 그러나 장차 다가올 영광의 날, 곧 주님이 교회를 티나 주름 잡힌 것이나 흠이 없는 영광스러운 교회로 세우실 날에 나를 위해 어떤 목적을 가지고 계시는지 알아야만, 비로소 성화가 이루어질 수 있다. 재림에 관한 가르침은 우리의 성화를 독려한다.

요한 사도도 이와 똑같은 가르침을 베풀었다. 그는 "사랑하는 자들아 우리가 지금은 하나님의 자녀라 장래에 어떻게 될지는 아직 나타나지 아니하였으나 그가 나타나시면 우리가 그와 같을 줄을 아는 것은 그의 참 모습 그대로 볼 것이기 때문이다 주를 향하여 이 소망을 가진 자마다 그의 깨끗하심과 같이 자기를 깨끗하게 하느니라"(요일 3:2-3)라고 말했다. 재림의 교리는 우리를 거룩하고 정결하게 한다. 바울이 여기에서 말하는 말씀은 성경 전체, 구원의 시작과 끝을 아우르는 성경의 모든 교리를 망라한다. 이것이 "물로 씻어 말씀으로 깨끗하게 하사"라는 말씀의 의미다.

나는 이 영광스런 교리를 한 마디 권고의 말로 마무리하고자 한다. 지금까지 말한 것은 모두 사실이다. 그러면 우리는 과연 어떤 사람이 되어야 마땅할까? 바울이 설명하고 있는 대로, 이 모든 말씀은 진리이기 때문에 우리는 전과 똑같은 사람으로 머물러서는 안 되고, 우리를 거룩하게 구별해야 한다. 즉, 성화를 이루려고 힘써야 한다. 성경은 "하나님을 두려워하는 가운데서 거룩함을 온전히 이루어 육과 영의 온갖 더러운 것에서 자신을 깨끗하게 하자"(고후 7:1), "손을 깨끗이 하라 두 마음을 품은 자들아 마음을 성결하게 하라"(약 4:8)고 권고한다. 이 권고는 모두 성화의 교리를 가르친다.

다시 말하지만, 주 예수 그리스도께서는 자신이 보내신 성령을 통해 성화의 과정을 이끄시고, 그 과정은 말씀 안에서, 말씀에 의해, 말씀을 통해 이루어진다. 그리스도께서는 "그들을 진리로 거룩하게 하옵소서 아버지의 말씀은 진리니이다"라고 기도하셨다. 어떤 곳에서 진리를 바라보든, 진리는 우리를 겸손하게 하고 거룩하게 할 것이다. 그러나 항상 이 모든 것은 하나님에게서부터 시작해야 한다.

"마음이 청결한 자는 복이 있나니 그들이 하나님을 볼 것임이요"(마 5:8)

헛되이 시간을 낭비하거나 여유를 부릴 틈은 있을 수 없다. 우리에게 필요한 것은 삶의 작은 문제를 해결하는 것이 아니다. 우리는 영광의 날을 준비해야 한다. 하나님의 얼굴을 바라봐야만 비로소 성화의 필요성을 의식하고, 성화를 이루는 방법을 깨달을 수 있다.

이것은 성령께서 행하시는 사역이다. 그분은 우리를 말씀 가운데로 인도하시고, 말씀을 열어 보여주시고, 우리의 마음과 생각과 의지

속에 말씀을 심어 주신다. 성령께서는 우리에게 주님을 보여주시어 우리의 성화, 곧 우리를 깨끗하게 하는 과정이 매일, 매주, 매년 계속되도록 이끄신다. 성령께서는 그 사역이 완성될 때까지 쉬지 않으실 것이다. 그때가 되면 우리는 거룩하고 흠 없는 상태로 주님 앞에 서게 될 것이다. 주님은 이 일을 자신의 백성, 곧 교회 안에서 계속 행하고 계신다.

5 우리가 경험하게 될 일들

엡 5:25-33

지속적인 양육과 보호하심

바울은 우리가 살펴보고 있는 이 놀라운 말씀 안에서 아내에 대한 남편의 의무를 가르치는 데 우선적으로 관심을 기울이고 있다. 그는 남편의 의무를 그리스도와 교회와의 관계에 빗대어 가르친다. 그의 가르침은 전자에서 후자로 자연스럽게 연결되지만, 우리는 편의상 이 둘을 따로 떼어 생각하는 방법을 택했다. 우리는 바울이 그리스도와 교회의 관계에 관해 가르치는 것을 먼저 생각했다. 그 이유는 교리를 먼저 전반적으로 살펴봐야만 비로소 남편과 아내의 관계에 적용할 수 있기 때문이다.

앞에서 살펴본 대로, 주님은 교회를 위해 자신을 주셨고 교회를 위해 죽으셨다. 또한 그분은 교회를 따로 구별해 깨끗하게 하셨을 뿐 아니라, 그런 영적 정화의 과정을 계속 수행하고 계신다(주님은 교회를 특별히 사랑하시어 거룩하게 하셨다).

주님이 교회를 위해 계속 행하고 계시는 사역과 관련해 아직 생각해야 할 표현이 두 가지 더 남아 있다. 이 두 가지 표현은 29절에서 발견된다.

"누구든지 언제나 자기 육체를 미워하지 않고 오직 양육하여 보호하기를 그리스도께서 교회에게 함과 같이 하나니"

바울은 "과거에 주님이 교회를 양육하고 보호하셨다"고 말하지 않는다. 그는 주님이 지금도 여전히 그 일을 계속 행하고 계신다는 사실을 강조한다. 이것은 앞서 말한 깨끗하게 하시는 사역, 곧 지속적인 성화의 사역에 관한 내용과 일맥상통한다. 양육하고 보호하는 일도 과거에 단번에 이루어진 행위가 아니라 지속적인 사역이다. 이는 우리가 26절에서 다룬 내용을 과거의 행동에 국한시키려는 견해가 본문의 문맥과 가르침을 전적으로 오해한 것이라는 사실을 단적으로 보여주는 증거다. 주님의 죽으심은 단번에 이루어졌지만, 나머지 사역은 궁극적인 목표를 향해 계속 진행 중이다.

그러면 이제 이 두 용어의 의미를 살펴보자. 둘 다 매우 흥미롭다. 먼저, "양육하여"라는 용어는 그 안에 이미 설명을 담고 있다. 이 말은 먹이는 것, 곧 양식을 공급해 양분을 제공하는 것을 뜻한다. 그리스도께서는 교회를 정성껏 양육하신다. 교회의 성장과 발달과 행복에 깊은 관심이 있으시기 때문이다. 바울은 이 주제를 4장에서도 이렇게 다룬 바 있다.

"그가 어떤 사람은 사도로, 어떤 사람은 선지자로, 어떤 사람은 복음 전하는 자로, 어떤 사람은 목사와 교사로 삼으셨으니"(11절)

그 목적은 무엇인가? 그것은 "성도를 온전하게 하기 위해"서이다. 이 과정은 계속된다. "봉사의 일을 하게 하며 그리스도의 몸을 세우는" 일은 "우리가 다…그리스도의 장성한 분량이 충만한 데 이를 때"까지 중단되지 않는다. 이것이 궁극적인 목표다. 이 말씀 역시 표현은 달라도 가르치는 내용은 동일하다. 교회의 지체인 우리는 주님께서 교회의 생명에 필요한 자양분을 공급하고 계신다는 사실을 깨달아야 할 필요가 있다.

주님은 우리에게 영적 양식을 제공하심으로써 우리를 사랑하고 돌보시려는 마음을 표현하신다. 하나님과 주 예수 그리스도께서는 성령을 통해 성경을 우리의 영혼을 위한 양식으로 허락하셨다. 성경은 우리를 양육하는 수단이다. 4장에서 말하는 대로, 교회의 사역도 같은 목적을 위해 계획되었다. 만일 교회가 무지하거나 발달이 늦거나 허약하거나 쇠약하다면, 무엇으로도 변명하기 어렵다. 개개의 신자도 변명할 이유가 없기는 마찬가지다. 주님이 친히 우리를 양육하고 계신다.

베드로는 베드로후서 1장 3절에서 "생명과 경건에 속한 모든 것을 우리에게 주셨다"고 말했다. 신자가 불평을 일삼는 것이 심각한 죄에 해당하는 이유가 여기에 있다. 우리의 상태가 황폐하다고 해서 영적 양식이 충분하지 않다며 불평하는 것은 가당치 않은 일이다. 양식, 곧 "하늘의 만나"가 제공되고 있기 때문이다. 우리가 필요로 하는 것이 모두 성경에 있다. 베드로가 베드로전서 2장 2절(순전하고 신령한 젖을 사모하라 이는 그로 말미암아 구원에 이르도록 자라게 하려 함이라)에서 말한 대로, 잘 농축된 순수한 양식이 제공된다.

주님이 양식을 주셨다. 주님이 교회를 양육하신다는 사실을 묵상하면 기쁨이 절로 솟구쳐 오른다. 아내를 돌보는 남편도 양식을 포함해 아내에게 필요한 모든 것을 제공하기 위해 열심히 일한다. 부모는 자녀가 제때 좋은 양식을 풍성히 먹도록 보살핀다. 부모는 그 일에 많은 관심을 기울인다. 주님의 경우는 그보다 훨씬 더 큰 관심을 기울여 우리를 위해 영적 양식을 공급하신다.

이런 사실을 어떻게 받아들이는가? 주님이 우리를 양육하고 계신다는 사실을 제대로 인식하고 있는가? 주님은 우리를 보살피기 위해 공중 예배를 허락하셨다. 공중 예배는 인간이 만든 제도나 고안물이 아니다. 공중 예배를 제도처럼 운영해서는 안 된다. 사람들은 의무감에서 하나님의 집을 찾지 않는다(그래야 마땅하다). 그들이 하나님의 집을 찾는 이유는 그곳에 오지 않으면 성장할 수 없다고 생각하기 때문이다. 그들은 영혼에 필요한 양식을 먹기 위해 온다. 주님이 그 양식을 공급하신다.

하나님께서 가장 잘 아시는 사실이지만, 내가 강단에 서는 이유는 내 스스로 설교를 하기로 결심했기 때문이 아니다. 주님의 부르심이 없었다면, 나는 설교자가 되지 못했을 것이다. 사실, 나는 주님의 부르심에 응하지 않으려고 애를 썼지만, 그분은 결국 나를 설교자로 세우셨다. 이것이 주님의 방식이다. 주님은 사람들을 부르시고 따로 구별하시어 메시지를 허락하신다. 그리고 성령께서 오셔서 깨우침을 주신다. 이것이 교회를 양육하시는 주님의 방식이다.

다음에 생각할 말은 "보호하다"이다. 이 말은 신약성경에서 단 두 차례 사용되었다. 이 말은 하나의 분명한 개념, 곧 옷을 입힌다는 개념을 지닌다. 어린아이는 무엇보다 양식과 의복을 필요로 한다. 신부인 아내가 필요로 하는 것도 그와 똑같다. 남편이 가장 먼저 생각해야 할 두 가지는 양식과 의복이다. 이것이 "보호하다"의 기본 의미다. 물론, 이 말에는 "돌보다, 보살피다, 지켜주다"와 같은 개념이 아울러 담겨 있다. 어떤 사람을 양육하고 보호한다는 것은 그 사람이 아무 탈 없이 잘 살고 잘 자라도록 항상 지켜보고 염려하며 온갖 정성을 기울이는 것을 의미한다. 이것이 "양육하다"에 덧붙여진 "보호하다"라는 말의 의미다.

우리의 문제는 우리를 향한 주님의 관심과 염려를 옳게 이해하지 못하는 데 있다. 이것이 우리의 근본적인 결함이다. 우리는 주님의 사랑을 알지 못한다. 사람들은 종종 주님을 사랑하려고 노력한다. 당연히 그래야 하지만, 우리를 향한 주님의 사랑을 이해하지 못하면 그분을 진정으로 사랑하기 어렵다. 사랑은 애쓴다고 해서 생겨나지 않는다. 흥분이나 육신적인 감정은 불러일으킬 수는 있어도 사랑은 그렇게 할 수 없다.

그리스도와 교회의 경우에도 사랑은 항상 반응에서 출발한다. 요한은 "우리가 사랑함은 그가 먼저 우리를 사랑하셨음이라"(요일 4:19)라고 말했다. 주님이 우리에게 사랑의 빛을 환히 드리우시기 전까지 우리는 결코 그분을 사랑할 수 없다. 그분의 사랑을 인식할 때, 우리는 비로소 사랑하기 시작한다. 주님이 우리를 위해 행하신 일과 그분이 우리를 양육하고 돌보시기 위해 온갖 배려를 아끼지 않으셨다는 사실을 진정으로 깨달아야만 그분을 사랑할 수 있다. 주님의 사랑을 더 많이 깨닫고, 그 사랑에 더 많이 놀랄수록 우리도 그분을 더 많이 사랑할 수 있다.

'친히' 세우신 교회

우리는 주님이 우리를 위해 십자가에서 행하신 일을 아는 것에만 머물러서는 안 된다. 주님은 십자가에서부터 시작해 우리에게 계속해서 필요한 것을 무한정 공급해주신다. 그분은 우리에게 일어나는 모든 일과 상황을 다스리시어 우리를 보호하고 인도하신다. 그분은 다양한 방법으로 교회를 양육하고 보호하신다. 십자가의 사랑을 잊거나 외면해서는 안 된다. 그러나 우리는 항상 주님이 그 이상의 일을 우리를 위해 행하고 계신다는 것을 늘 기억해야 한다.

주님이 이 모든 일을 행하시는 이유는 무엇인가? 왜 그분은 교회를 위해 죽으셨는가? 성화와 깨끗하게 하시는 과정은 왜 필요한가? 양육하고 보호하는 일은 또 왜 필요한가? 이 모든 것은 무엇을 위해 계획된 것인가? 그 대답은 27절에 기록된 놀라운 말씀 안에서 발견된다.

"자기 앞에 영광스러운 교회로 세우사 티나 주름 잡힌 것이나 이런 것들이 없이 거룩하고 흠이 없게 하려 하심이라"

모든 것은 바로 이 목적을 위해 계획되었다. 지금까지 살펴본 것은 모두 직접적인 목표이고, 이 말씀은 궁극적인 목표를 제시한다. 이것이 주님이 지금까지 설명한 일들을 행하셨고, 또 계속해서 행하고 계시는 궁극적인 이유다.

그러나 이 말씀의 의미를 온전히 이해하려면 번역을 약간 달리 할 필요가 있다. 즉, "자기 앞에 영광스러운 교회로 세우사"라는 말 앞에 "친히"라는 말을 첨가해야 한다. 이 말을 첨가해야 하는 이유는 모든 비유, 심지어 성경의 비유라도 비유라는 것이 항상 온전하지는 않기 때문이다. 비유는 실제 진리를 어렴풋하게 이해할 수 있도록 돕는 방편에 불과하다. 그 어떤 비유도 충분한 것은 없다. 바울은 여기에서 남편과 아내의 관계를 그리스도와 교회의 관계에 빗대고 있다.

우리는 이러한 비유가 온전하지도 않고 충분하지도 않다는 것을 즉시 알 수 있다. 모두 알다시피, 신부의 아버지든 친척이든 친구든 제3자가 신랑에게 신부를 데려다주는 것이 정상적인 절차다. 결혼 예식에서는 다른 사람이 신부를 신랑에게 데려다준다. 신부가 잘 성장하도록 그녀를 양육하고 교육하고 입히고 먹이며 보살폈던 사람이 신부를 신랑에게 데려다주는 것이 정상이다. 그러나 여기에서는 그렇지 않다. "자기 앞에 영광스러운 교회로 세우사"라는 말씀대로, 주님이 "친히" 신부를 자기 앞에 세우신다.

이런 표현은 우리의 구원이 전적으로 주님에게 달려 있다는 성경의 위대한 진리를 또 한 번 강조한다. 구원은 모두 주님의 사역이다. 주님은 심지어 신부를 친히 자기 앞에 세우신다. 왜냐하면 그 일을 할 수 있는 사람이 아무도 없기 때문이다. 다른 사람은 그 일을 하기에 부적합하다. 오직 주님만이 하실 수 있다. 그분은 처음부터 끝까지 모든 것을 행하신다. 그런 주님의 사역은 여기에 기록된 대로 우리를 자기 앞에 영광스럽게 세우시는 것으로 끝나게 될 것이다.

구원자이신 주님은 교회를 자기 앞에 세우시게 될 그날, 그 순간을 고대하신다. 그때가 되면 교회는 어떤 모습일까? 그때의 교회는 "영광스러운 교회"가 될 것이다. 여기에는 교회가 온통 영광스럽게 변모할 것이라는 뜻이 담겨 있다.

이에 대해 우리에게 익숙한 성경 용어가 하나 있다. 우리의 궁극적인 운명, 곧 신자 개개인의 궁극적인 운명은 "영화"다(신자는 칭의와 성화를 거쳐 영화에 이른다). 때로 이 말은 고린도전서 1장 30절(…예수는 하나님으로부터 나와서 우리에게 지혜와 의로움과 거룩함과 구원함이 되셨으니)의 경우처럼 "구원함"으로 묘사된다. 또한 바울은 로마서 8장 30절에서도 "의롭다하신 그들을 또한 영화롭게 하셨느니라"라고 말했다. 이밖에도 빌립보서 3장 마지막에서도 다음과 같은 말씀이 발견된다.

> "우리의 시민권은 하늘에 있는지라 거기로부터 구원하는 자 곧 주 예수 그리스도를 기다리노니 그는 만물을 자기에게 복종하게 하실 수 있는 자의 역사로 우리의 낮은 몸을 자기 영광의 몸의 형체와 같이 변하게 하시리라"(빌 3:20-21)

이 놀라운 역사가 우리 개개인에게 이루어질 것이다. 또한 교회는 전체적으로 영화롭게 될 것이다.

이것이 "영광스러운 교회"라는 표현의 의미다. 교회는 영광의 상태에 들어가게 될 것이다. 바울은 교회의 외적 모습을 먼저 묘사함으로써 이 진리를 이해할 수 있게 돕는다. 그는 두 가지 부정 어휘를 사용해 영광 중에 있는 교회는 "티나 주름 잡힌 것이 없을 것"이라고 말했다. 흠도 없고 점도 없을 것이다. 이 점을 이해하기는 그리 쉽지 않다. 교회가 죄와 수치가 지배하는 세상에서 행할 때는 더러운 진흙과

오물을 묻히지 않을 수 없다. 세상의 교회는 온갖 흠과 점으로 얼룩져 있는 상태다. 그것들을 제거하기는 매우 어렵다. 우리가 알고 있는 약품이나 세제로는 그 흠과 점을 없앨 수 없다. 세상의 교회는 깨끗하지 않다. 비록 성화의 과정을 거치고 있지만, 여전히 많은 점과 흠을 지니고 있다.

그러나 영화를 거쳐 영광의 상태에 들어가면 단 한 개의 점도 남아 있지 않을 것이다. 흠과 점은 더 이상 없다. 주님이 정사와 권세와 하늘의 통치자들이 지켜보는 앞에서 교회를 자기 앞에 세우실 때는 아무리 살펴보고 뜯어보아도 단 한 개의 점이나 얼룩도 발견되지 않을 것이다. 아무리 주의 깊게 살펴보아도 무가치한 것이나 죄의 흔적을 찾지 못할 것이다. 바울은 이미 에베소서의 3장 10절에서 이 진리를 언급했다.

"이제 교회로 말미암아 하늘에 있는 통치자들과 권세들에게 하나님의 각종 지혜를 알게 하려 하심이니"

하늘의 통치자들과 권세들이 지켜보는 가운데 주님은 자신의 신부를 자랑스럽게 자기와 그들 앞에 세우실 것이다. 신부인 교회와 신랑이신 주님은 하늘의 수많은 무리 앞에 설 것이고, 그분은 그들에게 철저히 살펴보라고 말씀하실 것이다. 그들은 교회를 살펴보라는 말씀에 그렇게 해보지만, 단 한 점의 얼룩이나 흠도 찾지 못할 것이다.

이것이 "흠이 없게 하려 하심이라"는 말씀의 의미다.

그렇다. 참으로 감사하게도 "티나 주름 잡힌 것이나 이런 것들이 없을" 것이다. 잘 아는 대로, "주름"은 노쇠나 질병, 또는 육체적인 고통의 징후다. 주름은 불완전함을 나타낸다. 나이가 들면 누구나 주름살이 생기고 피부에서 윤기가 사라진다. 질병도 피부의 윤기를 앗아가 나이에 어울리지 않게 늙어보이게 만든다. 원인이 무엇이든, 근심과 불행은 주름살을 만들어낸다. 주름살은 오염과 부패, 노화와 쇠약의 징후다. 세상의 교회는 주름살이 많다. 교회는 늙고 병든 것처럼 보인다. 그러나 감사하게도 바울은 그리스도께서 교회를 자기 앞에 세우시는 위대한 날이 이르면, 단 한 개의 점이나 주름도 남아 있지 않을 것이라고 말한다. 모든 흠이 말끔히 사라지고, 교회는 완전한 젊음을 되찾게 될 것이다. 이 완전한 상태를 말로 다 설명하기는 불가능하다. 그 상태를 어렴풋이나마 짐작하게 만드는 내용이 시편 110편에서 발견된다. 시편 저자는 그곳에서 완전한 상태를 이렇게 예언했다.

"주의 권능의 날에 주의 백성이 거룩한 옷을 입고 즐거이 헌신하니 새벽이슬 같은 주의 청년들이 주께 나오는도다"(3절)

교회는 젊음을 되찾게 될 것이다. 이렇게 표현하면 어떻겠는가? 즉, 미용 전문가들이 교회에 마지막 손질을 가하고, 그들의 마사지가 너무나 완벽해 단 한 줄의 주름도 남지 않게 될 것이라고 말이다. 교회는 젊어질 것이다. 교회의 양 볼에는 젊음을 뜻하는 발그레한 홍조가 나타나고, 피부는 흠도 없고 주름도 없이 완벽해질 것이다. 교회는 영원히 그런 상태를 유지할 것이다. 교회의 추한 모습은 모두 사라지고, 영광스러운 모습으로 변화될 것이다.

이것이 교회 전체가 경험하게 될 영광스런 미래다. 그러나 바울은 빌립보서 3장 20-21절에서 신자 개개인에게도 그와 똑같은 일이 일어날 것이라고 말한다. 이 사실을 생각하면 참으로 기쁘기 그지없다. 우리의 육체가 영화롭게 될 것이다. 연약한 것은 모두 사라지고, 질병이나 쇠약이나 노화의 흔적이 말끔해질 것이다. 우리의 젊음이 완전히 회복될 것이다. 쇠약이나 질병도 없고, 아름다움이 조금도 퇴색하지 않은 상태로 영원히 젊음을 누리게 될 것이다. 이것이 교회가 지니게 될 외적인 모습이다.

바울이 여기에서 전하려고 애쓰는 개념은 신랑이 신부를 자랑스럽게 여긴다는 것이다. 신랑이신 주님은 "그날"을 위해 신부인 교회를 준비시키고 계신다. 장차 큰 축하 행사가 있을 것이다. 주님은 교회를 온 우주 앞에 세우기를 원하신다.

교회는 외적으로는 물론 내적으로도 그런 영광을 누리게 될 것이다. 참으로 놀랍게도, 시편 45편은 "왕의 딸은 궁중에서 모든 영화를 누리니"(13절)라는 말로 이 사실을 완벽하게 예언했다. 시편 저자는 "그의 옷은 금으로 수놓았도다"라고 말하는 데 그치지 않고, "수놓은 옷을 입은 그는 왕께로 인도함을 받으며"라고 덧붙였다. 그는 교회가 "궁중에서 모든 영화를 누리게" 될 것이라 강조했다.

바울은 그 사실을 "거룩하고 흠이 없게 하려 하심이라"는 말로 표현했다. 교회는 거룩해질 것이다. 바울의 말은 참으로 긍정적이다. 교회의 거룩함과 의는 단지 죄가 없는 상태를 뜻하지 않는다. 그것은 주님의 의에 동참하는 것을 의미한다.

단순한 윤리학자들은 이 사실을 조금도 이해할 수 없을 것이다. 그들은 부정적인 도덕과 윤리 외에는 아무것도 알지 못한다. 그들에게 도덕이란 무엇을 하지 말라는 금지조항을 뜻한다. 그것은 성경이 말하는 의와는 아무 상관없다. 성경이 말하는 의는 "하나님처럼 되는 것"을 의미한다. 하나님은 거룩하시다. 교회도 거룩하게 되어 완전한 의를 드러낼 것이다. 그 상태는 단지 악이 없는 상태를 훨씬 뛰어넘는다. 하나님의 경우처럼, 모든 것이 본질적으로 의롭고, 진실하고, 아름답고, 영광스럽게 바뀔 것이다. 교회는 하나님의 거룩하심에 참여한다. 교회는 그리스도의 의를 덧입었다. 감사하게도 하나님은 우리가 아니라 의의 옷을 보신다. 그뿐만이 아니다. 교회는 하나님처럼 실제로 거룩하고 의롭게 변할 것이다.

바울이 "흠이 없게 하려 하심이라"는 말을 덧붙인 이유는 바로 이런 사실을 이해시키기 위해서다.

무엇을 위해 우리를 택하셨는가?

"흠이 없다"는 말은 "비난할 것이 없다"는 뜻이다. 그는 이미 에베소서 1장 3-4절에서 이 사실을 언급했다.

"찬송하리로다 하나님 곧 우리 주 예수 그리스도의 아버지께서 그리스도 안에서 하늘에 속한 모든 신령한 복을 우리에게 주시되 곧 창세 전에 그리스도 안에서 우리를 택하사"

무엇을 위해 우리를 택하셨는가? "우리로 사랑 안에서 그 앞에 거룩하고 흠이 없게 하시기" 위해서다. 이 말씀은 일종의 서곡에 해당한다. 으레 그렇듯 서곡에는 앞으로 등장할 핵심 주제들이 소개된다. 바울은 서곡에서 언급한 주제를 5장에서 좀 더 자세히 설명한다. 교회는 영광의 상태에 들어갈 것이다.

이 점을 요약하면 다음과 같다. 바울이 사용한 용어는 육체적인 아름다움과 건강과 균형미와 영적 성품의 완전함을 의미한다. 지금까지 보아온 신부 가운데 가장 아름다운 신부를 생각해보라. 그 아름다움을 무한히 확대해보라. 그래도 교회의 아름다움을 상상하기는 불가능할 것이다. 교회는 그런 완전함에 이를 것이다. 이 세상에서 그런 완전한 아름다움은 어디에도 존재하지 않는다. 얼굴은 아름다운데 손이 못 생겼든지, 항상 뭔가 흠이 있을 것이 분명하다. 그렇지 않은가? 그러나 영광스런 교회는 그렇지 않다. 교회는 모든 점에서 최상의 아름다움과 균형미와 완전함을 갖추게 될 것이다.

우리는 무엇보다 이것을 가장 갈망해야 한다. 우리는 모두 균형을 잃고 한쪽으로 치우친 상태다. 어떤 사람들은 머리로 아는 지식, 즉 교리에 대한 이론적인 지식만 가득하다. 그들은 거기에서 더 앞으로 나가지 못한다. 또 어떤 사람들은 교리는 모른 채 활동과 생활에만 집중한다. 둘 다 잘못되었다. 이런 일을 이론적으로만 이해하고 실생활에 적용하지 못하는 사람은 주님의 무가치한 대변자에 지나지 않는다. 물론, 교리는 모르고 생활만 강조하는 사람도 마찬가지다. 실천을 앞세우는 사람은 교리를 알지 못하고, 교리를 강조하는 사람은 교리밖에 모른다. 모두 틀렸다.

그러나 장차 온전하게 되어 균형을 잘 갖춘 채 부족한 것이 아무것도 없게 될 날을 허락해주실 하나님께 감사하자. 여기에서 묘사하는 이 아름다움과 영광을 갖추게 하기 위해 복되신 주님은 매일, 매주, 매달, 매해 우리를 준비하고 계신다. 신자들에게 묻는다. 자신이 그렇게 될 것이라고 믿는가? 교회의 지체가 된다는 것이 얼마나 큰 특권인지 알고 있는가? 그리스도인이 된다는 것은 바로 이런 의미다. 미용실, 곧 그리스도의 미용실에 달려갈 준비가 되어 있는가? 교회는 마땅히 그래야 한다. 그리스도께서는 교회를 위해 자신을 주셨고 또한 지금도 계속 교회를 돌보고 계신다.

교회가 그리스도의 신부라는 사실을 이해하는가? 주님이 교회를 보호하신다고 믿는가? 우리의 이름이 그분의 손은 물론, 마음에 기록되어 있다는 사실을 알고 있는가? 주님은 우리를 "티나 주름 잡힌 것이나 이런 것들이 없이 거룩하고 흠이 없는" 상태로 자기 앞에 세우게 될 그날을 위해 영원한 사랑으로 우리를 사랑하셨고, 우리를 위해 죽으셨으며, 우리를 따로 구별하셨고, 우리에게 필요한 모든 것을 공급하셨다.

이것은 계속되는 과정이다. 다시 말하지만, 이 과정은 완성될 때까지 결코 중단되지 않는다. 이 과정을 멈출 수 있는 것은 아무것도 없다. 주님은 그 무엇도 그 과정을 방해하도록 허락하지 않으신다. 그 이유는 교회가 그분의 신부이기 때문이다. 주님은 자신과 신부인 교회에 대한 자긍심이 너무나도 크시기 때문에 그 무엇도 그 일을 방해하거나 중단시키도록 허용하지 않으실 것이다. 이 일은 지금도 계속되고 있고, 앞으로도 계속될 것이다. 성경은 이를 확실히 보증한다. 바울은 이미 이 사실을 에베소서의 3장 20-21절에서 언급했다.

"우리 가운데서 역사하시는 능력대로 우리가 구하거나 생각하는 모든 것에 더 넘치도록 능히 하실 이에게 교회 안에서와 그리스도 예수 안에서 영광이 대대로 영원무궁하기를 원하노라"

이것이 우리 안에서 역사하는 능력이며, 이 능력은 계속 역사할 것이다. 주님은 죽으심으로 멈추지 않으셨다. 그분은 칭의로 만족하지 않으셨다. 그분은 우리 안에서 계속 일하고 계신다. "교회 안에서와 그리스도 예수 안에서 영광이 대대로 영원무궁하기를 원하노라"는 바울의 말대로, 주님은 궁극적인 영광에 이를 때까지 쉬지 않으실 것이다.

이 능력은 불가항력적이다. 거듭 말하지만, 우리가 진정으로 하나님의 자녀요 교회, 곧 그리스도의 몸의 지체라면 이 숭고하고 영광스런 가르침대로 장차 우리의 몸이 완전하게 변할 것이다. 따라서 주님께 저항하지 말라. 우리를 아름답고 영광스럽게 만드시기 위한 그분의 손길, 곧 말씀을 통해 다양한 방법으로 우리에게 베푸시는 사랑의 가르침을 거부하지 말라. 우리가 죄에 깊이 빠져있더라도 주님은 강력한 수단을 동원해 우리의 죄를 능히 없애주실 수 있다. 성경은 "주께서 그 사랑하시는 자를 징계하시고 그가 받아들이시는 아들마다 채찍질하심이라"(히 12:6)라고 말씀한다.

우리는 성찬식에 참여할 때 바울이 고린도전서 11장 28-32절에서 말한 내용을 기억해야 한다는 것을 잘 알고 있다. 그는 "사람이 자기를 살피고"라고 말했다. 이 말씀은 우리가 우리 자신을 주의 깊게 살피고 판단해야만 심판을 모면할 수 있다는 뜻이다. 그러나 그렇게 하지 않으면 주님이 우리를 판단하시고 우리를 심판하실 것이다. 이는 의심의 여지가 있을 수 없는 명백한 사실이다. 이 명령은 절대적이다.

"사람이 자기를 살피고 그 후에야 이 떡을 먹고 이 잔을 마실지니 주의 몸을 분별하지 못하고 먹고 마시는 자는 자기의 죄를 먹고 마시는 것이니라"(고전 11:28)

여기에서 "분별하지 못한다"는 것은 자신이 무엇을 하는지 알지 못하고 부주의하게 행동하는 것을 의미한다. 주일에만 조금 신앙에 관심 있는 척하고 나머지 6일 동안은 불신자와 다름없이 생활하다가 교인이기 때문에 성찬에 당당히 참여할 수 있다고 생각하는 사람이 이 경우에 해당한다.

만일 그런 경우라면, "사람이 자기를 살피고 그 후에야 이 떡을 먹고 이 잔을 마실지니 주의 몸을 분별하지 못하고 먹고 마시는 자는 자기의 죄를 먹고 마시는 것이니라"는 바울의 경고에 귀를 기울여야 한다. 여기에서 "자기의 죄"로 번역된 말은 "주의 몸을 분별하지 않은" 탓에 받게 되는 심판을 의미한다. 그런 사람은 자신이 무엇을 하고 있는지 알지 못한다. 그러므로(즉 자신을 살피지 않고, 교회가 그리스도께서 거룩하고 영광스럽게 만드실 신부라는 사실을 의식하지 않기 때문에) 약한 자와 병든 자가 많고 잠자는 자도 적지 않다. 약한 자란 몸 상태가 별로 좋지 않다고 느끼면서도 그 이유를 알지 못하는 사람을 가리키고, 병든 자란 말 그대로 질병에 걸린 사람을 가리킨다. 그들이 자신을 살피지 않았기 때문에 주님은 징계를 통해 그들을 깨우쳐주고자 하셨다.

성인들의 전기를 읽어보면, 그들이 질병을 앓았던 과거의 일을 떠올리며 하나님께 감사했던 것을 알 수 있다. 내가 보기에 그 중에 가장 좋은 사례는 토머스 찰머스Thomas Chalmers 박사다. 그가 병에 걸려 거의 일 년 동안 침대에 누워 지내지 않았다면, 그는 결코 뛰어난 복음주의 설교자가 될 수 없었을 것이다. 하나님은 그에게 질병을 허락하시어 진리를 온전히 깨닫게 하셨다. "잠자는 자도 적지 아니하니", 잠자는 자란 죽은 자를 가리킨다. 이것은 큰 신비다. 나는 이 신비를 감히 이해하고 있다고 자신할 수 없다. 그러나 바울의, 가르침은 분명하고 명백하다. 그는 "우리가 우리를 살폈으면(곧 우리를 시험해 문제점을 찾아내 적절히 극복했다면) 판단을 받지 아니하려니와 우리가 판단을 받는 것은 주께 징계를 받는 것이니 이는 우리로 세상과 함께 정죄함을 받지 않게 하려 하심이라"고 말했다.

이미 설명한 대로, 이 모든 사실은 내가 말하려고 노력하는 것, 곧 그리스도께서 자신의 신부인 교회를 지극히 사랑하시기 때문에 교회가 "티나 주름 잡힌 것이나 이런 것들이 없이" 영광스러운 교회로 자기 앞에 서게 될 그 위대한 날을 고대하며, 그 목표가 이루어질 때까지 계속 일하고 계신다는 것을 의미한다. 우리가 주님께 반응하고 그분의 총애와 사랑과 구애를 받아들이지 않는다면, 주님은 우리를 너무나도 사랑하시기 때문에 반드시 우리를 깨끗하게 하시어 원하시는 목표를 이루고야 마실 것이다.

다시 말해, "연약함"과 "질병"과 같은 징계의 수단을 베풀어 우리를 유익하게 하실 것이다. 내 말을 오해하지 말라. 내 말은 모든 질병이 징계의 수단이라는 뜻은 결코 아니다. 성경은 그렇게 가르치지는 않지만, 그럴 수도 있다고 말씀한다. 사실, 그런 경우가 종종 일어난다. 우리는 성경에서 그런 사례를 많이 찾아볼 수 있다. 바울은 너무 교만하지 않고 겸손할 수 있도록 자신에게 육체의 가시가 주어졌다고 말했다(고후 12:7-10). 우리가 질병으로 고통당하는 것은 결코 주님의 뜻이 아니라고 주장하는 어리석은 사람들이 있다. 그러나 성경은 "주께서 그 사랑하시는 자를 징계하신다"고 말씀한다. "그러므로 너희 중에 약한 자와 병든 자가 많고 잠자는 자도 적지 아니하니"라는 말씀대로, 질병은 하나님의 수단 가운데 하나다.

우리가 진정으로 하나님의 자녀들이라면, 정신을 차리고 주의해야 한다. 주님이 우리를 깨끗하게 하시고, 온전하게 하시며, 원하시는 사람이 되도록 이끄시는 이유는 우리가 그분이 머리되시는 몸의 지체이기 때문이다.

이 모든 일이 언제 일어나는가?

마지막으로 생각할 문제는 "이 모든 일이 언제 일어나는가?"라는 것이다. 이 문제에 대한 대답은 명백해 보인다. 즉, 주님의 재림을 가리키는 것이 분명하다. 주님은 장차 재림하시어 교회를 데려가실 것이다. 이것은 성경의 가르침이다. 주님은 "내가 너희를 위하여 거처를 예비하러 가노니 가서 너희를 위하여 거처를 예비하면 내가 다시 와서 너희를 내게로 영접하여 나 있는 곳에 너희도 있게 하리라"(요 14:2-3)고 말씀하셨다.

대제사장의 기도가 기록되어 있는 요한복음 17장에서도 이와 똑같은 가르침이 발견된다. 그리스도의 뜻은 교회가 "창세 전부터…내게 주신 나의 영광"(24절)을 보는 것이다. 신자인 우리는 그 영광을 보게 될 것이다. 우리는 그의 참 모습 그대로 볼 것이다(요일 3:2). 그리스도께서는 지금 성부 하나님과 영원 전에 함께 누리셨던 영광을 다시 누리고 계신다. 그분은 세상에 계실 때는 그 영광을 잠시 제쳐두셨다.

이것이 내가 주님의 형상을 그림으로 그리려는 시도를 용납하지 않는 이유다. 주님의 그림은 순전히 인간의 상상에 근거한 것이기 때문에 모두 정확하지 않다. 주님의 외모를 묘사하는 기록은 어디에서도 찾아볼 수 없다. 성경은 이 점에 대해 침묵한다. 그분은 세상에 계실 때 "죄 있는 육신의 모양"(롬 8:3)을 취하셨다. 어떤 사람들은 요한복음 8장 57절을 근거로 예수님이 실제 나이보다 더 늙어보였다고 추측한다. 예수님은 "아브라함이 나기 전부터 내가 있느니라"라고 말씀하셨고, 유대인들은 "네가 아직 오십 세도 못 되었는데 아브라함을 보았느냐"라고 말했다. 주님은 당시 약 서른셋에 불과했는데, 그들은 오십 세라는 숫자를 언급했다. 그러나 이런 식의 추론은 그다지 중요하지 않다. 중요한 것은 주님이 승천하시어 영광을 되찾으셨으며 지금 영광 가운데 거하신다는 사실이다. 바울은 다메섹으로 가는 도중에 주님의 영광을 어렴풋하게 목격했다. 그 모습이 너무 영광스러워 그는 눈이 먼 채 땅바닥에 엎드렸다. 우리는 그런 영광을, "그의 참 모습 그대로"를 보게 될 것이다. 그 모습을 보고서도 멀쩡하려면, 먼저 우리도 영화로이 되어야 한다. 아무튼 우리는 반드시 그렇게 될 것이다. 우리는 주님을 "얼굴과 얼굴을 대하여 보게 될"(고전 13:12) 것이다. 우리는 그리스도의 신부로서 그분과 함께 영광을 누릴 것이다.

그런 일은 언제 일어날까? 모든 것이 온전해질 때, 곧 이방인과 이스라엘 가운데서 구원받은 신자들의 숫자가 완전히 채워져 교회가 온전해질 때 일어난다. 구원받기로 작정된 사람은 단 한 사람도 제외되지 않을 것이다. 마귀는 그 일을 방해할 수 없다. 그는 이미 패배한 원수에 지나지 않는다. 바울은 이 사실을 말할 때마다 항상 즐거워했다. 그는 빌립보서 1장 6절에서 "너희 안에서 착한 일을 시작하신 이가 그리스도 예수의 날까지 이루실 줄을 우리는 확신하노라"라는 말로 이 사실을 영광스럽게 묘사했다.

언제까지인가? "그리스도 예수의 날까지"다. 그날은 "주의 날"이자, "예수 그리스도의 날", "구원하신 분의 날"이다. "더할 수 없는 영광의 날이 날마다 가까워"지고 있다. 바울은 빌립보서 3장 20-21절에서도 "우리의 시민권은 하늘에 있는지라 거기로부터 구원하는 자 곧 주 예수 그리스도를 기다리노니 그는 만물을 자기에게 복종하게 하실 수 있는 자의 역사로 우리의 낮은 몸을 자기 영광의 몸의 형체와 같이 변하게 하시리라"라고 말했다.

그 무엇도 이 역사를 가로막을 수는 없다. 바울은 로마서 8장 22-23절에서도 "피조물이 다 이제까지 함께 탄식하며 함께 고통을 겪고 있는 것을 우리가 아느니라 그뿐 아니라 또한 우리 곧 성령의 처음 익은 열매를 받은 우리까지도 속으로 탄식하여 양자 될 것 곧 우리 몸의 속량을 기다리느니라"고 말했다. 이런 말씀은 모두 교회가 점이나 흠이나 주름 잡인 것과 같은 모든 것이 제거된 온전한 모습으로 주님 앞에 영광스럽게 서게 될 것을 의미한다.

요한계시록 19장 6-9절은 어린 양의 혼인 잔치를 이렇게 증언한다.

"또 내가 들으니 허다한 무리의 음성과도 같고 많은 물소리와도 같고 큰 우렛소리와도 같은 소리로 이르되 할렐루야 주 우리 하나님 곧 전능하신 이가 통치하시도다 우리가 즐거워하고 크게 기뻐하며 그에게 영광을 돌리세 어린 양의 혼인 기약이 이르렀고 그의 아내가 자신을 준비하였으므로 그에게 빛나고 깨끗한 세마포 옷을 입도록 허락하셨으니 이 세마포 옷은 성도들의 옳은 행실이로다 하더라 천사가 내게 말하기를 기록하라 어린 양의 혼인 잔치에 청함을 받은 자들은 복이 있도다 하고 또 내게 말하되 이것은 하나님의 참되신 말씀이라 하기로"

어린 양의 혼인 잔치가 있는 날, 곧 주님이 신부를 자기 앞에 세우실 날에 잔치 초청을 받은 사람들의 특권은 참으로 놀랍기 그지없다. 신부는 겉에는 의의 옷을 입고, 그 안은 완전한 상태로 서게 될 것이다. 이 놀라운 혼인 잔치에 참여하는 것은 참으로 큰 축복이 아닐 수 없다. 유다가 자신의 짧은 서신을 "능히 너희를 보호하사 거침이 없게 하시고 너희로 그 영광 앞에 흠이 없이 기쁨으로 서게 하실 이 곧 우리 구주 홀로 하나이신 하나님께…영광과 위엄과 권력과 권세가 영원 전부터 이제와 영원토록 있을지어다 아멘"이라는 말씀으로 끝맺은 것은 조금도 놀랍지 않다.

우리의 마음가짐은 결혼을 약속한 여자와 같아야 한다. 그 영광스런 날을 고대하고 사모하며, 그날을 위해 살아야 한다. 다른 모든 것보다 그날을 우리 삶의 중심으로 삼아야 한다. 그날을 바라보며 힘과 용기와 활력을 얻어야 한다. 결혼식이 열려 많은 친구들이 지켜보는 가운데 화려하고, 영광스럽고, 경이로운 잔치가 벌어질 그날을 늘 고대해야 한다.

"자기 앞에서 영광스러운 교회로 세우사 티나 주름 잡힌 것이나 이런 것들이 없이 거룩하고 흠이 없게 하려 하심이라"

신랑이신 주님은 신부를, 교회는 신랑이신 주님을 마주하게 될 것이다. 이것이 주님이 세상에 오시어 삶과 죽으심과 부활의 과정을 거치신 이유다. 이것이 우리를 향한 주님의 목적이다. 그분이 우리를 위해 죽으신 이유는 그 영광을 허락하시기 위해서다. 우리를 깨끗하게 하시고, 우리를 양육하시고, 보호하시는 이유도 마찬가지다.

하나님이 우리를 교회의 지체로 만드신 것이 얼마나 놀라운 특권인가를 깨우쳐주시기를 기도한다. 또한 세상의 것이 아니라 우리를 기다리는 영광스런 것을 사모하고 사랑할 수 있는 은혜와 힘과 총명을 허락해주시기를 기도한다.

6 가슴 벅찬
비밀이 밝혀지다

엡 5:25-33

신비스런 연합에 대한 오해와 왜곡

지금까지 그리스도와 교회와의 관계라는 교리를 살펴보았다. 그러나 지금까지 살펴본 내용만으로는 충분하지 않다. 아직도 살펴봐야 할 내용이 더 있다. 바울의 교리는 훨씬 더 깊은 의미를 담고 있다. 27절은 무엇이 그리스도의 신부인 우리를 기다리고 있는지를 어렴풋이 묘사하고 있다. 이보다 더 높은 진리는 없을 것이라고 생각할지도 모르겠다. 그러나 이 교리에는 그 이상의 의미, 그보다 훨씬 더 놀라운 진리가 감추어져 있다. 바로 그리스도와 교회의 신비적 연합이라는 진리다. 이 진리는 상상을 초월할 만큼 경이롭다.

바울은 그리스도와 교회의 신비적 연합이라는 진리를 이해하지 못하면, 결혼의 진정한 의미를 이해할 수 없다고 주장한다. 이 두 가지 진리는 서로를 조명한다. 그리스도와 교회의 신비적 연합은 남편과 아내의 연합을 이해할 수 있게 돕고, 남편과 아내의 연합은 그리스도와 교회의 신비적 연합을 이해할 수 있게 돕는다. 이것이 본문 전체에 드러나 있는 경이로운 진리다. 인간의 비유와 실례는 거룩한 진리를 깨닫도록 돕고, 거룩한 진리를 이해해야만 다른 모든 것을 이해할 수 있다. 이런 이유로 바울은 남편과 아내의 연합에서 그리스도와 교회의 연합으로 나아간다.

이번 장은 그리스도와 교회의 연합이라는 이 존엄한 교리에 초점을 맞춘다. "이 비밀이 크도다"(32절)라는 말은 우리에게 큰 위로를 안겨준다. 따라서 우리는 조심스럽게 기도하는 마음으로 이 말씀을 살펴봐야 한다. 성령의 기름부음과 감동하심이 없으면, 이 진리를 절대 이해할 수 없다. 이 진리는 거듭나지 못한 자나 회심하지 않은 자, 또는 속된 자들에게 아무 의미가 없다. 세상 사람들은 이 진리를 터무니없다고 생각한다. 심지어 이 진리는 그리스도인들에게조차 큰 비밀로 여겨진다.

그러나 감사하게도 신약성경에 사용된 "비밀"이라는 용어는 전혀 이해할 수 없는 것을 가리키지 않는다. 그러나 성령의 도우심을 받지 못하는 자연인으로서는 이해할 수 없는 진리를 가리킨다. 얼마나 뛰어난 지성을 소유하고 있느냐는 중요하지 않다. 세상에서 가장 탁월한 지성의 소유자나 가장 훌륭한 철학자도 거듭나지 못했다면, 한낱

갓난아이보다 더 못한 초보자, 즉 영적으로 죽은 사람에 지나지 않는다. 그런 사람은 이 진리를 이해하지 못한다. 이는 영적 진리이기 때문에 오직 영적으로만 이해할 수 있다. 때문에 이런 고귀한 진리가 종종 크게 오해되고 왜곡되는 것은 조금도 놀랍지 않다. 고린도전서 2장 6-16절은 이 사실을 가장 잘 설명하고 있다.

로마 가톨릭교회의 가르침이 대표적인 사례다. 로마 가톨릭교회는 킹제임스역에 "비밀"로 번역된 말을 "성사"로 바꿔치기 한다. 그들은 이 구절을 "이 성사가 크도다"라고 읽고, 이를 근거로 결혼을 일곱 성례에 포함시켰다. 가톨릭교회는 결혼을 포함해 모두 "일곱 성례"를 말하지만, 개신교는 "세례와 성찬" 두 가지만 인정한다. 그들은 이 구절을 근거와 토대로 삼아 결혼을 오직 사제만이 집행할 수 있는 성사로 승격시켰다. 사제제도를 확고히 하고 기독교에 마술적 요소를 가미하려는 그들의 의도가 적나라하게 드러난다. 모든 것이 그 목적을 위해 고안되었다.

철저히 자신들의 이익만을 위해 성경을 왜곡하고 오용하고 유용하는 처사였다. 교회의 위상과 사제제도를 확고히 하려면, 모든 수단을 동원해 사제를 신성시해야 한다. 이것이 가톨릭교회가 하는 일이다. "병자 성사"도 사제만 집행할 수 있기 때문에 성사 가운데 포함된다. 그런 가르침은 사제의 권한을 인위적으로 강화하려는 노력에 지나지 않는다. 내가 이 사실을 언급하는 이유는 본문과 같은 성경 말씀이 어떻게 왜곡될 수 있는지를 보여주기 위해서다. 바울은 같은 구절에서 "나는 그리스도와 교회에 대하여 말하노라"라는 말씀을 덧붙였다. 이것이 바울이 말하는 비밀이다. 이것만 보아도 로마 가톨릭교회의 해석이 완전히 잘못되었다는 사실을 명백히 알 수 있다.

바울이 말한 비밀은 남자와 여자의 결혼 관계를 이해하는 데 도움을 주지만, 궁극적으로는 그리스도와 교회의 관계를 가리킨다. 그리스도와 교회의 관계야말로 진정한 비밀에 해당한다. 결국 로마 가톨릭교회는 그리스도와 교회의 관계를 성사로 받아들인 셈이 되고 만다. 그러나 그들은 그렇게 말하지 않는다. 왜냐하면 스스로를 바보로 만드는 것이나 다름없기 때문이다. 아무튼, 가톨릭교회의 사례는 이 말씀이 어떤 식으로 왜곡될 수 있는지를 잘 보여준다.

이 비밀이 크도다

이제 "이 비밀이 크도다"라는 말씀을 살펴보자. 바울의 말은 이 진리가 지극히 심오한 문제, 곧 우리의 지혜를 총동원하고, 나아가 "너희 마음의 눈을 밝히사"(엡 1:18)라는 그의 기도대로 성령의 조명이 필요한 문제라는 사실을 암시한다. 성령의 인도 아래 이 말씀을 이해하려고 노력하지 않으면, 세 가지 위험을 자초할 수 있다.

첫째는 이 말씀의 의미를 이해하려는 시도조차 하지 않는 위험이다. 이런 위험을 자초하는 신자들이 많다. 그들은 "이 말씀은 너무 어려워"라고 말한다. 그들은 어렵다고 단정하고, 이해하려는 시도조차

하지 않은 채 다음 구절로 넘어간다. 그럴 필요는 없다. 그런 태도를 취하거나 변명을 내세워서는 안 된다. 성경에 어려운 말씀이 있다고 해서 그냥 건너뛰는 것은 결코 바람직하지 않다. 성경 말씀은 무엇이든 우리를 가르치고 깨우치기 위해 기록되었다. 따라서 성경 말씀이 아무리 어렵더라도 최선을 다해 그 의미를 파악하고 이해하려고 노력해야 한다.

이것이 교회의 존재 이유 가운데 하나다. 하나님은 이를 위해 "어떤 사람은 사도로, 어떤 사람은 선지자로, 어떤 사람은 복음 전하는 자로. 어떤 사람은 목사와 교사"로 삼으셨다(엡 4:11). 하나님은 우리를 가르치고, 어려운 말씀을 이해하려고 노력하게 만드시기 위해 그런 모든 장치를 준비하셨다. 따라서 말씀은 너무 어렵다고 단정하며 관심을 다른 데로 돌려서는 안 된다. 이 진리를 이해하지 못하면, 비록 결혼을 했더라도 결혼의 의미를 옳게 이해할 수 없다. 바울이 이 말씀을 기록한 이유는 우리의 이해를 돕기 위해서다.

두 번째 위험은 비밀이라는 말 자체를 없애거나 그 의미를 훼손하는 것이다. 주석학자들을 포함해 많은 사람이 그런 잘못을 저지른다. 그들은 "신비적 연합"이라는 표현과 거기에 담겨 있는 가르침이 너무 거창하다고 판단하고, 그 의미를 단지 관심의 일치와 같은 일반적인 조화의 문제로 축소해 버린다. 그런 태도는 "비밀"이라는 말 자체를 아예 삭제하는 것과 같다. 그들은 "이것은 비유다. 바울이 사용한 극적인 표현에 지나지 않는다"라는 식으로 말한다.

그러나 바울은 일부러 "이 비밀이 크도다"라는 말을 덧붙였다. 우리는 "비밀"이라는 말의 의미를 축소해서는 안 된다. 우리는 그 말을 평범한 의미로 전락시켜서는 안 된다. 이는 기독교의 가르침을 다룰 때 흔히 저지르는 잘못 가운데 하나다. 특히, 우리가 인정한 두 가지 성례와 관련해 그런 잘못(즉, 너무 많은 의미를 말하게 될까 두려워 너무 적게 말하는 잘못)이 종종 빚어진다. 우리는 이런 위험을 피해야 한다.

세 번째 위험은 지나치게 세세하게 의미를 밝히려고 시도하는 것이다. 말씀을 철저히 이해하는 것이 우리의 의무라고 생각하고, 열심히 그 의미를 파헤치다가 결국에는 더 이상 비밀이 남아 있지 않는 결과가 초래된다. 이 또한 잘못이다. 왜냐하면 바울 사도조차 "이 비밀이 크도다"라고 감탄했기 때문이다. 이 말은 비밀을 전혀 이해할 수 없다는 뜻이 아니라, 완벽하게, 온전히 이해할 수 없다는 뜻이다. 우리의 이해를 넘어서는 진리, 곧 우리를 놀라게 하고 감탄하게 만들 진리가 항상 남아 있다.

이 큰 비밀의 의미를 이해하려고 노력할 때는 위의 세 가지 함정에 빠지지 않도록 주의해야 한다. 이 비밀은 참으로 놀라운 진리다. 우리는 여기에서 오직 성경에서만 발견되는 진귀한 진리를 접할 수 있다.

그러면 바울은 그리스도와 교회의 신비적 연합을 어떻게 가르치는가? 앞에서 다룬 관계로 이미 익숙해진 사실에서부터 출발해보자. 먼저, 바울은 교회를 그리스도의 "몸"이라고 말했다. 바울은 "이와 같이 남편들도 자기 아내 사랑하기를 자기 자신과 같이 할지니"(28절)

라고 말하고 나서 "누구든지 언제나 자기 육체를 미워하지 않고 오직 양육하고 보호하기를 그리스도께서 교회에게 함과 같이 하나니"(29절)라고 덧붙였다. 그런 다음 그는 좀 더 구체적으로 "우리는 그 몸의 지체임이라"(30절)라고 말했다. 바울은 1장 마지막과 4장 16절에서 이 진리를 언급한 바 있다.

그러나 그는 그 관계의 친밀성을 좀 더 분명히 드러내기 위해 다시금 이 진리를 주의 깊게 상기하고 있다. 이 관계는 머리와 지체들과의 관계다. 바울은 남편과 아내의 관계가 단지 외적 결합에 국한되지 않는다고 강조한다. 물론, 외적 관계도 있지만, 그 의미는 이를 훨씬 뛰어넘는다. 결혼의 근본적 속성은 단지 두 사람이 함께 사는 것에 있지 않다. 부부의 동거는 진정한 관계를 위한 필요조건에 지나지 않는다. 그보다 훨씬 더 많은 것, 곧 훨씬 깊고 놀라운 관계가 존재한다.

바울은 교회를 그리스도의 몸이라고 말했다. 몸의 지체가 몸의 일부이고 머리가 그 가운데 가장 으뜸 되는 위치를 차지하는 것처럼, 그리스도께서는 교회의 머리가 되신다. 바울은 1장 마지막에서 "또 만물을 그의 발 아래에 복종하게 하시고 그를 만물 위에 교회의 머리로 삼으셨느니라 교회는 그의 몸이니 만물 안에서 만물을 충만하게 하시는 이의 충만함이니라"(22-23절)라고 말했다. 그리고 그는 다시 4장에서 이렇게 말했다.

"오직 사랑 안에서 참된 것을 하여 범사에 그에게까지 자랄지라 그는 머리니 곧 그리스도라 그에게서 온 몸이 각 마디를 통하여 도움을 받음으로 연결되고 결합되어 각 지체의 분량대로 역사하여 그 몸을 자라게 하며 사랑 안에서 스스로 세우느니라"(15-16절)

우리는 이 원리를 굳게 붙잡아야 한다. 왜냐하면 신비적 연합이라는 교리를 이해하려면, 이 원리를 먼저 알아야만 하기 때문이다. 그러나 아직 이것은 첫 시작에 불과하다.

'그리스도의 살과 뼈', 그 의미

바울은 좀 더 나아가 30절에서 "우리는 그 몸의 지체임이라"라고 말했다. 이는 우리가 "주님의 살과 뼈"라는 뜻이다. 바울은 예수 그리스도와 교회의 관계에 관해 말하고 있다. 이것이 곧 큰 비밀이다. 교회가 그리스도의 몸이라는 개념도 어렵기는 하지만, "그의 지체"라는 말만큼 어렵지는 않다. 어떤 사람들은 일부 사본에 이 말(살과 뼈)이 생략되어 있다는 사실을 근거로 제시하며 아예 관심조차 기울이려고 하지 않는다. 그러나 권위 있는 학자들은 가장 훌륭한 사본들에 이 말이 기록되어 있다고 이구동성으로 증언한다.

따라서 이러한 방식으로는 이 문제를 해결할 수 없다. 만일 그렇게 한다면, 본문 전체의 문맥이 왜곡되는 것은 물론이고, 창세기 2장에서 인용한 말씀이 여기에 기록되어야 할 이유가 사라진다. 앞으로 살펴보겠지만, 바울은 창세기 2장의 말씀을 염두에 두고 말한다.

여기에서 우리는 이 큰 비밀의 핵심에 접근한다. 바울의 의도와 목적도 여전히 동일하다. 교회가 그리스도의 몸이라는 말씀은 지체들이 서로 느슨하게 아무렇게나 달라붙어 있다는 의미와는 거리가 멀다. 이 말씀을 그런 식으로 이해해서는 안 된다. 몸에 관해 조금이라도 알고 있는 사람이라면, 지체들이 느슨하게 달라붙어 있는 몸을 상상하지 않을 것이 분명하다. 우리 몸이 그저 손가락은 손에 붙어 있고, 손은 팔에 붙어 있고, 그 밖의 지체들이 각자 연결되어 구성되는 것이 아니지 않은가.

몸의 가장 중요한 특성은 모두 유기적으로 결합된 연합체라는 사실이다. 바울이 "우리는 그 몸의 지체(곧 그의 살과 뼈)임이라"라는 말씀을 덧붙이고 있는 이유는 바로 이 원리를 강조하고 옹호하기 위해서다.

내가 보기에 이 문제를 해결할 수 있는 유일한 방법은 바울의 암시대로 그가 인용한 창세기 2장 23절로 되돌아가는 것이다. 아담은 여자를 가리켜 "이는 내 뼈 중의 뼈요 살 중의 살이라"고 말했다. 이 말씀도 지금까지 잘못 해석되어왔다. 어떤 사람들은 바울이 에베소서 5장 30절에서 우회적으로 성육신(주 예수 그리스도께서 인간의 본성, 곧 인간의 살과 뼈를 취하시고 세상에 오신 사건)을 언급했다고 주장한다.

그러나 그런 해석은 타당하지 않다. 바울은 복되신 성삼위 하나님 가운데 2위이신 예수 그리스도께서 '우리의' 살과 뼈를 취하셨다고 말하지 않는다. 오히려 그는 "우리는 그 몸의 지체(살과 뼈)임이라"라는 말씀으로 '우리가' 그분의 살과 뼈를 취했다고 말한다. 따라서 그런 주장은 문제를 해결하는 것이 아니라 이 말씀을 거꾸로 뒤집는 오류에 지나지 않는다.

또한 이 말씀을 성찬의 관점에서 잘못 해석하는 경우도 있었다. 어떤 사람들은 "우리는 그 몸의 지체(살과 뼈)임이라"는 바울의 말이 영화롭게 된 주님의 몸을 가리킨다고 주장한다. 주 예수 그리스도께서 취하신 몸은 영화롭게 되었고, 우리는 영화롭게 된 그분의 몸의 일부요 지체가 된다는 것이 그들의 지론이다. 그러나 그런 주장은 영화롭게 된 주님의 몸은 하늘에 있기 때문에 우리에게 적용하기가 불가능하다는 사실만으로 간단히 논박할 수 있다. 더욱이 그런 주장은 성찬식과 관련된 전반적인 문제와 직결된다.

로마 가톨릭교회는 이 문제를 아주 간단히 말한다. 다시 말해, 그들은 사제가 성찬 식탁에서 기적을 일으켜 떡을 그리스도의 "살과 뼈"로 변하게 만든다고 가르친다. 이른바 "화체설"이다. 접시에 놓인 것은 겉으로는 떡처럼 보인다. 그러나 그것은 단지 "우연적 성질"에 불과할 뿐, "본질적 성질"은 변화되었다. 떡은 겉으로 하얗게 보여도 성찬에 참여한 사람에게 건네지는 것은 그리스도의 실제 몸이다. 따라서 성찬의 떡을 먹는 사람은 주님의 "살과 뼈"를 먹음으로써 그분의 몸에 참여한다. 로마 가톨릭교회는 이런 주장을 뒷받침하기 위해 요한복음 6장의 가르침을 근거로 제시한다.

"화체설"이 아니라 "성체 공존설"로 알려진 루터 교회의 성찬 교리도 결과는 크게 다르지 않다. 그들은 떡이 실제로 그리스도의 몸으로 변하지는 않지만, 영화롭게 된 그리스도의 몸이 떡에 들어와 그 안에 머문다고 주장한다. 따라서 성찬에 참여하는 자는 떡과 더불어 영화롭게 된 그리스도의 몸을 먹는다.

이런 주장은 모두 이 구절과 전체 문맥은 물론, 저자인 바울이 전혀 의도하지 않은 내용을 가르치고 있다. 이는 문맥을 무시한 채 "비밀"이라는 표현을 설명하려는 시도에 불과하다. 이런 시도는 결국 비밀을 없애는 것이나 같다.

바울의 논리를 자연스레 쫓아가다보면 올바른 설명에 이를 수 있다. 그가 여기에 인용한 말씀은 창세기 2장 23절(아담이 이르되 이는 내 뼈 중의 뼈요 살 중의 살이라)이 틀림없다. 그는 그리스도와 교회의 관계를 아담과 하와의 관계에 빗대고 있다. 따라서 교회를 가리켜 "우리는 그 몸의 지체(살과 뼈)임이라"고 말하는 것은 지극히 당연하다.

그러면 이 말씀은 무엇을 암시할까? 우리는 비밀을 좀 더 깊이 파헤쳐야 한다. 어떤가? 마치 비좁은 동굴에 들어가 넓은 공간에 이르렀다가 거기에서 다시 또 비좁은 동굴을 발견하는 것과 비슷하지 않은가? 우리는 계속 동굴을 탐사해야 한다. 동굴의 중심부에 위치한 공간에 보물이 감추어져 있다. 바울은 무엇을 말하고자 하는가? 창세기 2장 23절의 의미를 이해하면, 그의 의도를 알 수 있다.

"아담이 이르되 이는 내 뼈 중의 뼈요 살 중의 살이라 이것을 남자에게서 취하였은즉 여자라 부르리라"

하와가 "여자 Woman"라고 불린 이유는 무엇인가? 그 이유는 그녀가 "남자 Man에게서 취해졌기" 때문이다. 여자를 가장 옳게 정의한 말은 "남자에게서 취해진 자"이다. 그러나 여자가 남자에게서 취해진 이유를 다시 살펴보는 것이 중요하다. 창세기 2장 18절을 읽어보자.

"여호와 하나님이 이르시되 사람이 혼자 사는 것이 좋지 아니하니 내가 그를 위하여 돕는 배필을 지으리라 하시니라"

아울러 20절에서는 이 말씀이 발견된다.

"아담이 모든 가축과 공중의 새와 들의 모든 짐승에게 이름을 주니라 아담이 돕는 배필이 없으므로"

동물들이 창조되었다. 동물들은 모두 매우 훌륭했지만, 그 가운데 아담을 돕는 배필은 없었다. 인간과 동물은 본질적으로 다르다. 인간은 동물에게서 진화하지 않은 특별한 피조물이다. 동물은 아무리 훌륭해도 가장 못난 인간의 수준에조차 이를 수 없다. 동물과 인간은 근본적으로 다르다. 인간은 동물과는 다른 질서와 차원에 속한다. 인간은 독특하다. 인간은 하나님의 형상으로 창조되었다. 따라서 동물은 아무리 뛰어나다고 해도 남자가 필요로 하는 반려자가 될 수 없다. 따라서 하나님은 남자를 위해 여자를 창조하셨다. 21-22절을 보자.

"여호와 하나님이 아담을 깊이 잠들게 하시니 잠들매 그가 그 갈빗대 하나를 취하고 살로 대신 채우시고 여호와 하나님이 아담에게서 취하신 그 갈빗대로 여자를 만드시고 그를 아담에게로 이끌어 오시니"

여자는 남자에게서 취해졌다. 여자는 남자의 본질, 곧 "그의 살과 뼈"에서 나왔다. 하나님은 남자의 일부를 취해 그것으로 여자를 만드셨다. 그분은 일종의 수술을 행하셨다. 하나님은 남자를 깊이 잠들게 하신 뒤에 그의 몸을 째고 그 일부를 취해 여자를 만드셨다.

"우리는 그 몸의 지체(살과 뼈)임이라"(30절)

"이 비밀이 크도다 나는 그리스도와 교회에 대하여 말하노라"(32절)

여자는 어떻게 생겨났는가? 여자는 태초에 하나님이 남자의 몸을 째고 그 일부를 취하신 결과로 생겨났다. 교회는 어떻게 생겨났는가? 교회는 하나님이 갈보리에서 둘째 아담이신 독생자 예수 그리스도를 상하게 하신 결과로 생겨났다.

아담이 깊은 잠에 빠졌듯, 하나님의 아들께서도 깊은 잠에 빠지셨다. 그분의 영혼이 떠나고, 숨이 끊어졌다. 교회는 그분의 고통으로 인해 생겨났다. 여자가 아담에게서 취해졌듯, 교회는 그리스도에게서 취해졌다. 여자가 아담의 옆구리에서 취해졌듯, 교회는 주님의 옆구리에 난 상처에서 취해졌다. 이것이 교회의 기원이다. 따라서 교회는 주님의 "살이요 뼈"이며, "이 비밀"이 크다.

알고 있는가? 신약성경이 주 예수 그리스도를 "둘째 아담" 또는 "마지막 아담"으로 일컫는 것은 결코 우연이 아니다. 바울은 여기에서 그런 호칭이 왜 적합한지를 잘 보여주고 있다. 우리는 대개 그리스도와 우리의 관계를 개인적인 의미로 받아들인다. 물론, 그래도 틀린 것은 아니다.

로마서 5장의 가르침에 근거해 주 예수 그리스도와 신자의 관계를 생각해보라. 로마서 5장은 첫째 아담과 둘째 아담을 비교하고 있다. 바울은 그곳에서 우리 모두가 아담의 죄에 어떻게 동참했는지, 또 그리스도의 의에는 어떻게 참여하게 되었는지를 가르친다. 우리는 아담의 죄에 동참하듯, 주님의 의에 동참한다. 로마서 5장은 특히 개인적인 차원에 강조점을 둔다. 그러나 에베소서 본문은 교회 전체라는 차원에서의 관계, 즉 공동체적 관계에 비중을 두어 말한다.

이것이 바울이 가르치는 큰 비밀이다. 여자가 남자의 옆구리, 곧 그의 본질(그의 살과 뼈)에서 취해졌듯이 교회는 그리스도에게서 취해졌으며 그분의 일부, 곧 그분의 살과 뼈가 되었다. 이런 점에서 그리스도께서는 둘째 아담, 곧 마지막 아담이시다. 하나님은 첫째 아담을 상처 내 그의 신부, 그를 돕는 배필을 만드셨으며 둘째 아담을 상처 내어 무한히 영광스러운 방법으로 그분의 신부인 교회를 만드셨다.

그리스도를 온전하게 하다

한 가지를 더 생각해보자. 두렵고 떨리는 마음으로 좀 더 살펴보자. 바울은 우리가 그리스도의 본성에 참여한다고 강조한다. 그는 28절에서 "자기"라는 용어를 사용했다. 그는 "이와 같이 남편들도 자기 아내 사랑하기를 자기 자신과 같이 할지니 자기 아내를 사랑하는 자는 자기를 사랑하는 것이라 누구든지 언제나 자기 육체를 미워하지 않고 오직 양육하여 보호하기를 그리스도께서 교회에게 함과 같이 하나니"(28-29절)라고 말했다. 이 말씀은 동일한 사상을 가르친다. 몸은 남자의 일부다.

따라서 몸에 관심을 기울이는 것은 곧 자기 자신에게 관심을 기울이는 것이다. 그가 몸을 위해 하는 것은 곧 자기 자신을 위해 하는 것이다. 그렇게 하는 이유는 몸이 자신의 일부이기 때문이다. 그리스도와 교회의 관계도 마찬가지다. 물론, 우리가 하나님과 같은 신이라는 뜻은 결코 아니다. 우리는 이 점에 주의해야 한다. 우리는 신이 아니다. 우리는 신성하지 않다. 이 말은 그리스도께서 새로운 인류의 조성자요 창시자이시라는 뜻이다.

우리의 인성은 아담에게서 시작되었고, 새로운 인성은 주 예수 그리스도에게서 시작되었다. 우리는 새로운 인성에 참여해 함께 나눈다. 이것이 베드로가 베드로후서 1장 4절에서 "신성한 성품에 참여하는 자"라고 말했던 이유다. 우리는 성육신을 통해 세상에서 속죄 사역을 완수하신 중보자의 본성에 참여한다. 우리의 존재와 생명은 그분에게서 비롯한다. 우리는 진정으로 그분의 일부다.

마지막으로 31-32절을 살펴보면, "그러므로 사람이 부모를 떠나 그의 아내와 합하여 그 둘이 한 육체가 될지니 이 비밀이 크도다 나는 그리스도와 교회에 대하여 말하노라"고 말한다. 바울은 여기에서 또 다시 창세기 2장으로 거슬러 올라간다. 이 말씀은 창세기 2장 24절을 직접 인용한 것이다. 그러나 이 말씀은 정확히 무엇을 의미할까? 많은 사람이 여기에서 크게 놀라면서 "이것은 참으로 큰 신비입니다. 지나친 추측은 삼가는 것이 좋습니다"라고 말한다. 그들은 바울이 인용한 창세기 2장 24절, 곧 "그 둘이 한 육체가 될지니"라는 말씀이 인용문을 마무리하기 위해 덧붙인 것에 지나지 않는다고 말한다. 그러나 바울은 그런 식으로 지면을 낭비하는 법이 없다. 그는 확실한 목표나 의도 없이 성경을 인용하지 않는다.

사람들은 "이 말씀은 예수 그리스도와 교회의 관계와는 아무 상관이 없는 것이 분명합니다. 바울은 단지 남편과 아내에 관해 말하고 있을 뿐입니다. 그는 여기에서 교회에 관해 말하고 있지 않습니다"라고 주장한다. 그러나 나는 그런 주장을 받아들일 수 없다. 왜냐하면 "이 비밀이 크도다 나는 그리스도와 교회에 대하여 말하노라"라는 말씀에서 "이"는 지금까지 앞에서 말한 모든 내용을 가리키기 때문이다.

나는 "한 몸"이라는 표현이 남편과 아내의 관계에서처럼 그리스도와 교회의 관계에도 똑같이 적용된다고 믿는다. 물론, 주의가 필요하다. 왜냐하면 이것은 큰 신비이기 때문이다. 나는 내가 그 신비를 온전히 이해했노라고 자랑할 생각도 없지만, 그렇다고 그 신비를 아예 묵살하고 싶지도 않다. 나는 이 신비로운 관계, 즉 바울이 말하는 이 놀라운 연합과 일치에 관한 가르침을 굳게 붙잡고 싶다. 그 이유를 설명하면 다음과 같다. 다시 창세기 2장으로 돌아가자. 이 말씀은 그곳에 기록되어 있다. 아담은 본래 혼자 완전한 인간으로 창조되었다.

그러나 한 가지 부족한 것이 있었다. 그에게는 돕는 배필이 없었다. 따라서 하나님은 그의 몸을 상처 내고, 본래 한 사람이었던 인간을 둘로 만드셨다. 그 결과 아담과 하와, 곧 여자와 남자가 생겨났다. 여자는 남자처럼 무에서 창조되지 않았다. 여자는 남자에게서 취해졌기 때문에 그의 일부다. 그러나 그것이 끝이 아니었다. 나는 여기에서 이 비밀의 일부를 발견한다. 그들은 한편으로는 둘이지만, 다른 한편으로는 둘이 아니었다.

"그러므로 사람이 부모를 떠나 그의 아내와 합하여 그 둘이 한 육체가 될지니", 이것이 비밀의 핵심이다. 어떤 의미에서 그들은 둘이지만, 또 어떤 의미에서 그들은 둘이 아니다. 이처럼 "한 육체"라는 말에는 하나 됨, 곧 연합의 개념이 담겨 있다.

우리는 이제 이 비밀의 절정에 이르렀다. 아담은 하와가 없이는 불완전했다. 그런 결핍과 결함이 하와의 창조를 통해 메워졌다. 따라서 우리는 하와가 아담에게 있는 결함을 메워 그를 온전하게 만들었다고 말할 수 있다. 이것은 그리스도와 교회의 관계에 관한 바울의 가르침과 정확히 일치한다. 그는 이미 에베소서 1장 22-23절에서 "그를 만물 위에 교회의 머리로 삼으셨느니라 교회는 그의 몸이니 만물 안에서 만물을 충만하게 하시는 이의 충만함이니라"라고 말했다.

교회는 그리스도의 "충만"이다. 바울은 교회가 그리스도의 충만하심을 채운다고 말한다. 나는 바울이 5장에서 이 사상을 되풀이하고 있다고 생각한다. 아담과 하와가 한 육체가 되고, 그녀가 아담을 충만하게 했듯, 교회는 그리스도를 충만하게 한다. 권위 있는 학자들이 모두 동의하는 대로, 이것이 신약성경에 사용된 충만의 의미다. 그리스도께서 교회의 충만을 채우시는 것이 아니라, 교회가 그분의 충만하심, 곧 "만물을 충만하게 하시는 이의 충만함"을 채운다.

이 문제는 다음과 같이 생각할 수도 있다. 하나님의 영원한 아들이신 주 예수 그리스도께서는 홀로 완전하고 완벽하시다. 그분은 영원 전부터 존재해오셨다. "그 안에는 신성의 모든 충만이 육체로 거하신다"(골 2:9). 그분은 성부 하나님과 똑같이 동등하시고 영원하시다. 성삼위 하나님 모두 신성의 충만하심이 완전하시다. 조금도 부족함이 없으시고 메울 결함도 없으시다. 신성의 충만에는 아무런 결핍도 없다. 그러나 중보자이신 그리스도께서는 단 하나, 교회 없이는 온전하지 못하시다.

이것은 모든 비밀 가운데 가장 영광스런 비밀이다. 중보자이신 예수 그리스도께서는 구원받기로 예정된 신자들, 곧 "이방인"과 "이스라엘의 충만한 수가 채워지기 전에는 충만하지도 완전하지도 못하시다. 그리스도께서는 그때가 되어야만 비로소 충만해지신다. 오직 그때가 이르러야만 그분의 충만하심이 완전해진다.

이것이 구원의 위대한 비밀이다. 이 비밀은 너무나 위대하기에 극도로 신중하게 다루어야 한다. 구원의 교리는 하나님의 영원하신 아드님께서 우리를 구원하시려고 스스로를 제한하셨다고 말한다. 그분은 인간의 형상을 취하심으로써 스스로 한계를 짊어지셨다. 물론, 주님은 영원하신 하나님이시다. 거기에는 아무런 한계가 없다. 그분의 신성은 조금도 줄어들지 않았다. 이것은 참으로 위대한 신비다. 우리는 이 신비를 온전히 이해하려고 노력해서는 안 된다. 사실, 아무리 노력해도 다 이해할 수 없다. 그러나 성경은 이 놀라운 가르침을 전한다.

그리스도께서는 변하지 않으시는 하나님이시지만, 스스로 인간이 되어 "죄 있는 육신의 모양으로"(롬 8:3) 세상에 계시면서 온갖 연약함과 한계를 감내하셨다. 중보자이신 그리스도께서는 교회가 온전해질 때까지는 온전하지 못하시다. 그분께는 함께 연합해 "한 육체"를 이루어야 할 신부가 있다. 주 예수 그리스도께서는 승천하시면서 육체를 땅에 남겨두지 않으셨다. 그분은 부활하신 육체로 하늘에 오르셨다. 그분은 지금도 인성을 그대로 취하고 계신다. 앞으로도 항상 그러실 것이다. 그분은 여전히 복되신 삼위일체 가운데 2위 되시는 하나님이시지만, 그분 안에는 인간의 인성이 존재한다. 우리는 영원히 그분 안에 있을 것이다. 그리스도께서 친히 우리의 인성을 취하셨다. 거의 사변에 가까운 말처럼 들릴지도 모르겠다.

그러나 바울은 "그러므로 사람이 부모를 떠나 그의 아내와 합하여 그 둘이 한 육체가 될지니"라고 분명히 말했다. 더 이상 무리한 설명을 시도할 생각은 없다. 나는 단지 주 예수 그리스도께서 신부를 위해 영광스런 하늘을 떠나 세상에 오셨다는 사실을 강조하고 싶을 뿐이다. 남자가 아내와 한 몸이 되기 위해 부모를 떠나듯, 그리스도께서도 하늘을 떠나셨다. 그분은 영광스런 보좌를 떠나셨다. 찰스 웨슬리Charles Wesley는 이렇게 노래했다.

주님은 위에 있는 성부의 보좌를 떠나셨네
한량없는 은혜를 값없이 베푸시었네*

주님은 신부를 위해 영광스런 하늘의 보좌를 떠나셨다. 주님이 "내 하나님이여 내 하나님이여 어찌 나를 버리셨나이까"라고 부르짖으셨던 순간은 참으로 끔찍했다. 그 순간, 그분은 성부와 분리되셨다. 왜

---

* 원곡 〈And can it be?〉, 〈어찌 날 위함이온지〉로 번안.

그런 고통을 감당하셨는가? 그 이유는 자신의 신부를 값 주고 사 구원하시기 위해서였다. 주님의 몸이 상한 결과로 교회는 그 몸의 지체, 곧 그분의 살과 뼈가 되었다.

이것은 참으로 놀라운 비밀이다. 이보다 더 놀랍거나 영광스런 비밀은 없다. 우리는 주님의 인성에 동참한다. 우리는 그분과 연합해 영원히 그렇게 존재할 것이다. 이것이 성경이 우리가 천사들보다 높은 위치에서 그들을 판단할 것이라고 말씀하는 이유다.

바울은 고린도전서 6장 "성도가 세상을 판단할 것을 너희가 알지 못하느냐…우리가 천사를 판단할 것을 너희가 알지 못하느냐"(2-3절)라고 말했다. 우리는 심지어 천사들도 판단한다. 왜 그런가? 그 이유는 우리가 그들보다 우위에 있기 때문이다. 우리는 아들 안에 있고, 그분의 일부로서 그분과 연합된 "한 몸"이다. 교회는 그리스도의 신부다. 우리는 이 관계를 생각할 때마다 "우리는 그 몸의 지체(살과 뼈) 임이라"는 사실을 기억해야 한다. 무엇보다 우리는 그리스도께서 우리를 자신의 신부로 삼기 위해 행하신 일을 기억해야 한다. 그분은 하늘에 있는 성부 하나님의 보좌를 떠나, "자기를 비워 종의 형체를 가지셨다"(빌 2:7). 그리스도께서는 교회를 그처럼 사랑하셨다.

> "남편들아 아내 사랑하기를 그리스도께서 교회를 사랑하시고 그 교회를 위하여 자신을 주심 같이 하라"

7 모든 것이 주어졌다

엡 5:25-33

특권을 방치하고 있지 않은가?

우리는 이 놀라운 본문을 계속 살펴보는 중이다. 본문은 남편들을 덕스럽게 하는 데 일차적인 목적이 있지만, 지금까지 살펴본 대로 모든 신자에게 해당하는 영광스런 메시지를 전하고 있다. 그 이유는 바울이 그리스도와 교회의 관계에 빗대어 남편들을 권면하고 있기 때문이다. 남편들은 이 비유를 항상 기억해야 한다.

이 가르침을 남편의 의무에 적용하기에 앞서 생각해 볼 점이 한 가지 더 있다. 바울은 실제적인 적용을 시도할 때도 매우 중요하고, 또 신자인 우리와 주 예수 그리스도와의 관계, 곧 우리가 그분의 신부라는 사실을 의식할 때도 말할 수 없이 중요한 교훈을 전한다. 이 말이 무슨 의미인지 설명하면 다음과 같다.

지금까지의 논의에 비춰보면, 남편은 아내를 위해 필요한 것을 해주어야 한다. 마찬가지로 신랑이신 주 예수 그리스도께서도 신부인 교회를 위해 필요한 것을 해주셔야 한다. 바꾸어 말해, 신자이자 교회의 지체인 우리에게는 참으로 영광스런 특권이 주어졌다.

내가 이 진리를 강조하는 이유는, 오늘날의 문제가 그리스도인들이 교회의 지체이자 그리스도의 몸으로서 지극히 영광스런 특권과 존엄성을 누리고 있다는 사실을 제대로 인식하지 못하는 데 그 원인이 있기 때문이다. 이에 대한 확신은 날로 깊어진다. 세상의 상태를 염려하는 것은 매우 바람직하다. 그런 염려조차 하지 않는다면 그리스도인이라고 할 수 없다. 그러나 교회의 상태는 왜 만족스럽게 생각하는지 도무지 이해할 수가 없다. 세상이 이렇게 된 것은 교회가 제 구실을 하지 못하기 때문이다. 나를 가장 안타깝고 슬프게 만드는 것은 우리가 그리스도의 몸이요 지체라는 신약성경의 가르침을 이해하지 못하는 것이다.

명예와 영광과 지위를 중요시하는 세상에서 우리가 교회의 일원이라는 사실을 이처럼 하찮게 여기고 있다는 것이 참으로 놀랍지 않은가? 교회의 일원이 된 것을 가장 고귀하고 영광스런 특권으로 생각하기는커녕, 우리가 교회에 나가주는 것을 되레 교회가 고맙게 여겨야 한다고 생각하는 사람들이 너무나도 많은 듯하다. 또 어떤 신자들은 교회에 다니는 것을 의무나 일로 받아들여 마치 할 일을 다 했다는 듯 안일함에 젖어들기도 한다. 이런 현실은 대다수 신자들이 그리스도의 몸의 지체, 곧 그분의 신부가 된다는 것이 무슨 의미인지 모르고 있다는 사실을 여실히 보여준다.

따라서 우리는 그리스도께서 우리에게 베푸신 특권, 곧 교회의 지체요 신자가 된 우리에게 주어진 놀라운 은혜를 생각해야 한다. 교회가 이런 특권을 깨닫는다면, 변명을 내세우거나 나태하게 굴거나 하는 추한 꼴을 보이지 않을 것이다. 그렇게만 된다면, 교회는 자부심과 기쁨과 영광을 되찾을 것이다.

우리가 깨달아야 할 주님이 베푸신 은혜들은 너무도 많다. 먼저 그분은 자신의 생명을 내주셨다. 우리는 이미 이 진리를 살펴본 바 있다. 그러나 나는 이 진리를 다시 언급하지 않을 수 없다. 주님은 자신의 생명의 일부를 내주셨다. 그 덕분에 우리는 그분의 생명에 참여하게 되었다. 남자가 결혼할 때도 이와 비슷한 일이 일어나지 않는가? 남자는 결혼 전에는 자신만을 위한 삶을 살았지만, 결혼 후에는 더 이상 그렇게 하지 않는다. 아내가 그의 삶에 참여한다. 아내는 남편의 일부이기 때문에 남편의 삶과 활동은 물론, 그의 모든 것에 동참한다.

결혼한 남자가 꼭 깨달아야 할 일은 여러 상황에 부딪히게 될 때에, 이전과는 행동을 달리 해야 한다는 것이다. 결혼 전에는 "이 상황이 내게 어떤 영향을 미칠까, 이 상황을 내가 어떻게 대처해야 할까?"를 생각했다면, 결혼 후에는 "이것이 아내에게 어떤 영향을 미칠까?"를 생각해야 한다. 결혼한 남자는 더 이상 자기 멋대로 혼자서 살아가지 않는다. 항상 자신과 삶을 공유하는 아내의 존재를 의식해야 한다. 혼자 살 때는 얼마든지 가능한 일이라고 해도, 결혼한 뒤에는 항상 배우자인 아내를 고려해야 한다.

이를 좀 더 자세히 설명하면 다음과 같다. 나는 오랫동안 목회를 해 오면서 남편들이 이 점을 망각하는 탓에 결혼생활이 많은 어려움과 문제에 부딪치는 것을 종종 목격했다. 대표적인 사례를 하나 소개하면 이렇다. 이 사례를 언급하는 이유는 이것이 내가 자주 접하는 일일 뿐 아니라, 종종 오해를 불러일으키는 문제이기 때문이다. 그러나 내 말을 구체적으로 설명하려면, 비록 오해의 소지가 많더라도 이 사례를 언급하지 않을 수 없다.

한 남자가 내게 찾아와 해외 선교사로 일하라는 소명을 받았다고 말했다. 참으로 감사한 일이 아닐 수 없다. 그러나 그런 경우, 나는 항상 그가 기혼자인지 아닌지를 확인하고, "아내는 어떻게 생각하시나요?"라고 질문한다. 아내의 생각을 고려하지 않는 남편들이 종종 있다. 그들은 그 일이 마치 순전히 자신의 결정에 달린 것처럼 생각한다. 그러나 그렇지 않다. 남편은 그런 문제를 아내의 생각과 상관없이 독단적으로 결정할 권리가 없다.

둘은 한 몸이기 때문에 남편은 반드시 아내의 의견을 물어야 한다. 앞에서 남편에 대한 아내의 의무를 다루었다. 아내는 남편에게 복종해야 할 의무가 있다. 그러나 "난 특별한 사역에 소명을 느낀다. 아내의 의견은 내게 중요하지 않다"고 생각하는 남편은 믿음이 성숙하지 못한 신자라고 밖에 달리 말할 도리가 없다. 아내의 생각은 중요하다. 그렇게 생각하지 않는 것은 본문의 가르침을 크게 오해한 것이다.

우리는 이 문제를 다른 각도에서 바라봐야 한다. 우리는 주 예수 그리스도의 생명에 참여한다. 참으로 엄청난 일이지만, 그리스도께서는 항상 우리를 생각하시고, 우리는 그분의 모든 것에 참여한다. 우리는 "그리스도 안에" 있다. 우리는 그분의 생명에 참여한다. 바울은 골로새서 3장 4절에서 놀라운 말씀을 전했다. 그리스도께서는 "우리의 생명"이시다. 이 말은 우리가 그분의 생명에 참여한다는 뜻이다. 이보다 더 놀라운 것은 없다. "우리는 그 몸의 지체(살과 뼈)임이라"는 말씀은 바로 그런 의미다.

자신의 이름을 내어주시다

우리는 지금 관점을 약간 달리하고 있다. 다시 말해, 우리는 신비적 연합이 아니라 주님의 관점에서 이 문제를 바라보고 있다. 주님은 자신의 생명을 주시고, 그것을 우리와 함께 공유하신다. 우리는 그 생명에 참여해 그분의 일부요 지체가 된다.

이런 현실은 다양한 증거를 통해 나타난다. 그 가운데 하나는 주님이 우리에게 자신의 이름을 주셨다는 것이다. 우리가 주님의 이름을 갖게 된 이유는 그분이 그 이름을 우리에게 주셨기 때문이다. 우리는

"그리스도인"이라고 불린다. 이것은 우리와 관련된 가장 큰 진리다.

여자는 결혼하면 성을 바꾼다. 이 사실은 에베소서 5장에 기록된 바울의 가르침을 이해하는 데 매우 중요한 역할을 한다. 여자는 결혼하면 자신의 성을 버리고 남편의 성을 따른다. 이것은 성경의 가르침에 일치할 뿐 아니라 온 세상의 관습이기도 하다. 이 사실은 남편과 아내의 관계를 잘 보여준다. 성을 바꾸는 쪽은 남편이 아닌 아내다. 이 진리가 우리의 마음에 확고히 자리 잡기를 바란다. 모두가 다 아는 유명인사인 마가렛 공주의 경우에도 마찬가지다. 그녀의 이름이 언급될 때에는 항상 그녀 남편의 성이 따라붙는다. 그렇게 하지 않는 것은 성경에 어긋난다. 남편의 성이 아니라 아내의 성이 바뀐다. 신분에 상관없이 누구든 그렇게 하는 것이 성경적이다.

이제 교회의 지체인 우리의 관점에서 이 문제를 생각해보자. 그리스도께서는 자신의 이름을 우리에게 주셨다. 이보다 우리에게 더 큰 명예는 없다. 이것은 결혼 관계를 입증하는 가장 명백한 증거다. 신약성경은 여러 가지 말로 우리에게 이 증거를 제시한다.

"거기에는 헬라인이나 유대인이나…야만인이나 스구디아인이나 종이나 자유인이 차별이 있을 수 없나니"(골 3:11)

전에는 그랬다. 그것이 전에 우리가 가졌던 이름이다. 그러나 더 이상은 아니다. 우리는 이제 "그리스도인"(행 11:26)이다. 바울은 고린도후서 5장에서 "그러므로 우리가 이제부터는 어떤 사람도 육신을 따라 알지 아니하노라"(16절)라는 말로 이런 현실을 표현했다.

이 말은 "나는 전에 사람을 육신에 따라 판단했다. 유대인인 나는 '그 사람이 누구냐? 유대인이냐? 유대인이 아니면, 그 사람은 개다'라고 말하곤 했다. 그러나 이제는 더 이상 그런 식으로 생각하지 않는다. 이제 나는 새로운 용어를 사용한다. 내가 알고 싶은 것은 '이 사람이 그리스도인이냐?' 하는 것이다. 그의 옛 이름에는 아무 관심이 없다. 내 관심은 오직 '그리스도인,' 곧 '그 사람이 그리스도의 이름을 지니고 있느냐?' 는 것뿐이다"라는 의미를 담고 있다. 우리는 그리스도께서 자신의 이름을 우리에게 주셨다는 사실을 깨달아야 한다. 또한 바울은 이렇게 말했다.

"이제 내가 사는 것이 아니요 내 안에 그리스도께서 사시는 것이라"
(갈 2:20)

이것이 핵심이다. 어떤 점에서 바울의 삶은 아무것도 없는 듯하다. 그러나 그는 곧이어 "이제 내가 육체 가운데 사는 것은 나를 사랑하사 나를 위하여 자기 자신을 버리신 하나님의 아들을 믿는 믿음 안에서 사는 것이라"고 덧붙였다. 이것은 그리스도와 우리의 결혼 관계를 보여주는 참으로 놀라운 증언이다. 그리스도인인 우리의 삶은 모두 남편이신 그리스도 안에 있다. 그러나 우리의 존재가 완전히 사라지는 것은 아니다. "이제 내가 육체 가운데 사는 것은"이라는 표현대로, 우리는 여전히 존재한다.

이는 결혼 관계의 가장 큰 신비가 아닐 수 없다. 그러나 우리는 주 예수 그리스도의 이름이 우리에게 주어졌다는 사실을 굳게 붙잡아야 한다. 중요한 것은 우리 모두의 이름이 바뀌었다는 사실이다. 교회 안에서 다른 이름은 전혀 중요하지 않다. 그 어떤 이의 이름이나, 직분이나 직위도, 능력이나 재능도 아무 것도 중요하지 않다. 중요한 것은 오직 한 가지, 그리스도의 이름을 가졌다는 것뿐이다.

우리는 그 점에서 모두 똑같다. 우리는 모두 그리스도 안에 있다. 주님이 우리를 취하셨다. 교회는 그리스도의 신부다. 그리스도께서는 우리를 향해 "옛 이름을 잊고 내 이름을 취하라. 너는 나에게 속했다"고 말씀하신다.

이런 사실은 요한계시록 3장 12절에도 잘 드러나 있다.

"이기는 자는 내 하나님 성전에 기둥이 되게 하리니 그가 결코 다시 나가지 아니하리라 내가 하나님의 이름과 하나님의 성 곧 하늘에서 내 하나님께로부터 내려오는 새 예루살렘의 이름과 나의 새 이름을 그이 위에 기록하리라"

얼마나 놀라운 말씀인가!
그리스도의 몸된 지체이자, 그분의 신부인 모든 신자들에게 이런 놀라운 역사가 일어난다. 우리는 영광스럽게도 왕으로부터 새 이름을 부여받았다. 진정 놀라운 기적 중의 기적이 아닐 수 없다. 그것은 주님 자신의 이름이다. 이보다 더 큰 영광이나 명예는 없다. 우리는 새 이름을 부여받는다. 이 이름은 가장 고귀한 이름이다. 성경은 "하늘에 있는 자들과 땅에 있는 자들과 땅 아래 있는 자들로 모든 무릎을 예수의 이름에 꿇게 하실"(빌 2:10) 날이 다가오고 있다고 말씀한다. 그 이름이 그리스도의 신부인 우리에게 주어졌다.

우리는 주님의 이름을 가졌기 때문에 그분의 위엄과 그분의 크고 영광스런 지위에 참여할 수 있다. 바울은 이미 에베소서 2장에서 "우리를… 또 함께 일으키사 그리스도 예수 안에서 함께 하늘에 앉히시니"(6절)라는 놀라운 진리를 언급했다. 우리는 지금 그런 영광을 누린다. 우리가 그리스도인이고 "그리스도 안에" 있다는 것은 우리가 "그리스도 예수 안에서 함께 하늘에 앉게 되었다"는 뜻이다.

상상할 수도 없던 영예를 누리다

신랑이 있는 곳에 신부도 있다. 신랑에게 속하는 지위와 신분과 권위가 모두 신부의 것이다. 신부가 누구든 아무 상관없다. 신랑의 신부가 되는 순간, 신부는 신랑의 모든 것을 함께 나눈다. 신부에게 마땅히 주어야 할 영예와 지위를 아끼는 사람은 화가 있다. 신랑이 신부를 존중하기를 거부하는 것보다 더 수치스런 일은 없다. 이것이 신약성경이 그리스도인에 관해 가르치는 것이다. 신약성경은 이런 가르침을 거듭 되풀이한다. 예를 들면, 요한복음 17장 22절이다.

"내게 주신 영광을 내가 그들에게 주었사오니"

주님은 성부께서 자신에게 주신 영광을 자기 백성에게 주셨다고 말씀하셨다. 결혼 관계를 맺으면 자연스레 그런 일이 일어난다. 신부는 신랑의 일부로서 그의 이름을 취하고, 그의 지위에 동참한다.

또 한 가지 예를 더 들어보자. 주 예수 그리스도께서는 "나는 세상의 빛이다"라고 말씀하셨다. 예수님이 그렇게 주장하셨으니 이보다 더 권위 있는 주장은 없다. 주님의 말씀은 "나를 떠난 세상은 온통 어둠뿐이다. 나는 세상이 바라봐야 할 유일한 빛이다. 그 밖의 것은 모두 빛을 찾으려는 인간의 시도에 지나지 않는다. 그들의 시도는 번번이 실패한다"라는 뜻을 담고 있다. 그리스도를 떠나면 빛은 없다. 그러나 그리스도께서는 또 우리를 가리켜 "너희는 세상의 빛"이라고 말씀하셨다. 주님은 빛이시다. 우리는 그분과 관계를 맺고 있기 때문에 우리 역시 세상의 빛이 된다. 이 사실을 깨닫기는 매우 어렵다. 그렇지 않은가?

우리는 이 이방 사회에서 소수에 불과하다. 자신이 그리스도인이라고 말하는 사람이 백 명 중 열 명에 불과하고, 또 하나님의 성전에 나오는 사람들은 그 절반밖에 되지 않는다. 죄스럽고 부끄러운 생각이 든다. 그러나 우리는 우리에 관한 진실을 알아야 한다. 우리는 세상의 빛이다. 주 예수 그리스도께서 그렇게 말씀하셨다. 어둡고 악한 세상은 빛을 알지 못한다. 우리가 반사하고 있는 빛을 떠나 있는 한, 세상은 결코 빛을 발견할 수 없다.

우리는 우리가 누리는 영광과 존귀를 염두에 두고 이 문제를 생각해야 한다. 주님은 우리를 자신의 영광과 존귀에 참여하게 하신다. 이것은 결혼 관계에서 자연스레 파생되는 결과다. 이를 뒷받침하는 놀라운 성경 구절이 많다. 주님은 요한계시록에서 라오디게아 교회를 향해 "이기는 그에게는 내가 내 보좌에 함께 앉게 하여 주기를 내가 이기고 아버지 보좌에 함께 앉은 것과 같이 하리라"(계 3:21)라고 말씀하셨다. 교회는 그리스도의 신부이기 때문에 그분과 함께 그분의 보좌에 앉는다. 교회는 왕이신 주님과 결혼했기 때문에 그분의 보좌를 공유한다. 주님은 우리에게 그런 권위와 특권을 베푸셨다.

이번에는 바울이 고린도전서 6장 2절에서 고린도 신자들에게 가르친 영광스럽고 위대한 진리를 생각해보자. 그는 "성도가 세상을 판단할 것을 너희가 알지 못하느냐…우리가 천사를 판단할 것을 너희가 알지 못하느냐"라고 말했다. 고린도 교회의 어리석은 신자들을 생각해보라. 바울은 그들에게 "대체 무엇이 문제냐? 왜 너희는 서로 다투느냐? 왜 이 사람, 혹은 저 사람을 자랑하며 세상 법정에 서로를 고소하느냐? 너희는 신자로서 그리스도와 관계를 맺고 있기 때문에 세상을 판단할 뿐 아니라 심지어는 천사조차 판단할 수 있다는 것을 알지 못하느냐?"라고 말했다. 이것이 우리에게 주어진 권위다.

또한 천사들과의 관계에서 그리스도인이 차지하는 위상을 떠올려 보자. 우리가 천사보다 우위에 서게 될 운명을 지니고 있다는 사실을 알고 있는가? 천사들은 참으로 놀라운 존재들이다. 그들은 뛰어난 능력을 지녔다. 그러나 우리는 장차 천사들보다 월등한 위치에 서게 될 것이다. 히브리서 저자는 이렇게 말했다.

"하나님이 우리가 말하는 바 장차 올 세상을 천사들에게 복종하게 하심이 아니니라 그러나 누구인가가 어디에서 증언하여 이르되 사람이 무엇이기에 주께서 그를 생각하시며 인자가 무엇이기에 주께서 그를 돌보시나이까 그를 잠시 동안 천사보다 못하게 하시며 영광과 존귀로 관을 씌우시며 만물을 그 발 아래에 복종하게 하셨느니라"(히 2:5-8)

"이것이 대체 무슨 말입니까? 나는 만물이 인간에게 복종하는 것을 보지 못했습니다"라고 말할 사람이 있을지도 모르겠다. 그러나 히브리서 저자는 이렇게 말을 잇는다.

"지금 우리가 만물이 아직 그에게 복종하고 있는 것을 보지 못하고… 천사들보다 잠시 동안 못하게 하심을 받은 자 곧 죽음의 고난 받으심으로 말미암아 영광과 존귀로 관을 쓰신 예수를 보니"(8-9절)

이 말씀은 우리가 그런 위치에 서게 될 것을 의미한다. 하나님이 보실 때는 이미 우리에게 그런 지위가 부여된 상태다. 단지 눈에 보이지 않을 뿐, 엄연한 현실이다. 우리는 그리스도의 신부이기 때문에 천사보다 월등하다. 주님이 하늘에서 천사들보다 월등하신 것처럼, 우리도 지금 그런 권위와 위엄과 지위에 참여한다.

이처럼 우리는 주님의 생명만이 아니라 그분의 특권에 동참한다. 여자가 한 남자의 아내가 되는 순간, 그녀는 그의 모든 특권을 공유한다. 아내는 남편의 모든 것을 함께 누리고 공유한다. 바울은 교회가 그렇다고 말한다. 우리는 무엇을 공유하는가? 우리는 성부 하나님의 사랑을 공유한다. 내가 보기에 성경 전체에서 여러 모로 가장 놀라운 성경 말씀이 있다면, 바로 요한복음 17장 23절이다.

"아버지께서 나를 보내신 것과 또 나를 사랑하심 같이 그들도 사랑하신 것을 세상으로 알게 하려 함이로소이다"

이 말씀은 성부 하나님께서 신자인 우리를 자신의 독생자를 사랑하시듯 사랑하신다는 뜻이다. 우리가 하나님과 그런 관계를 맺을 수 있는 이유는 그리스도와 관계를 맺고 있기 때문이다. 딸은 없고 아들만 있는 사람이 자기 아들을 장가보냈다고 가정해보자. 그는 아들의 신부에게 "너는 내 딸이다. 전에는 내게 딸이 없었지만 너는 이제 나의 딸이다"라고 말할 것이다. 그는 며느리를 자기 딸로 여길 것이다.

며느리가 자기 아들과 하나가 되었기 때문에 그는 그녀에게 아버지의 사랑을 베푼다.

"나를 사랑하심 같이 그들도 사랑하신 것을 세상으로 알게 하려 함이로소이다", 이 말씀을 다시 기억하라. 이것이 우리에게 주어진 특권이다. 우리는 이 특권 때문에 성부 하나님께 나아갈 수 있다. 아버지는 아들의 신부를 기꺼이 받아들인다. 신부는 전에는 시아버지 앞에 나가지 않았다. 둘 사이에는 아무 관계가 없었다. 그러나 그의 아들과 결혼하는 순간, 그녀는 시아버지 앞에 나갈 수 있는 권리를 갖게 된다. 아버지가 아들을 아들로 받아들여, 자신이 가장 아끼고 신뢰하는 종에게도 주지 않는 특권을 그에게 부여하듯, 이제 아들의 아내가 된 신부에게도 그와 똑같은 특권을 부여한다.

그리스도인인 우리는 이런 놀라운 특권을 누리고 있는가? 성부 하나님 앞에 나갈 권리가 있다는 것을 알고 있는가? 하나님은 온 우주를 다스리는 통치자이시지만, 우리는 필요할 때는 언제라도 그분 앞에 나갈 권리가 있다. 하나님은 성자를 위해 우리를 거절하지 않으신다. 하나님은 그리스도의 신부인 우리에게 항상 귀를 기울이시고, 우리를 언제나 기쁘게 맞아주신다. 이보다 더 큰 특권은 없다. 하나님은 성자를 사랑하시듯 우리를 사랑하신다. 그분은 우리에게 그 거룩한 임재의 장소에 나올 수 있는 권리를 허락하신다.

나는 단지 우리가 깊이 생각하고 묵상해야 할 제목들을 제시하고 있을 뿐이다. 우리는 이런 주제들을 생각하는 데 많은 시간을 할애해야 한다. 기도하려고 머리를 조아렸을 때는 즉시 말부터 꺼내지 말고 잠시 생각하는 시간을 가져라. 심지어는 머리를 조아리기 전에도 생각하라. 무엇을 하려고 하는지, 또 자신이 누구인지 생각하라. 우리가 그리스도의 신부이기 때문에 누리게 되는 권리와 특권이 무엇인지 생각하라. 주님이 우리에게 어떤 것들을 주셨는지 헤아려보라. 우리는 주님의 것을 모두 함께 나눈다. 바울은 고린도 신자들에게 보낸 편지에서 이런 취지의 말씀을 전했다.

"너희는 무엇을 고민하느냐? 왜 서로를 시기하고 질투하며 분쟁을 일삼느냐? 대체 무엇이 문제냐? 모든 것이 다 너희 것이다. 무엇이든 다 너희 것이다. 왜냐하면 너희는 그리스도의 것이요 그리스도는 하나님의 것이기 때문이다(고전 3:21, 23 참조)"

아울러 고린도전서의 4장 마지막 부분을 주의 깊게 상고해보라.

그리스도인의 궁극적인 운명

다시 묻는다. 오늘날의 진정한 비극은 교회가 자신과 관련된 진리를 깨닫지 못하는 것이라는 말이 참으로 옳지 않은가? "만물이 다 너희 것임이라", 모든 것이 다 우리의 것이다. 온 우주가 우리의 것이다. 그 이유는 우리가 그리스도의 것이기 때문이다.

바울은 이 진리를 알고 크게 기뻐했다. 우리의 믿음과 영성을 가늠하는 척도는 이 진리를 얼마나 감격스럽게 받아들이느냐 하는 데 있다. 우리는 그리스도인이라는 사실 때문에 힘든 시련이나 박해를 당할 수도 있고, 멸시와 비웃음의 표적이 될 수도 있다. 우리는 우리 자신에게 어떻게 말해야 할까?

"자녀이면 또한 상속자 곧 하나님의 상속자요 그리스도와 함께 한 상속자니 우리가 그와 함께 영광을 받기 위하여 고난도 함께 받아야 할 것이니라"(롬 8:17)

위와 같이 말할 수 있어야 한다. 세상이 우리를 어떻게 생각하고, 또 우리를 어떻게 말하든 그것은 전혀 중요하지 않다. 만물이 다 너희 것이라는 언약을 받은 그리스도인은 "그리스도와 함께 한 상속자"이다.

나는 히브리서 저자가 히브리서 2장 5절에서 이 진리를 표현한 방식이 매우 마음에 든다. 이미 인용한 말씀이지만 한 번 더 인용하고 싶다.

"하나님이 우리가 말하는 바 장차 올 세상을 천사들에게 복종하게 하심이 아니니라"

이 구절을 부정문으로 옮긴 킹제임스역의 번역은 조금 서투르다. 이 말씀은 "하나님이 우리가 말하는 장차 올 세상을 천사들이 아니라 우리에게 복종하게 하셨다"라는 뜻이다.

"우리가 말하는 장차 올 세상"은 무엇을 의미하는가? "우리가 말하는 장차 올 세상"은 우리가 지금 살고 있는 이 옛 세상을 말하는가? 그렇다. 그러나 그때는 지금과는 완전히 다를 것이다. 그리스도께서 재림하실 세상은 지금이나 그때나 똑같은 세상일 테지만, 모든 원수와 악이 제거되어 죄의 흔적조차 남아 있지 않은 세상이 될 것이다. 큰 불을 통해 대대적인 정화와 갱생의 역사가 이루어져 "의가 있는 곳인 새 하늘과 새 땅"(벧후 3:13)으로 바뀔 것이다. 이것이 "우리가 말하는 장차 올 세상"이다.

이것은 기독교의 근본 진리 가운데 하나다. 우리가 지금 살고 있는 세상은 일시적이다. 이 세상은 영원히 지속되는 참 세상이 아니다. 우리 눈에 비친 세상은 인간이 만든 결과물이다. 현 세상에는 인간이 야기한 온갖 혼란이 난무한다. 오늘의 세상은 눈에 보이는 현재적인 것에만 관심을 기울인다. 모두들 "최근에 열린 회담에서는 어떤 성과가 나올까? 무장 해제가 결의될 것인가? 전쟁이 사라질 것인가? 이후부터는 모든 것이 완전해질 것인가?"라고 궁금해 한다. 그러나 모두 헛된 기대에 지나지 않는다. 이 세상은 악하다. 하나님이 정하신 심판의 때가 이르기까지 악과 죄가 세상을 지배할 것이다.

그러나 "장차 올 세상"이 있다. 그 세상은 하늘에서 내려오는 새 예루살렘이다. 이 옛 세상이 본래의 영광을 회복해 하나님이 처음 창조하셨을 때의 모습을 되찾게 될 것이다. 물론 그보다 훨씬 더 영광스럽게 바뀔 것이다. 이 놀라운 역사는 그리스도의 재림을 통해 이루어진다. 그리스도께서는 자신의 신부와 함께 친히 새 세상에 머무실 것이다.

이것이 "우리가 말하는 장차 올 세상"이다. 그 세상에는 누가 살고, 그 세상을 물려받을 사람은 누구인가? 히브리서에 따르면, 천사들이 아니다. 하나님은 "우리가 말하는 바 장차 올 세상을 천사들이 아니라" 우리에게 복종하게 하신다. 우리가 장차 올 영광의 상속자들이다. 그리스도인들이여, 그 영광을 상상해본 적이 있는가? 스스로 그 영광을 의식해본 적이 있는가? 우리는 세상과 육신과 마귀와 싸우느라 많은 고통을 당할 수도 있고, 온갖 어려움과 시련에 직면할 수도 있다. 그러나 그런 것들을 보지 말고, 오직 장차 올 영광을 바라보라.

"우리가 주목하는 것은 보이는 것이 아니요 보이지 않는 것이니 보이는 것은 잠깐이요 보이지 않는 것은 영원함이라"(고후 4:18)

고개를 들라. 우리는 그리스도의 소유와 기업을 누리게 될 것이다. 우리는 그리스도와 결혼했다. 그분은 우리에게 장가드셨다. 그분은 그 모든 것을 우리에게 주셨다. 우리는 그분의 소유를 함께 누린다.

거듭 강조하지만, 우리는 주님의 관심사와 계획과 목적에 동참한다. "우리는 하나님의 동역자들"이다(고전 3:9). 우리가 다니고 있는 교회나 다른 교회들을 우리 자신과 우리가 하는 일의 관점에서만 바라봐서는 안 된다. 우리가 속한 교파나 우리가 행하는 단체를 생각할 때도 마찬가지다. 시야를 넓혀 주님의 관심사를 생각하라.

주님은 "너희는 세상의 빛이다"라고 말씀하셨다. 주님은 이 세상에 대해 목적을 갖고 계신다. 우리는 그 목적에 동참해야 한다. 남편은 아내에게 모든 것을 말한다. 아내는 남편의 비밀과 욕망과 야심과 희망과 그가 생각하는 계획을 모두 알고 있다. 아내는 남편과 하나다. 남편은 다른 사람들에게 하지 않을 말도 아내에게는 서슴없이 털어놓는다. 아내는 모든 것을 공유한다. 숨기거나 감추는 것은 아무것도 없다. 이것이 남편과 아내의 관계이자 그리스도와 교회의 관계다.

우리는 주님의 동역자가 되어 사람들을 구원하는 일에 참여한다. 주님의 의도를 알고 있는가? 그 의도를 느끼고 생각하며, 비밀을 공유하게 된 것을 자랑스럽게 여기는가? 주님의 짐을 함께 나눠지고 싶은 심정을 느끼는가? 이것이 그리스도인이, "돕는 배필"인 아내가 해야 할 일이다. 교회는 그리스도의 신부다. 복음을 전하는 설교의 성공을 비는 기도를 얼마나 자주 드리는가? 교회가 전하는 복음 전도 메시지에 얼마나 많은 관심을 기울이는가? 복음 전도를 자주 생각하는가? 복음 전도의 책임을 느끼고, 그것을 위해 기도하는가? 남편의 이름에 합당한 아내의 경우는 굳이 남편의 일에 관심을 기울이라고 권고할 필요가 없다. 그런 아내는 스스로 남편을 돕는 것을 가장 큰 특권으로 생각할 것이다. 그런 아내는 남편이 하는 일에 일일이 깊은 관심을 기울이며 간절히 성공을 기원한다. 교회는 그리스도의 신부이며 그리스도께서는 모든 것을 우리와 공유하신다. 이 사실을 깨달고, 이 모든 특권과 권위를 마음껏 누리자.

이번에는 이 모든 것 가운데서 가장 놀랍고 매혹적인 특권을 살펴보자. 주님은 자신의 소유와 관심사와 계획과 목적만이 아니라, 자신의 종들까지 우리와 함께 공유하신다. 우리는 신데렐라일 수도 있다.

사실, 교회는 누더기를 걸친 모습으로 다른 자매들의 종이 되어 허드렛일을 도맡아하며 힘들게 살았던 신데렐라와 다름없었다. 그러나 그런 신데렐라가 왕자와 결혼하자 어떤 일이 일어났는가? 그녀는 더 이상 종이 아니라 종들을 거느리고 살았다. 그들은 본래 누구의 종이었는가? 왕자의 종들이었다. 왕자의 종들이 그녀를 섬겼던 이유는 그녀가 왕자의 신부가 되었기 때문이다. 그들은 왕자에게 하듯 그녀를 섬겼다. 우리도 그런 특권을 누린다는 사실을 알고 있는가? 다시 한 번 히브리서 1장을 살펴보자. 히브리서 저자는 주 예수 그리스도와 천사들을 대조하고 비교하면서 이렇게 말했다.

"어느 때에 천사 중 누구에게 내가 네 원수로 네 발등상이 되게 하기까지 너는 내 우편에 앉아 있으라 하셨느냐 모든 천사는 섬기는 영으로서 구원받을 구속자들을 위하여 섬기라고 보내심이 아니냐"(13-14절)

이 말씀은 우리가 그리스도께 속했기 때문에 하나님의 천사들이 우리의 종이 된다는 뜻이다. 이것이 히브리서가 말하는 천사들이다. 천사들은 "섬기는 영", 곧 히브리서 저자가 말하는 "장차 올 세상"의 상속자인 우리를 섬기기기 위해 보내심을 받은 종들이다. 안타깝게도 우리는 천사들의 사역을 거의 의식하지 않는다. 우리는 천사들의 사역을 충분히 생각하지 않는다. 우리는 정작 중요한 것은 보지 못하고 단지 보이는 것만을 보는 경향이 있기 때문이다. 그러나 우리가 알든 모르든, 우리 곁에서 우리를 돌보는 천사들이 있다. 우리는 그들을 볼 수 없지만 그것은 상관 없다. 천사들은 우리를 둘러싸고 우리를 보호하고 섬기는 임무를 부여받았다. 그들은 우리의 수호천사들이다. 물론, 내가 이 진리를 온전히 이해했다고 말할 생각은 없다. 나는 성경이 말씀하는 것 외에는 아무것도 알 수 없다.

그러나 한 가지, 곧 주님의 종인 천사들이 나의 종이라는 사실은 분명히 알고 있다. 그들은 우리가 이해하지 못하는 방법으로 우리를 위해 여러 가지 임무를 수행하며, 장차 우리를 하늘나라로 인도한다.

예수님은 누가복음 16장에 기록되어 있는 부자와 나사로의 비유를 통해 이 사실을 분명히 가르치셨다. 부자는 죽어 장사되었다. 그러나 나사로는 천사들에게 받들려 아브라함의 품에 들어갔다(22절). 하나님의 천사들이 우리를 섬기는 이유는 우리가 성자 예수님의 신부이기 때문이다. 천사들은 본래부터 그분을 섬겼고, 그분의 수종을 들었다. 우리가 주님과 새로운 관계를 맺은 덕분에 그들은 이제 우리의 종이 되어 우리를 섬긴다. 하나님이 은혜를 베푸시어 그런 사역자들과 봉사자들과 종들이 우리를 둘러싸고 있다는 사실을 깨닫게 해주시기를 기도한다. 그 무엇도 우리를 해칠 수 없다. 주님이 보내신 천사들이 우리 곁에서 우리를 돌보고 있기 때문이다.

그러나 우리는 주님의 고난과 시련과 어려움에도 동참해야 한다는 점을 잊어서는 안 된다. 주님이 이렇게 말씀하신 것을 기억하라.

"사람들이 나를 박해하였은즉 너희도 박해할 것이요"(요 15:20)

그분은 우리가 세상의 미움을 받게 될 것이라고 말씀하셨다. 우리는 그분의 고난을 나눠지고 있는가? 그분의 고난을 의식하는가? 바울은 갈라디아 신자들에게 "나의 자녀들아 너희 속에 그리스도의 형상을 이루기까지 다시 너희를 위하여 해산하는 수고를 하노니"(갈 4:19)라고 말했다. 그는 고난을 마다하지 않았다. 그는 골로새서 1장 24절에서는 그리스도의 고난에 참여하는 자신의 모습을 더욱더 명확하게 묘사했다.

"나는 이제 너희를 위하여 받는 괴로움을 기뻐하고 그리스도의 남은 고난을 그의 몸 된 교회를 위하여 내 육체에 채우노라"

그가 자신의 육체에 "그리스도의 남은 고난을 채우겠다"고 말할 수 있었던 이유는 주 예수 그리스도와의 관계를 철저히 의식했기 때문이다. 남편의 이름에 합당한 아내는 남편이 힘들 때 함께 힘들어한다. 아내는 남편이 힘들어하는 모습을 보면 마음에 아픔을 느낀다.

아내는 남편과 아픔을 함께 나누고, 남편의 짐을 함께 짊어진다. 바울도 세상에서 주님의 목적을 이루려고 했기 때문에 영광의 날이 이를 때까지 하나님의 아들이신 주님이 계속 감당하셔야 하는 고통을 함께 짊어지고, 그분의 남은 고난을 자신의 육체에 채우려고 했던 것이다. 교회는 그리스도의 신부다. 그리스도의 몸의 지체인 우리는 과연 머리이신 주님이 느끼시는 고통과 고뇌를 의식하고 있는가?

마지막으로 우리는 주님과 함께 장래의 영광에 참여하게 될 것이다. 다시 말하건대, "장차 올 세상"이 존재한다.

> "우리 생명이신 그리스도께서 나타나실 그 때에 너희도 그와 함께 영광 중에 나타나리라"(골 3:4)

주님이 영광 중에 다시 오실 때는 "자기 앞에 영광스런 교회로 세우사 티나 주름 잡힌 것들이 없이 거룩하고 흠이 없게 하실" 것이다. 주님의 재림 전에 우리가 죽는다면, 그분과 함께 올 것이고, 그때까지 살아 있다면 영광스럽게 변화되어 주님을 공중에서 맞이하게 될 것이다. 우리는 하나님의 아들과 함께 영원한 영광을 누릴 것이다. 주님은 이를 위해 특별히 이렇게 기도하셨다.

> "아버지여 내게 주신 자도 나 있는 곳에 나와 함께 있어 아버지께서 창세 전부터 나를 사랑하시므로 내게 주신 나의 영광을 그들로 보게

하시기를 원하옵나이다"(요 17:24)

우리는 주님과 함께 영원히 그 영광을 누릴 것이다. 그 무엇을 그리스도의 몸의 지체요 그분의 신부인 교회의 지체가 되는 것에 비견할 수 있겠는가?

세상의 화려한 삶과 쾌락과 즐거움을 시샘하고, 매사에 불평을 터뜨리며, 연약하고 무기력한 삶을 사는 우리 자신을 부끄럽게 여겨야 한다. 세상은 죽어 가는 세상이요 악한 세상이다. 세상은 정죄 아래 있으며 곧 사라질 것이다. 아니, 이미 사라져가고 있는 중이다. 그러나 우리는 영광의 날을 고대한다. 주 예수 그리스도와 함께 나눌 영광의 날이 우리를 기다린다. "장차 올 세상"의 영광은 말로 다 형용할 수 없다. 우리는 그 안에서 주님과 함께 살며 다스릴 것이다.

주님은 교회를 자신의 신부로 맞이하셨기 때문에 모든 특권을 부여하신다. 그분의 소망과 영광은 물론, 모든 것이 우리의 것이다. "온유한 자는 땅을 기업으로 받을 것"임을 기억하라(마 5:5 참조).

우리는 주님과 더불어 온 우주를 다스리며 천사들을 판단할 것이다. 이것은 그리스도인의 궁극적인 운명이자, 그리스도의 신부인 교회가 누릴 축복이다.

CHRISTIAN MARRIAGE

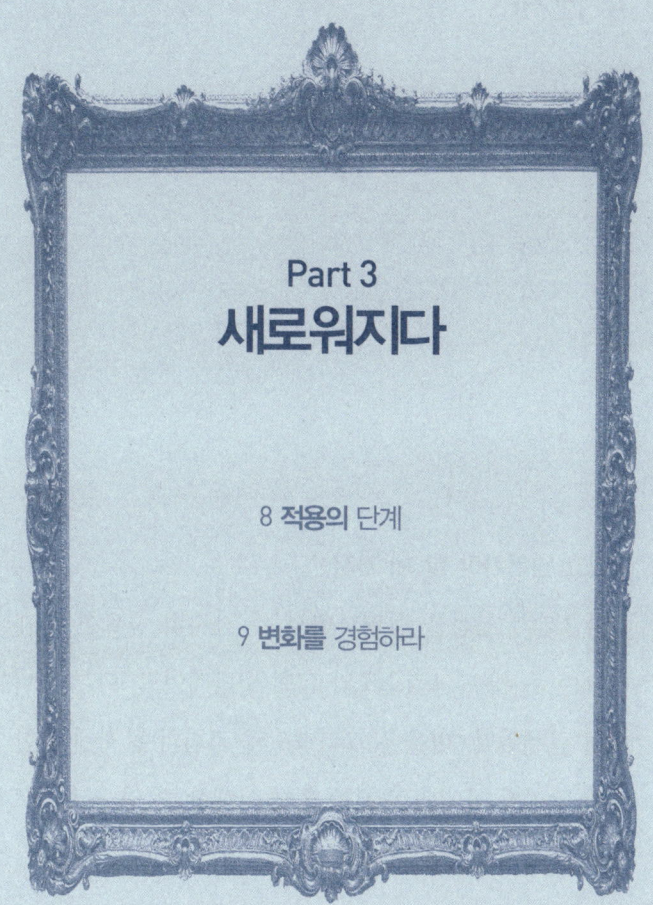

Part 3
새로워지다

8 **적용의 단계**

9 **변화를 경험하라**

8 적용의
단계

엡 5:25-33

짚고 넘어가야 할 세 가지

지금까지 본문을 살펴보면서 두 가지의 중요한 주제를 다루었다. 하나는 주 예수 그리스도와 교회의 관계이고, 다른 하나는 남편과 아내의 관계였다. 바울은 그리스도와 교회의 관계에 관한 교리를 알아야만 남편과 아내의 관계를 옳게 이해할 수 있다고 가르친다. 이것이 우리가 그리스도와 교회의 관계를 먼저 살펴본 이유다. 그 관계를 다루었으니 이제는 그것을 남편과 아내의 관계에 적용해야 할 차례가 되었다.

바울은 특히 여기에서 남편의 의무에 그것을 적용한다. 물론 그는 본문 마지막(33절)에서 아내의 입장과 관점에서 이 문제를 다루는 것도 잊지 않았다. 교리의 적용은 흔히 "이와 같이, 그처럼"과 같은 말로 시작된다.

"남편들아 아내 사랑하기를 그리스도께서…자신을 주심 같이 하라"

"너희도 각각 자기의 아내 사랑하기를 자신 같이 하고…"

다시 말해, 바울은 남편과 아내의 관계를 지금까지 가르친 그리스도와 교회의 관계에 빗대어 실천을 강조한다.

내 생각에는 일단 적용의 단계에 들어서면, 그것을 크게 두 부분으로 나누어 다루는 것이 가장 좋은 듯하다. 그 중 첫 부분은 남편과 아내의 관계에 관해 가르친 원리들을 살펴보는 것이다. 일반 원리를 다룬 뒤에야 비로소 두 번째 작업(원리를 구체적인 상황에 상세하게 적용하는 일)을 시작할 수 있다. 내가 생각하는 일반 원리를 몇 가지 간추리면 다음과 같다.

첫째, 그리스도인의 삶에서 일어나는 다른 모든 것과 마찬가지로 결혼의 경우에도 성공의 비결은 생각하고 이해하는 데 있다. 이 점은 본문을 대충 훑어보아도 확실하게 드러난다. 그리스도인의 삶 속에서 저절로 이루어지는 것은 아무것도 없다. 이것은 매우 중요한 원리다. 왜냐하면 모든 것이 저절로 일어날 것이라고 생각하는 경향 탓에 많은 문제가 발생하기 때문이다. 우리는 거듭남을 마치 마술처럼 이해하려는 습성이 있다. 즉, 우리는 우리가 이미 거듭났기 때문에 "그들은 그 후로 영원히 행복하게 잘 살았습니다"라는 동화의 결말처럼 나머지는 저절로 잘될 것이라고 생각할 때가 많다.

그러나 잘 알다시피 그런 일은 있을 수 없다. 그리스도인의 삶에는 온갖 문제가 발생한다. 많은 사람이 어려움과 시련을 당하는 것은 저절로 이루어지는 것이란 없다는 사실을 깨닫지 못하기 때문이다. 이런 잘못을 예방하려면 생각하고, 이해하고, 무엇이든 철저히 살펴보는 습관을 발전시켜야 한다. 세상은 결코 그렇게 하지 않는다. 성경의 가르침에 따르면, 세상의 문제는 궁극적으로 생각하지 않는다는 데 있다. 오직 생각하는 사람만이 많은 문제를 해결할 수 있다.

예를 들어, 전쟁의 문제를 생각해보자. 전쟁은 본질적으로 어리석은 행위다. 전쟁은 미친 짓이다. 그런데 사람들은 대체 왜 싸우는 것일까? 그 이유는 생각하지 않기 때문이다. 사람들은 본능에 따라 행동한다. 욕망과 탐욕과 분노와 같은 원초적 본능이 그들을 지배한다. 그들은 생각하기 전에 먼저 주먹을 휘두른다. 만일 사람들이 잠시 생각할 시간만 갖는다면, 더 이상 전쟁은 없을 것이다. 이런 말을 하면, 인본주의자들은 "그러면 사람들에게 생각하라고 말하면 되지 무엇이 문제냐" 식으로 반문할 것이 분명하다. 그러나 사람들이 죄인인 한, 그들은 생각할 수 없다. 원초적인 본능이 이성보다 훨씬 강하기 때문에 "죄 가운데 있는 사람은" 항상 비이성적으로 행동할 수밖에 없다.

그리스도인이 된 뒤에도 이와 똑같은 원리를 강조하는 것이 여전히 필요하다. 심지어 그리스도인조차도 스스로 생각하지 않는다. 생각하게 만드는 훈련이 필요하다. 그래서 이런 신약성경 서신서들이 존재하는 것이다. 서신서는 무엇 때문에 기록되었는가? 그리스도인이 된 사람이 저절로 올바른 일을 행할 수 있다면, 바울은 무슨 이유로 서신서를 기록해야 했을까? 우리가 성화를 단번에 이룰 수 있다면, 굳이 서신서를 기록할 이유가 무엇인가? 서신서는 이성적 추론과 비유와 비교와 논증의 방식을 취한다. 그 이유는 무엇인가? 그것은 우리에게 생각하는 법과 이해하는 법과 진리를 적용하는 법을 가르치기 위해서다.

바울이 말하는 대로, 생각은 결혼이라는 주제와 관련해 매우 중요하다. 세상은 결혼을 이렇게 생각한다. 무엇보다 세상은 결혼을 당연한 것으로 받아들인다. 결혼은 세상이 말하는 "사랑", 곧 감정에 의존한다. 두 남녀가 서로 사랑에 빠졌다. 그들은 그것을 근거로 결혼 관계를 맺는다. 그들은 잠시 멈추어 생각하거나 여러 가지 문제를 살펴보지 않는다. 그런 일은 매우 드물다. 사람들은 대부분 모든 것이 잘 되고 영원히 행복할 것이라는 느낌에 고무되어 결혼을 결정한다. 대중 소설을 비롯해 극장이나 집안에 있는 텔레비전에서 방영되는 영화가 그런 감정을 부추긴다. 그러나 신문을 읽어보면, 실패한 결혼에 관한 기사를 어렵지 않게 접할 수 있다.

이처럼 결혼생활이 실패하는 이유는 무엇인가? 그 이유는 결혼의 문제를 철저히 생각하지 않는 데 있다. 그런 상태에서 덜컥 결혼생활을 시작한 사람들은 힘든 일상 생활에서 일어나는 불가피한 현상들, 곧 스트레스, 긴장, 시련, 육체의 피로와 같은 온갖 어려움을 잘 감당할 수가 없다. 사람들이 결국 의지할 것이 전무한 상태로 전락하는 이유는 결혼의 문제를 처음부터 철저히 생각하지 않았기 때문이다. 그들은 감정과 충동에 이끌렸다. 그들은 감정적으로 행동했다. 생각을 하지 않은 탓에 어려움에 직면하면, 더 이상 결혼생활을 지탱할 이유를 찾지 못한다. 그들은 무엇을 해야 할지 알지 못한다. 모든 것이 사라진 듯 보인다. 결국 그들은 공황 상태에 이르러 이혼 소송을 제기한다. 그런 과정을 똑같이 되풀이하는 사람이 많다. 문제의 원인은 이해와 생각의 결핍에 있다.

그러나 기독교의 경우를 생각하면, 곧 한 가지 큰 차이를 발견할 수 있다. 성경은 그리스도인에게 생각과 이해를 촉구할 뿐 아니라 그렇게 할 수 있는 근거를 제시한다. 이것이 본문이 우리를 가르치는 목적이자 의미다. 이 가르침을 소홀히 한다면, 그 어떤 변명도 통할 수 없다. 세상 사람들에게는 그런 가르침이 주어지지 않았다. 우리는 더 이상 세상 사람들과 같은 입장이 아니다. 본문이 우리에게 가장 먼저 가르치는 교훈은 "생각하라"는 것이다. 본문은 우리에게 생각하는 방법까지 자세히 가르쳐준다. 이것이 첫 번째 원리다.

둘째, 그리스도인의 결혼관은 긍정적이어야 한다. 그리스도인의 결혼이 그리스도인들끼리 결혼 관계를 맺는 것만 다를 뿐, 세상 사람들의 결혼과 큰 차이가 없다고 생각하는 것은 매우 위험하다. 아직도 그런 결혼관에 사로잡힌 상태라면, 본문의 가르침을 생각하려고 해 봤자 아무 소용없다. 그리스도인의 결혼, 곧 기독교의 결혼관은 다른 형태의 결혼관과 본질적으로 다르다. 지금까지 본문의 가르침을 다루어오는 동안, 그 차이가 분명히 드러났다.

우리의 결혼관은 오직 기독교 신앙 안에서만 가능하다. 기독교의 결혼관은 결혼을 주 예수 그리스도와 교회와의 관계에까지 격상시킨다. 따라서 결혼에 관한 기독교인의 태도는 항상 긍정적이어야 한다. 그리스도인은 항상 그런 이상을 추구해야 한다. 그리스도인의 관점은 조금도 부정적이어서는 안 된다. 불신자의 결혼과는 달리 그리스도인의 결혼에는 새로운 요소가 첨가되었기 때문에 끝까지 지속되어야 한다. 불신자의 결혼은 본질적으로 부정적이다. 우리는 불신자들에게 해당하는 것들을 피해야 할 뿐 아니라, 결혼에 관한 이상적이고도 긍정적인 개념을 지향해야 한다. 우리는 항상 주 예수 그리스도와 교회와의 관계 안에서 결혼을 생각해야 한다. 우리는 우리 자신에게 항상 다음과 같은 질문을 던져야 한다.

"나의 결혼생활이 그리스도와 교회의 관계에 준하는가? 그 관계를 반영하고 있는가? 그 관계를 추구하고 있는가?"

그리스도인인 우리는 결혼생활을 시작한 직후부터 이런 문제를 늘 생각해야 한다. 우리는 계속해서 생각하고, 또 생각해야 한다. 참된 신자가 되고, 은혜 안에서 자랄수록 결혼에 관해 더 많이 생각해야 한다. 우리의 결혼생활이 하나님이 정하신 기준, 곧 주 예수 그리스도와 교회의 관계라는 영광스러운 이상에 부합할 수 있도록 더욱더 깊이 생각해야 한다. 이런 사실은 말로 옮기기가 어렵다. 확실히 말하지만, 그리스도인의 결혼은 시간이 지날수록 그러한 이상을 향해 더욱 놀랍고 영광스러운 발전을 거듭해 나간다는 점에서 불신자의 결혼과 큰 차이가 있다. 그러나 불신자들은 물론, 그리스도인들 사이에서도 그런 결혼생활이 이루어지고 있지 않은 것은 매우 안타까운 일이 아닐 수 없다. 이런 현실을 생각하면, 본문의 가르침이 그토록 중요한 이유를 충분히 짐작하고도 남을 것이다. 결혼에 대한 그리스도인의 생각은 늘 성장과 발전을 거듭해야 한다.

마지막 세 번째 원리는 지금까지 설명한 모든 것을 전제로 한다. 결혼생활이 실패하는 궁극적인 이유는 항상 자아에 있다. 자아가 다양한 형태로 모습을 드러내는 것이 그 이유다. 물론, 자아는 다른 모든 분야에서도 문제를 일으키는 원인으로 작용한다. 자아와 이기심은 세상을 혼란으로 몰아넣는 가장 강력한 요인이다. 국가나 정치, 산업이나 사회적 상황 등 어떤 견지에서 바라보더라도 세상을 혼란스럽게 하는 주요한 문제들은 모두 궁극적으로는 자아에 그 원인이 있다.

자아는 "내 권리"와 "내가 원하는 것"을 주장하고, 항상 "그는 뭐고, 그녀는 또 뭐냐?"라고 따져 묻는다. 자아는 여러 형태로 끔찍한 몰골을 드러내어 항상 문제를 일으킨다. 두 자아가 서로를 반대하는 경우에는 반드시 충돌이 빚어진다. 자아는 항상 자신만을 위해 모든 것을 원한다. 나를 비롯해 모든 사람의 자아가 다 똑같다. 자아에서 비롯된 자율적인 두 세력은 서로 충돌하지 않을 수 없다. 그런 충돌이 두 사람의 개인에서부터 큰 공동체와 제국과 국가에 이르기까지 모든 분야에서 발생한다.

지금 살펴보고 있는 바울의 가르침은 우리에게 자아에서 비롯하는 불행을 피할 수 있는 방법을 가르친다. 이것이 내가 결혼의 문제를 생각하기 전에 21절을 그토록 강조하려고 노력했던 이유다. "그리스도를 경외함으로 피차 복종하라"는 말씀은 본문을 이해하는 열쇠다. 이것은 근본 원리로 교회의 지체가 된 모든 신자에게 적용된다. 기혼이든 미혼이든, 우리는 모두 하나님을 경외함으로 서로에게 복종해야 한다. 바울은 이 원리를 남자와 여자, 남편과 아내라는 구체적인 상황에 적용한다. 그는 누구도 간과할 수 없을 만큼 명백하고 분명하게 이 원리를 가르치고 있다.

결혼의 본질은 무엇인가? 바울에 따르면 그것은 연합, 곧 두 사람이 한 몸을 이루는 것이다. 우리는 부부를 두 사람이 아니라 한 사람으로 생각해야 한다. 따라서 자아를 주장하려는 태도는 결혼의 근본 개념과 즉각 충돌을 일으킨다. 바울은 결혼 관계 안에서는 그런 충돌이 일어나서는 안 된다고 가르친다. 왜냐하면 부부를 두 사람으로 생각하는 것은 둘이 한 몸이라는 결혼의 근본 원리를 부인하는 것이기 때문이다. 교회가 그리스도의 몸인 것처럼 아내는 남편의 몸이다. 따라서 다른 어느 곳에서보다 여기에서 자아와 그 온갖 추한 모습이 결정적으로 단죄되고 있는 것을 알 수 있다. 이에 대하여 본문은 자아에서 온전히 해방될 수 있는 유일한 길을 제시한다.

이것이 주 예수 그리스도와 교회의 관계를 결혼 생활에 적용하는 데 필요한 세 가지 일반 원리다. 남편들은 이 원리를 기억하고 순종해야 한다.

적용의 단계에서의 마지막 남은 한 부분은 지금껏 살펴본 이 원리들을 실생활에 어떻게 적용해야 하느냐는 것이다. 이제 그 구체적인 지침들을 살펴보자.

더 훌륭한 나의 반쪽

남편은 아내가 자신의 일부라는 사실을 먼저 깨달아야 한다. 이 사실은 본능으로는 알 수 없고, 가르침을 통해서만 알 수 있다. 성경은 도처에서 이 사실을 가르친다. 남편은 자신과 아내가 따로가 아니라는 사실을 이해해야 한다. 바울은 이 사실을 거듭 강조했다.

"이와 같이 남편들도 자기 아내 사랑하기를 자기 자신과 같이 할지니 자기 아내를 사랑하는 자는 자기를 사랑하는 것이라"

"우리는 그 몸의 지체(살과 뼈)임이라"

"…그 둘이 한 육체가 될지니"

이 말씀들은 주님과 우리의 관계만이 아니라 결혼 관계에도 똑같이 적용된다.

아내를 동료로 여기는 것만으로는 충분하지 않다. 아내는 남편의 동료일 뿐 아니라 동료 이상의 의미를 지닌다. 사업상의 동료 관계는 남편과 아내의 관계를 빗대는 비유로는 부적합하다. 바울의 비유는 그 이상의 의미를 지닌다. 남편과 아내의 관계에는 동료 관계가 포함되지만, 거기에서 그치지 않는다. 이 개념을 훨씬 더 잘 표현하는 문구가 있다. 내가 보기에 그 문구는 기독교의 가르침을 무의식적으로 반영하고 있는 듯 보인다. 구체적으로 말해, 남편들은 아내들을 가리켜 "나의 더 나은 반쪽"이라고 일컫는다. 참으로 지당한 표현이다.

아내는 동료가 아니라 남자의 다른 반쪽이다. "나의 더 나은 반쪽"은 "그 둘이 한 육체가 될지니"라는 말씀과 일맥상통한다. "반쪽"이라는 말에는 바울이 여기에서 설명하려고 애쓰는 개념이 고스란히 담겨 있다. 부부는 동떨어진 두 개의 실체가 아니라 하나를 이루는 두 개의 반쪽이다.

"그 둘이 한 육체가 될지니", 따라서 남편은 더 이상 혼자서나 개별적으로 생각해서는 안 된다. 바울의 말대로 그런 일은 결혼 관계에서는 불가능하다. 왜냐하면 "자기 아내를 사랑하는 자는 자기를 사랑하는 것"이기 때문이다. 남편은 사실 상 아내라는 배우자가 아니라 자기 자신을 사랑하는 것과 같다. 이것이 결혼 관계가 만들어내는 차이다.

남편은 실생활에서 무엇을 생각하든지 아내를 반드시 고려해야 한다. 그는 혼자 동떨어진 상태에서 자신을 생각해서는 안 된다. 만일 그렇게 한다면, 그것은 결혼의 근본 원리를 파괴하는 것이다. 물리적인 차원에서 그런 일이 발생할 때는 모두가 그 사실을 알 수 있다. 그러나 진정한 파괴 행위는 그 전에 영적, 지성적 차원에서 먼저 일어난다. 남편이 혼자 동떨어져 자신을 생각하는 순간, 결혼 관계는 파괴되기 시작한다.

그는 그렇게 할 권리가 없다. 사실, 어떤 점에서 그는 그렇게 할 수가 없다. 왜냐하면 아내가 그의 일부이기 때문이다. 그런 일이 발생하면, 아내에게 큰 피해를 줄 수밖에 없다. 또한 아내는 남편의 일부이기 때문에 남편 자신도 피해를 모면하기 어렵다. 그런 태도는 의식하지 못하는 사이에 결국 자신을 해치는 것이다. 따라서 남편은 개별적으로 독단적인 생각을 일삼아서는 안 된다. 남편은 전체의 반쪽에 불과하다. 그가 하는 일에는 항상 나머지 반쪽이 참여한다.

이것은 욕구의 경우에도 똑같이 적용된다. 남편은 단지 자신만을 위해 무엇을 바라서는 안 된다. 그는 더 이상 개인이 아니다. 그런 의미에서 그는 더 이상 자유롭지 못하다. 아내가 그의 모든 욕구에 연루되어 있다. 따라서 남편은 항상 아내를 고려해야 할 의무가 있다.

다시 말해, 남편은 아내를 부속물로 생각해서는 안 된다. 이런 표현까지 사용해야 하는 현실이 매우 유감스럽지만, 남편은 아내를 성가신 존재로 여겨서는 안 된다. 그런데도 그렇게 생각하는 남편들이 적지 않다.

이것은 결혼한 남자는 이기적인 태도를 취해서는 안 된다는 가르침으로 간단히 요약할 수 있다. 물론, 아내도 이기적이어서는 안 된다. 이 모든 가르침은 아내에게도 똑같이 적용된다. 그러나 우리는 지금 남편의 의무를 다루고 있다. 남편에게 복종하는 것이 아내의 의무라는 사실은 이미 앞에서 살펴보았다. 아내의 복종도 같은 원리에 근거한다. 여기에서는 그 원리가 남편에게 적용된다. 따라서 남편들은 결혼 관계에서 자신에게 적용되는 가르침을 항상 기억하고, 무엇을 생각하고 무엇을 바라든, 모든 삶과 활동을 이 원리에 복종시켜야 한다.

이 점을 좀 더 분명하고 확실하게 살펴보면 다음과 같다. 28절은 "자기 아내를 사랑하는 자는 자기를 사랑하는 것이라"는 말로 끝맺는다. 앞서 말한 대로, 바울은 주님과 교회의 관계를 묘사하면서 몸의 비유를 사용했다. 그는 같은 구절에서 "이와 같이 남편들도 자기 아내 사랑하기를 자기 자신과 같이 할지니"라고 덧붙였다. 이어서 그는 이 가르침을 29절에서 "누구든지 언제나 자기 육체를 미워하지 않고 오직 양육하여 보호하기를 그리스도께서 교회에 함과 같이 하나니"라는 말로 구체적으로 설명했다.

바울은 남편과 아내가 하나라는 사실을 깨달아야 한다고 가르친다. 특히 몸의 비유에 따르면, 남편은 아내가 자신의 일부라는 사실을 알아야 한다. 남편은 아내를 자신의 몸을 대하듯 대해야 한다. 이것은 일종의 유비추론이다. 아니, 유비추론을 넘어서는 현실이다.

우리는 앞에서 창세기 2장의 마지막 부분을 중심으로 이미 이 문제를 살펴보았다. 여자는 본래 남자에게서 취해졌다. 창세기의 기록은 여자가 남자의 일부라는 것을 입증하는 증거를 제시하는 한편, 남자와 여자의 연합이 지니는 특징을 묘사한다. 이런 이유로 바울은 남자에게 "자기 아내 사랑하기를 자기 자신과 같이 할지니"라고 당부했다. "같이"라는 짧은 용어는 매우 중요하다. 왜냐하면 그 의미가 쉽게 오해될 수 있기 때문이다.

바울은 "이와 같이 남편들도 자기 아내 사랑하기를 자기 자신을 사랑하듯이 할지니"라고 말하지 않았다. 이 말씀은 그런 의미가 아니다. 이 말씀은 "남편은 아내를 사랑해야 한다. 왜냐하면 아내는 남편의 몸 자체이기 때문이다"라는 의미를 담고 있다. 남편은 자신의 몸인 아내를 사랑해야 한다. 이것이 바울이 가르치려는 것이다. 자기 몸을 사랑하는 것 '처럼', 그 비슷한 만큼 아내를 사랑해야 한다는 뜻이 아니라는 것이다. 남편은 자신의 몸, 곧 자신의 일부로서 아내를 사랑해야 한다. 아담의 갈빗대로 만들어진 하와가 그의 일부인 것처럼 아내도 남편의 일부이다.

내가 이 점을 강조하는 것은 바울이 결혼 관계가 깨어질 수 없는 속성을 지닌다고 가르치기 때문이다. 내가 성경의 가르침을 이해하는 대로라면, 결혼 관계를 깨뜨릴 수 있는 것은 오직 음행뿐이다. 그러나 여기에서 우리가 관심을 집중해야 할 문제는 바울이 남편들에게 가르치는 것, 곧 남편은 아내와 자신을 분리할 수 없다는 것이다. 우리가 우리의 몸에서 우리 자신을 떼어낼 수 없듯, 남편은 아내와 분리될 수 없다. 아내는 남편의 일부다. 남편은 그 사실을 항상 기억해야 한다. 남편은 혼자서 살 수 없다. 남편은 아내와 동떨어져 살 수 없다. 그 사실을 항상 기억하면, 아내와 상관없이 자신만을 생각하는 위험이나 아내를 고려하지 않고 무엇을 바라거나 행하는 위험에서 벗어날 수 있을 뿐 아니라, 서로를 미워하고 적대시할 가능성을 예방할 수 있다.

바울은 "누구든지 언제나 자기 육체를 미워하지 않고 오직 양육하여 보호하기를 그리스도께서 교회에게 함과 같이 하나니"라고 말했다. 자기 육체를 미워하는 것은 어리석은 일이다. 남편과 아내가 서로를 증오하는 것은 완전히 정신 나간 짓이다. 그런 결과는 남편이 결혼의 의미를 전혀 이해하지 못하는 데서 비롯한다.

"누구든지 언제나 자기 육체를 미워하지 않고 오직 양육하여 보호하기를 그리스도께서 교회에게 함과 같이 하나니"

아내는 남편의 육체다. 아내는 남편의 몸이다. 따라서 남편은 아내를 자신의 몸으로 알고 사랑해야 한다.

이런 사실은 실생활에 어떻게 적용될까? 불신자는 물론 그리스도인들까지 모두가 필요로 하는 가르침을 전하면 다음과 같다. 하나님은 우리 모두가 실패했다는 것을 알고 계신다. 우리 모두는 이 가르침을 이해해 구체적으로 적용하지 못한 탓에 죄를 지었다. 성경의 원리는 아내가 남편의 몸이라는 것이다. 남편의 몸이 그의 일부이듯, 아내는 남편의 일부다. 바울의 상세한 가르침은 그러한 원리에 근거한다. 남편은 아내를 어떻게 대해야 할까? 해서는 안 될 행위부터 먼저 언급하면 이렇다.

남편은 아내를 학대해서는 안 된다. 사람은 때로 자기 몸을 학대하기도 한다. 예를 들어, 과식이나 과음을 비롯해 다양한 방법으로 자신의 몸을 학대하는 이들이 많다. 그런 행위는 몸을 학대하고, 혹사시키고, 함부로 다루는 것이다. 바울은 그렇게 하는 것은 어리석은 짓이라고 말한다. 자기 몸을 학대하고 혹사시키는 행위는 스스로를 괴롭게 하는 결과를 낳는다. 우리는 우리의 몸과 분리될 수 없다. 만일 그렇게 할 수 있다고 생각하고 몸을 학대하면, 고통을 자초할 뿐이다. 생각도 고통을 받고, 마음도 고통을 받고, 생활 전체가 고통을 받는다. "내 육체에는 관심이 없어. 오직 지성만이 중요해"라고 말할지도 모르겠다. 그러나 그런 생활을 계속한다면, 곧 지성의 힘이 사라지고, 사고의 능력을 잃게 될 것이다. 자기 몸을 학대하는 사람은 고통을 받게 될 것이다.

결혼 관계도 마찬가지다. 아내를 학대할 경우에는 아내는 물론, 남편 자신도 고통을 받게 된다. 그런 남편은 타고난 성품이 악하든 선하든 상관없이 어리석은 사람에 지나지 않는다. 남편이 아내를 학대하면, 아내와 남편 모두가 고통을 받게 되고, 둘 사이의 관계가 파괴된다. 이런 일이 오늘날 세상에서 너무나도 자주 일어난다. 그리스도인 남편이 아내를 학대한다는 것은 생각조차 할 수 없는 일이다.

또한 남편은 아내를 학대하지 않아야 할 뿐 아니라 아내를 소홀히 대해서도 안 된다. 몸의 비유를 다시 생각해보자. 우리는 우리 몸을 소홀히 할 수 있다. 그런 일은 종종 일어나고, 항상 문제를 일으킨다. 몸을 소홀히 하는 것은 어리석고 나쁜 잘못이다. 인간은 육체와 마음과 영으로 이루어졌다. 이 셋은 서로 밀접한 관계를 맺고 있다. 우리 모두는 이 사실을 분명히 알고 있다.

육체가 연약한 경우를 예로 들어보자. 만일 내가 후두염을 앓고 있다면, 설교를 하고 싶어도 할 수 없다. 떠오르는 생각도 많고 말씀을 전하고 싶은 마음도 간절하지만, 목에 염증이 생긴다면 말을 제대로 할 수 없다. 몸을 잘 돌보지 않으면 그렇게 될 수밖에 없다. 몸을 소홀히 하면 그로 인해 고통을 받게 된다. 몸을 소홀히 하는 탓에 일을 제대로 하지 못하는 사람들이나 학자들이 적지 않다. 그 이유는 인간의 인격을 구성하는 이 세 가지 요소가 서로 밀접하게 연관되어 있기 때문이다.

바울은 결혼 관계도 그와 똑같다고 가르친다. 아내를 소홀히 하는 탓에 결혼생활에 얼마나 많은 문제가 발생하는지 모른다. 요즘 많은 아내들이 흡연 충동을 느끼며 살고 있다는 의사들의 연구 보고가 신문에 실렸다. 원인이 무엇일까? 원인은 남편들이 아내들을 소홀히 하기 때문이다. 남편들은 스포츠를 즐기거나 술집에서 술을 마시거나 친구들과 게임을 하면서 저녁 시간을 보낸다. 그동안 가엾은 아내는 홀로 집에서 아이들을 돌보고 집안일을 하며 지낸다. 남편들은 잠자리에 들 무렵에야 집에 돌아와 곧장 꿈나라로 향한다. 그리고는 아침에 일어나 직장으로 향한다.

아내들이 신경이 예민해져 과도한 흡연 욕구를 느끼거나 그 밖의 여러 가지 신경증을 앓는 이유는 남편이 그들을 소홀히 하기 때문이다. 결혼한 남자가 아내를 소홀히 하는 것은 참으로 개탄스런 일이다. 결혼한 남자가 아직도 독신자인 것처럼 혼자만의 삶을 즐기며 친구들과 시간을 보내는 것은 결코 옳지 않다.

이런 상황을 좀 더 자세히 말할 수도 있지만, 이미 모두가 다 알고 있는 사실인지라 더 이상의 말은 필요하지 않을 것이다. 그러나 나는 심지어 그리스도인들, 심지어는 복음주의 그리스도인들 사이에서조차 이 점을 망각하는 경향이 있다는 것을 발견한다. 결혼한 남자는 더 이상 독신자처럼 행동해서는 안 된다. 모든 것을 아내와 함께 해야 한다.

최근에 한 복음주의 단체와 연관된 사교 모임에 초대를 받은 적이 있었다. 그런데 아내는 제외하고 나만 초대를 받았다. 그런 경우에 늘 그래왔듯이, 나는 당연하게 그 초청을 거부했다. 그것은 복음주의 단체가 결혼 관계에 관해 올바른 생각을 가지고 있지 않다는 것을 단적으로 보여주는 사례였다. 나는 그리스도인 남편이 아내와 상관없이 사교 모임에 초청을 받는 경우, 단연코 거절해야 한다는 것을 하나의 규칙으로 제안하고 싶다. 아내를 대동하지 않고 남편들만 클럽에 모여 어울리는 탓에 결혼 관계에 돌이킬 수 없는 피해가 발생하는 경우가 비일비재하다. 이것은 잘못이다. 왜냐하면 첫 번째 원리를 부인하는 것이기 때문이다. 남편과 아내는 일을 함께 해야 한다. 물론, 사업을 할 때는 남편 혼자서 해야 한다. 남편이 혼자 일을 해야 하는 경우가 더러 있다. 그러나 아내가 참여할 수 있는 사교 모임과 같은 경우에는 항상 아내를 대동해야 한다. 남편은 아내가 그런 기회를 놓치지 않도록 세심하게 배려해야 한다. 나는 그리스도인 남편이라면 누구나 아내와 상관없이 혼자만 그런 초청을 받는 경우에는 기꺼이 거절하라고 당부하고 싶다.

이런 문제와 관련해 나를 크게 걱정하게 만드는 경우가 하나 더 있다. 때로 사람들이 "복음적인 과부"라고 일컫는 말이 심심하지 않게 들려온다. 이 말은 매일 저녁마다 이런 저런 모임에 참석하기 위해 밖으로 나도는 남편을 둔 아내를 가리키는 표현이다. 다시 말해, 그런 남편들은 자신이 선한 기독교 사역에 참여하고 있다고 주장한다. 그러나 그들은 자신이 결혼한 남자라는 사실을 망각하고 있는 듯하다. 물론, 또 다른 극단에 치우쳐 아무것도 하지 않은 채 늘 자신만을 생각하며 집에서 빈둥거리는 남편들도 있다. 두 가지 극단 모두 바람직하지 않다. 그러나 지금 이 순간 나의 관심은 기독교 사역에 바쁜 나머지 아내를 소홀히 하는 남편들의 잘못을 지적하는 데 있다.

나는 그런 경우를 많이 보고, 들어 왔다. 최근에 잉글랜드 북부에 사는 한 남자에 관한 소식을 전해들은 적이 있다. 그는 매일 저녁마다 밖에 나가 이런저런 사역을 주도하고, 모임에서 말씀을 전하는 사람이다. 내게 그 말을 전해준 사람도 자신도 그런 경향이 없지 않았는데, 모든 사람이 수군대는 그 사람의 아내를 만나보고 나서야 비로소 정신을 차리게 되었노라고 고백했다. 아무튼, 그는 그 남자의 가엾은 아내가 마치 노예처럼 보였다고 말했다. 그의 말에 따르면, 그녀의 기진맥진한 모습은 그녀가 지치고, 피곤하고, 홀대받고, 불행하고, 속이 몹시 상해 있는 듯한 인상을 풍겼다고 한다. 그런 남편의 행동은 큰 죄에 해당한다. 아무리 기독교 사역을 행한다는 명분을 내세운다고 해도, 그런 식으로 결혼 관계를 소홀히 하는 것은 결코 옳지 않다. 왜냐하면 아내는 노예가 아닌 남편의 일부, 곧 "남편의 더 좋은 반쪽"이기 때문이다.

그리스도인 남편들은 자신의 행동을 철저히 돌아봐야 한다. 가정은 단지 잠을 자기 위한 기숙사가 아니다. 가정은 적극적이고, 이상적이고, 긍정적인 관계를 맺는 곳이다. 우리는 이 사실을 늘 염두에 두어야 한다. 남편은 하나님께 지혜를 구해 사역과 가정을 균형 있게 이끌어가는 방법을 터득해야 한다. 그의 성격이나 기질은 아무 상관

없다. 일단 결혼을 한 이상, 독신자처럼 행동해서는 안 된다. 설혹 기독교 사역과 관련된 일을 한다고 해도 마찬가지다. 왜냐하면 아내를 소홀히 하는 것은 자신이 전하는 복음의 가르침을 부인하는 것이다.

또한 그렇게 기독교 사역 일을 할 때에 이기심에 크게 사로잡힐 수 있다. 내가 보기에 그런 일은 대개 사려 깊지 못한 데서 비롯한다. 사려 깊지 않은 태도는 항상 이기심을 자극한다. 그리스도인은 사려 깊지 못한 행동을 일삼아서는 안 된다.

또 기억해야 할 것은 남편은 아내를 학대하거나 소홀히 해서는 안 될 뿐 아니라, 당연하게 여겨서도 안 된다. 항상 아내의 존재를 인정하는 태도가 필요하다. 아내는 집지키는 사람이 아니다. 아내의 존재를 인정하는 가장 좋은 방법은 무엇일까? 바울은 이렇게 말했다.

"이와 같이 남편들도 자기 아내 사랑하기를 자기 자신과 같이 할지니 자기 아내를 사랑하는 자는 자기를 사랑하는 것이라 누구든지 언제나 자기 육체를 미워하지 않고 오직 양육하여 보호하기를 그리스도께서 교회에게 함과 같이 하나니"

이 말씀을 살펴보면서 주님이 우리를 양육하고 보호하시는 방법을 깨닫고 감탄하며 놀라워했던 기억이 생생할 것이다. 남편은 바로 그런 식으로 아내를 대해야 한다. 남편은 아내를 양육하고 보호해야 한다. 이 일도 깊은 생각이 있어야 행할 수 있다.

실제적이고 구체적인 지침

우리는 이 점을 사람이 자기 육체를 미워하지 않고 보호하고 양육한다는 비유를 통해 명확하게 이해할 수 있다. 사람은 어떻게 자기 몸을 돌보는가? 그 방법을 몇 가지 열거하면 다음과 같다.

무엇보다 식사, 곧 음식 섭취가 필요하다. 우리는 음식을 잘 생각해서 먹어야 한다. 규칙적인 식사를 통해 충분한 영양분을 섭취해야 한다. 남편과 아내의 경우도 마찬가지다. 남편은 무엇이 아내를 돕고, 무엇이 아내를 힘나게 하는지 생각해야 한다. 우리가 음식을 섭취할 때는 칼로리나 단백질, 지방이나 탄수화물의 함량을 따지는 것으로 만족하지 않는다. 우리의 관심은 순전히 과학적인 것만은 아니다. 그렇지 않은가?

음식과 관련해 생각해야 할 문제가 하나 더 있다. 우리는 미각의 즐거움을 추구한다. 우리는 보기에도 좋고, 맛도 있는 음식을 좋아한다. 남편이 아내를 대할 때도 그래야 한다. 남편은 무엇이 아내를 즐겁게 하고, 아내가 무엇을 좋아하고, 무엇에 마음을 기울이는지 세심히 살펴야 한다.

결혼하기 전에는 자기 마음대로 원하는 것을 했지만, 결혼한 뒤에는 그런 행동을 자제해야 한다. 그것이 어려운 점이 아니겠는가? 물론이다. 바울은 생각을 멈추지 말고, 계속 생각하라고 권고한다. 우리는 그리스도인이기 때문에 시간이 흐를수록 더 많이 생각해야 한다. 이것이 바울의 주장이다. 양심이 찔리는가? 그러나 이것이 사도의 가르침, 곧 신약성경의 가르침이다. 아내의 인격과 영혼을 배려하라. 하나님이 제정하신 이 놀라운 관계 안에서 아내의 삶과 발전을 위해 적극적으로 생각하고 노력하라.

그 다음은 운동이다. 몸의 비유는 즉시 운동을 떠오르게 한다. 운동은 몸을 돌보는 데 반드시 필요하다. 또한 운동은 결혼 관계에도 똑같이 중요하다. 결혼 관계에서 운동이란 곧 대화를 나누는 것과 같은 단순한 일일 수 있다. 안타깝게도 대화의 부재로 인해 결혼 관계에 문제가 발생하는 경우가 너무나도 많다. 남편들은 이런저런 빌미를 내세워 대화를 기피하곤 한다. 남자는 피곤하다. 일터나 사무실에서 온종일 일을 하다가 지치고 피곤한 몸을 이끌고 집에 돌아온 남자는 오로지 휴식과 평화만을 원한다.

그러나 아내의 경우도 마찬가지다. 단지 차이가 있다면 아내는 하루 종일 혼자 있거나 아이들을 돌보느라 분주했다는 것뿐이다. 남편은 싫든 좋든, 아내와 대화를 나눠야 한다. 아내는 그런 점에서 운동을 필요로 한다. 일과 관련된 문제나 걱정거리나 일상에 관해 아내와 대화를 나눠라. 아내는 남편의 몸이요 지체다. 아내에게 말할 기회를 제공하라. 아내의 의견을 물어라. 아내가 이해한 대로 자신의 의견을 제시하게 하라. 남편에게 아내는 삶의 일부다. 남편의 삶에 아내를 참여시켜라. 아내에게 말을 걸어라. 다시 말해, 스스로를 생각하게 만들어라.

다시 말하지만, 나는 남편들이 내세우는 온갖 변명을 잘 알고 있다. 물론, 대화를 나누는 일은 어려울 수 있다. 그러나 그런 것은 모두 궁색한 변명에 지나지 않는다. 남편은 결혼 전에도 대개 일을 하느라 지치고 피곤했다. 그래도 당시에는 무슨 일을 하든지 애인에게 말을 걸기를 좋아하고, 모든 것을 함께 하고 싶어 애가 탔었다. 그런데 결혼했다고 해서 그런 시도를 중단해야 하는 이유는 무엇인가? 바울은 그래서는 안 된다고 가르친다. 남편과 아내는 하나다. 아내를 보라. 그리고 아내를 자기 몸으로 알고 배려하라. 그런 형태의 운동이 꼭 필요하다는 점을 잊지 말라. 아내를 모든 일에 참여시켜라. 그래야 아내가 발전할 수 있고, 행복해질 수 있다. 이는 남편 자신에게도 좋은 일이다. 왜냐하면 결혼 관계가 원만해지고 더욱 형통할 것이기 때문이다.

그 다음 실천해야할 남편의 의무는 이것이다. 남편은 아내를 보호해야 한다. 몸은 음식과 운동을 필요로 한다. 그밖에도 우리는 우리의 몸을 이해하는 법을 배워야 한다. 바울은 아내를 보호하라고 가르친다. 베드로 사도 역시 아내를 "더 연약한 그릇"으로 여겨 존중하라고 권했다. 이 말은 우리의 몸이 제각기 약점을 지니고 있다는 것을 암시한다. 사람의 몸은 육체적인 측면에서도 모두 다르다. 어떤 사람은 다른 사람들에 비해 추위와 냉기에 특히 약하다. 체질상 이런저런 약점을 지니고 있는 이들이 많다. 우리는 병원균에 감염되기도 하고, 또 우리를 괴롭히는 다양한 질병에 시달리기도 한다.

지혜로운 사람은 이런 상황에서 어떻게 할까? 그런 사람은 자신의 약점을 잘 알고 신중하게 주의를 기울인다. 다시 말해, 겨울철에는 두꺼운 옷을 입고, 목에 목도리를 두르고, 어떤 활동은 일부러 삼간다. 그는 자신을 보호하고, 자신의 약점을 잘 파악해 살면서 부딪치는 온갖 위험 요소로부터 자신을 지킨다.

"이와 같이 남편들도 자기 아내 사랑하기를 자기 자신과 같이 할지니…"

아내의 기질상의 약점을 잘 알고 있는가? 아내의 성격에서 특별한 점을 발견했는가? 아내가 신경이 예민하며 쉽게 불안해하는 편인가? 아니면, 너무 솔직해서 탈인가? 아내의 특별한 성격이 무엇인지는 중요하지 않다. 나름대로 특별한 약점이 있는 것은 지극히 당연한 일이다. 문제는 그런 아내의 성격에 어떻게 반응하느냐는 것이다. 귀찮고 성가시게 느끼는가? 아내의 약점을 비웃고 무시하는가? 바울은 자기의 몸을 대하듯 행동하라고 권고한다. 아내를 약점으로부터 보호하고, 안전하게 지켜라. 아내가 걱정이 많은 성격을 타고났다면, 그것으로부터 아내를 지키고 보호하라. 아내를 약점과 나쁜 버릇과 연약함으로부터 안전하게 보호하기 위해 최선을 다하라. 자신의 몸을 위해 하듯 아내에게 행하라.

물론, 수천 명의 목숨을 앗아가는 독감이나 열병과 같은 심각한 질병이 있을 수 있듯, 결혼 관계에도 그런 심각한 상황이 발생할 수 있다. 다시 말해, 시련과 난관과 환난 등, 결혼 관계를 극한까지 몰아넣는 어려움이 닥쳐올 수 있다.

그런 상황은 어떻게 대처해야 할까? 몸에 질병이 걸렸을 때, 즉 독감에 걸려 고열에 시달릴 때 어떻게 행동하는가? 그럴 때는 뜨거운 물을 담은 물주머니를 안고 침대에 누워 쉬면서 적절히 영양분을 섭취해야 한다. 열을 내리고, 몸의 저항력을 강화시키기 위해 최선을 다해야 한다. 특별히 예외적인 시련이나 근심거리나 문제, 즉 아내를 극도로 고민하게 만드는 일이 발생했다면, 남편은 아내를 보호하고 돕고 격려하는 데 관심을 집중해야 한다. 아내는 "더 연약한 그릇"이다.

이제 남편의 의무 중, 마지막 요점을 살펴보자. 우리는 여러 가지 예방 접종을 통해 몸이 병원균에 감염되지 않도록 보호한다. 결혼 관계에도 그런 노력을 기울여라. 아내에게 인생의 시련을 잘 이겨낼 수 있는 힘을 길러주라. 아내를 강하게 만들어라. 모든 일을 혼자서 하려고 하지 말라. 아내를 강하게 만들어 스스로를 지킬 수 있게 하라. 그래야만 남편이 먼저 세상을 떠나더라도 아내가 당황하지 않고 삶을 이끌어갈 수 있다. 자신의 몸을 돌볼 때처럼 이 모든 것을 깊이 생각하라. 몸이 병들면, 노력을 더욱 기울여 적절히 약을 투여하고, 한동안 쉬면서 건강이 다시 회복되어 활력과 행복감을 되찾을 때까지 세심하게 배려해야 한다.

우리는 지금까지 가장 중요한 한 가지 원리를 다루어왔다. 남편은 아내를 "자기 자신과 같이", 즉 자신의 몸으로 알고 사랑해야 한다.

"남편들아 아내 사랑하기를 그리스도께서 교회를 사랑하시고 그 교회를 위하여 자신을 주심 같이 하라"

"누구든지 언제나 자기 육체를 미워하지 않고 오직 양육하여 보호하기를 그리스도께서 교회에게 함과 같이 하나니"

9 변화를 경험하라

엡 5:25-33

연합의 원리를 기억하라

이 중요하고도 특별한 본문을 마지막으로 한 번 더 살펴보려 한다. 바울은 아내에 대한 남편의 의무에 우선적으로 초점을 맞춘다. 물론 그는 마지막 구절에서 다시 남편에 대한 아내의 의무를 상기시킴으로써 결혼에 관한 자신의 가르침을 온전한 형태로 마무리한다. 지금까지 말한 대로, 이 모든 가르침을 적용하려면, 무엇보다 그 내용을 이해하는 것이 중요하다. 특히 그리스도인은 이성적으로 생각하고 사고하는 습관을 지녀야 한다. 신앙생활은 마술과는 무관하다. 거듭남은 하나님의 사역이지만, 새 생명을 받는 순간, 우리는 생각하고 사고하고 이해하는 힘을 발휘할 수 있다. 따라서 신약성경의 서신서는 우리의 이해를 촉구한다. 바울은 에베소서 서두에서 성령으로 "마음의 눈이 밝아지게" 해달라고 기도했다. 이미 설명한 대로, 바울은 그리스도와 교회에 관한 위대한 교리를 제시한 다음, "이와 같이, 그렇게" 하라고 당부한다.

이 강해 설교가 온전해지려면 몇 가지 실천적인 문제를 다루는 것이 필요하다. 바울은 여기에서 몇 가지 실천 명령을 제시하고 있다. 그의 명령은 모두 그가 사용하는 이 위대한 비유와 밀접하게 관련된다. 가장 중요한 원리는 연합이다. 우리는 남편과 아내가 본질적으로 하나라는 사실을 이해해야 한다. "그 둘이 한 육체가 될지니", 이 연합은 인간과 인간의 몸 사이의 관계는 물론, 그리스도와 교회의 신비적 연합에 비유된다.

연합은 결혼의 핵심 원리다. 이혼이 우리 시대의 중요한 문제로 부각한 이유는 사람들이 결혼의 의미를 연합의 관점에서 생각하지 않고 아무렇게나 혼인 관계를 맺었다가 쉽게 맹세와 서약을 어기기 때문이다. 사람들은 연합을 생각하지 않고, 결혼을 순전히 개인의 관점에서 생각한다. 두 사람이 각자 자신의 권리만을 주장하는 탓에 갈등과 불화가 빚어지고 결국에는 서로 등을 돌리고 만다. 이 문제를 해결하려면, 바울이 가르치는 연합의 원리를 이해해야 한다.

바울은 몸의 관점에서 결혼을 다루었다. 아울러 그는 창세기 2장에 나오는 아담과 하와의 창조 기사를 상기하며 아담에게 "돕는 배필"이 주어졌다는 사실을 강조함으로써 결혼의 의미를 분명하게 밝힌다. 하나님은 하와를 만들어 남자와 여자가 서로 결혼 관계를 맺게 하셨다. 성경은 "사람이 부모를 떠나 그의 아내와 합하여 그 둘이 한 육체가 될지니"라는 말씀으로 결혼 관계의 의미를 설명한다. 이 말씀은 남편이 될 남자에게 주어진 명령이다. 남자는 부모를 떠나야 한다. 왜 그래야 하는가? 그것은 남자와 그의 아내가 새로운 연합을 이루어야 하기 때문이다. 바울은 인과를 나타내는 "그러므로"라는 접속사를 사용했다. 그 원인은 무엇인가? 그 원인은 "우리는 그 몸의 지체(살과 뼈)임이라"는 말씀에 있다. 이것이 남편과 아내의 관계이다. "그러므로" 남자는 아내와 연합하기 위해 부모를 떠나야 한다.

이것은 가장 중요한 요점 가운데 하나다. 어떤 점에서 이것은 진정한 결혼 관계에는 반드시 연합이 뒤따른다는 것을 보여주는 결정적인 증거다. 즉, 바울은 남자가 결혼 관계를 맺는다는 것은 곧 옛 관계를 끊고 새로운 연합을 시도하는 것이라고 설명한다. 그는 더 이상 옛 관계에 속박되거나 매이지 않는다. 왜냐하면 새로운 관계, 즉 좀 더 친밀한 연합의 관계를 맺기 때문이다. 남자가 결혼하기 전까지는 부모에게 충실해야 한다. 그러나 결혼한 뒤에는 다르다. 그는 "부모를 떠나" 새로운 관계를 맺어야 한다. 이것은 참으로 중요한 가르침이 아닐 수 없다. 성경은 부모와 자녀의 관계에 관해 많은 것을 가르친다. 가족은 삶의 기본 단위다. 바울은 다음 장에서 이러한 말씀으로 서두를 시작한다.

"자녀들아 주 안에서 너희 부모에게 순종하라 이것이 옳으니라"

이 말씀은 지금 이 말씀(즉, 남자가 결혼하면 더 이상 자녀가 아니라고 가르치는 말씀)에 비춰 생각해야 한다. 남자는 부모를 떠나 새로운 연합의 관계를 맺는다. 다시 말해, 새로운 연합을 통한 새로운 관계를 맺으려면 전에 살던 곳을 떠나야 한다. 그는 결혼을 통해 새로운 단위체, 즉 새로운 가정의 머리가 된다.

결혼 관계에서 긴장이 크게 고조되고 많은 어려움이 발생하는 이유는 바로 이 때문이다. 이 모든 문제에 관한 성경의 가르침은 문맥 안에서 합리적으로 파악해야 한다. 이런 문제를 율법적으로 이해하려고 해서는 곤란하다. "사람이 부모를 떠나"라는 말씀은 부모와 아무 관계도 맺어서는 안 된다는 뜻과는 거리가 멀다. "부모를 떠나"에서 "떠난다"는 것의 의미를 생각해볼 필요가 있다. 이것은 매우 실제적인 문제이지만, 더 중요한 것은 거기에 담겨 있는 영적 의미다. 어떤 사람들은 이 말씀을 율법적으로 받아들여 부모를 외면하고 홀대한다. 이것은 바울의 가르침이 아니다. 그의 관심은 원리를 가르치는 데 있다. 우리는 이 원리에 깊은 관심을 기울여야 한다.

결혼한 남자는 원칙상 스스로를 부모의 자녀가 아니라 먼저 한 여자의 남편으로 생각해야 한다. 결혼 전에 남자는 스스로를 부모의 자녀로 생각하며 살아왔다. 그런 생각은 틀리지 않다. "네 부모를 공경하라"는 말씀은 십계명 가운데 하나다. 그러나 결혼한 남자는 정신적인 태도를 새롭게 조정해야 한다. 그는 새로운 관계를 전제로 모든 것을 생각하고, 새로운 삶을 시작해야 한다. 그는 더 이상 누구에게 종속되지 않고, 스스로 새 가족의 가장이 된다. 그는 스스로를 그렇게 생각하고, 마음을 다잡아야 한다.

부모를 떠난다는 것은 앞으로는 더 이상 부모의 통제를 받지 않는다는 것을 의미한다. 여기에서 어려움이 발생한다. 20년, 25년, 30년 동안 부모와 자녀라는 옛 관계가 지속되어왔다. 그 관계가 습관으로 굳어졌기 때문에 늘 자연스레 그렇게 살아왔다. 그러다가 결혼을 하게 되면, 남자는 물론, 부모들도 그가 처하게 된 새로운 상황을 선뜻 받아들이지 못해 크게 어려워한다.

그러나 본문은 아내와 연합하려면 부모를 떠나야 한다고 가르친다. 남자는 자신의 새로운 지위를 지키고 보호해야 한다. 부모의 간섭을 허용해서는 안 된다. 아내와 연합한 이상, 더 이상 이전처럼 행동해서는 안 된다. 그는 이전의 그와는 다르다. 다시 말해, 사람은 이전과 똑같은 사람이되 거기에 새로운 요소가 첨가되어 옛 관계와 새 관계가 서로 나뉘는 것이다.

이것이 "부모를 떠나"라는 말의 의미다. 남자는 결혼을 통해 주어진 새로운 지위를 지켜야 한다. 부모의 입장에서 생각할 때도 똑같이 새로운 현실을 인정해야 한다. 아들처럼 부모도 정신적 태도를 재조정해야 한다. 부모는 아들이 가장 충실해야 할 대상이 그의 아내라는 사실을 인정해야 한다. 아들이 아내에게 충실하지 못할 경우에는 못난 남자에, 못난 남편이며 못난 아들로 간주해야 한다. 부모는 아들의 새로운 결혼생활을 간섭해서는 안 된다. 부모는 과거에는 아들에게 이것저것을 명령했다. 그들은 마땅히 그렇게 해야 했다. 그러나 이제는 더 이상 그렇게 해서는 안 된다. 부모는 전혀 새로운 상황이 시작되었다는 것을 인정하고, 아들을 더 이상 통제의 대상으로 여겨서는 안 된다. 그는 결혼했고, 새로운 가정이 시작되었다. 부모는 아들을 이전처럼 대해서는 안 된다. 또 부모는 아들에게 대하듯 며느리를 대해야 한다.

이것이 부모를 떠나 아내와 한 몸을 이루라는 말씀에 담겨 있는 의미다. 상황에 연루된 당사자들이 새로운 연합이 이루어졌다는 사실을 인정해야 한다는 것이 바울의 가르치는 핵심 요점이다. 전에는 그렇지 않았지만, 지금은 그렇다. 장가든 남자는 자신을 이전과 똑같이 생각해서는 안 되고, 시집온 여자도 이전에 부모와 관계를 맺으며 지내던 때와는 다르다는 것을 인식해야 한다. 양측 부모 역시 그들을 이전처럼 생각해서는 안 된다. 모든 것이 달라졌다. 결혼의 결과로 새로운 연합이 이루어졌기 때문에 모두의 생각이 전면 재조정되어야 한다.

성경의 가르침에 따르면, "떠나서 합하는" 일련의 행동보다 더 철저해야 하는 것은 없다. 가정은 세상의 기본 단위이다. 남자는 여전히 부모의 아들이고, 그런 점에서 그의 가문에 속해 있지만, 그는 이제 새 가족의 가장이 되었기 때문에 마땅히 새로운 지위에 걸맞은 대우를 받아야 한다. 그는 스스로를 그렇게 생각해야 한다. 그는 자신을 이전처럼 생각해서는 안 된다. 부모가 자신을 그렇게 생각하도록 허용해서도 안 된다.

"그러므로 사람이 부모를 떠나…그 둘이 한 육체가 될지니"

이 말씀을 진정으로 깨닫는 순간, 결혼은 인생에서 가장 중대한 문제 가운데 하나가 된다. 결혼식 예배를 드릴 때는 새로운 연합이 이루어졌기 때문에 지금까지 생각해온 사고방식을 버리고 새로운 관계 안에서 신부와 신랑을 바라봐야 한다는 점을 잊어서는 안 된다. 새로운 결혼 관계는 다른 모든 인간관계에 우선한다. 남자는 부모를 떠났다. 그의 아내도 마찬가지다. 이 원리를 이해하고, 여기에서 가르치는 이상적인 결혼을 실천에 옮긴다면, 그리스도인의 결혼과 불신자의 결혼의 차이를 쉽게 구별할 수 있을 것이다. 이것은 바울이 우리에게 제시하는 첫 번째 실천 명령이다.

이어지는 두 번째 실천 명령은 이것이다.

"그러나 너희도 각각 자기의 아내 사랑하기를 자신 같이 하고…"

앞에서 사람과 사람의 몸의 관계, 아내에 대한 남편의 태도와 같은 문제를 다룰 때 바울이 가르치는 요점을 이미 다루었다. 이 점을 가장 잘 설명하고 있는 말씀이 골로새서 3장 19절에서 발견된다.

"남편들아 아내를 사랑하며 괴롭게 하지 말라"

이 부정적인 명령은 에베소서 5장 마지막 구절에 있는 긍정적인 명령을 이해하는 데 도움이 된다. 남편이 자칫 범할 수 있는 잘못은 폭군처럼 아내를 지배하는 것이다. 남편이 머리요 지도자라는 사실은 그가 책임자의 위치에 있다는 것을 의미한다. 이것은 하나님이 태초에 정하신 질서다.

그러나 바울의 말대로, 남편이 "아내를 괴롭게 하는" 잘못을 저지를 가능성이 항상 존재한다. 그런 잘못을 저지르지 않으려면, "너희도 각각 자기의 아내 사랑하기를 자신 같이 하라"는 명령에 귀를 기울여야 한다. 남편은 자기 자신을 괴롭히지 않듯 아내를 괴롭혀서는 안 된다. 아내를 억압하고 지배하려고 해서는 안 된다.

바울이 기록한 이 말씀은 당시에 가장 놀라운 말씀 가운데 하나였다. 결혼에 관한 이교도의 견해, 특히 아내에 대한 남편의 전형적인 태도를 살펴보라. 비단 이교도만이 아니라 구약성경의 기록과 비교해보아도 진정 혁명적이고 혁신적인 가르침이 아닐 수 없다. 과거에 아내들은 거의 노예나 다름없었다. 일부다처제가 그 대표적인 증거다. 에스더서 1장에 등장하는 아하수에로 왕의 왕비였던 와스디는 그런 관행에 반기를 들었던 영웅적인 여성의 모습을 보여준다. 하지만 그런 경우는 매우 드물었다. 아내는 노예라는 생각이 팽배했고, 남편은 거칠고 폭압적인 태도를 취했다. 아내는 한낱 종이나 사유재산에 불과했던 시절이었다.

그러나 기독교의 복음이 전파되면서 그런 개념은 완전히 뒤집어졌다. 기독교 신앙은 새로운 가르침을 통해 1세기의 고대 사회에 거대한 파장을 일으켰다. 전에는 어디에도 그런 가르침이 존재하지 않았다. 우리의 구주이신 예수님의 복음이 고대 세계에 널리 퍼진 데는 그리스도인들이 그런 새로운 삶을 살았던 것이 상당한 역할을 했다. 그리스도인들은 그런 식으로 복음의 진리를 증언했다. 그리스도인들이 집회에 나와 말로 복음을 전하는 방식은 신약성경에 그렇게 많이 등장하지 않는다. 당시의 그리스도인들은 일상 생활을 통해 증인의 역할을 했다.

당시 남편이 아내에게 친절과 사랑을 베푸는 것은 거의 찾아보기 어려운 일이었다. 사람들은 그렇게 행하는 그리스도인들의 모습을 보고 "대체 이것이 무엇 때문인가?"하며 궁금해 하기 시작했다. 특히 이교도 남편들과 사뭇 다른 그리스도인 남편들의 모습을 볼 때 그들의 궁금증은 더욱 커졌다. 그리고 그것이 인간 생활에 새로운 혁신이 되었다.

참된 결혼은 사랑에 관한 신약성경의 가르침을 구체적으로 보여준다. 참 사랑이란 고린도전서 13장의 가르침을 결혼 관계를 통해 실천하는 것을 의미한다. 참 사랑의 비결은 에베소서 5장 28절에 있다.

"술 취하지 말라 이는 방탕한 것이니 오직 성령으로 충만함을 받으라"

성령으로 충만한 사람의 관계와 삶은 큰 변화를 가져온다. 바울은 그 가운데 하나가 가정이라고 말한다. 남자와 여자의 사람됨을 판단할 수 있는 장소, 곧 사람의 진정한 성품을 알 수 있는 곳은 바로 가정이다. 가정에서 성령 충만한 삶을 실천하면, 누가 찾아오든 그 모습을 보고 놀라며 "대체 이것이 무엇인가?"라고 묻지 않을 수 없을 것이다. 그리스도인 남편과 아내, 기독교 가정, 기독교 결혼보다 기독교 신앙의 능력과 진실성을 더 확실하게 보여주는 것은 없다. 그런 삶이 고대 사회에 일대 혁명을 일으켰다.

두 번째 명령이 남편들에게 주어졌다는 사실을 잊지 말라. 가장의 권위와 지도자의 지위가 남편에게 주어졌다. 남편이 이 점을 옳게 이해한다면, 거칠고 폭압적이며 불친절하고 불공평하게 권위를 남용하거나 오용하는 일은 절대 발생하지 않을 것이다. 그런 행위를 일삼는 것은 결혼의 원리를 부정하는 것이자 성령 충만하지 않다는 증거다.

결혼의 의미를 완성하는 아내

이번에는 아내의 경우를 생각해보자. 세 번째 명령은 "아내도 자기 남편을 존경하라"는 것이다. 바울은 매우 인상적인 용어를 사용했다. 킹제임스역은 이를 "존경"이라고 옳게 번역했다. 그러나 이 말은 실제로는 "두려움"을 뜻한다. 이 명령은 "아내도 자기 남편을 두려워하라"는 뜻이다. 물론, 두려움의 종류는 여러 가지다. 요한이 요한일서 4장에서 암시하는 대로, "형벌이 있는"(18절) 두려움이 있다. 바울이 여기에서 말하는 두려움은 그런 두려움이 아니다. 그가 말하는 두려움은 "공경심," 또는 "복종하는 태도"을 뜻한다. 결국 이 명령은 "아내도 복종하는 태도로 자기 남편을 대하라"는 뜻이다. 바울은 이미 아내들의 문제를 다룰 때 이 점을 언급한 바 있다.

> "아내들이여 자기 남편에게 복종하기를 주께 하듯 하라 이는 남편이 아내의 머리됨이 그리스도께서 교회의 머리됨과 같음이니 그가 바로 몸의 구주시니라 그러므로 교회가 그리스도에게 하듯 아내들도 범사에 자기 남편에게 복종할지니라"

바울은 여기에서 또 다시 "아내도 복종하는 태도로 남편을 공경하라"고 당부한다.

아마도 이 말씀의 가장 훌륭한 주석은 베드로전서 3장 6절일 것이다. 베드로는 거기에서 자기 나름대로 이 문제를 다루었다. 그는 이 특별한 가르침을 예시하는 훌륭한 본보기를 제시했다. 그는 이렇게 말했다.

> "아내들아 이와 같이 자기 남편에게 순종하라 이는 혹 말씀을 순종

하지 않은 자라도 말로 말미암지 않고 그 아내의 행실로 말미암아 구원을 받게 하려 함이니"(벧전 3:1)

그러면서 그는 각도를 약간 달리해 아내의 복종을 강조했다.

"전에 하나님께 소망을 두었던 거룩한 부녀들도 이와 같이 자기 남편에게 순종함으로 자기를 단장하였나니"(5절)

또한 그는 아내들에게 이렇게 덧붙였다.

"사라가 아브라함을 주라 칭하여 순종한 것 같이 너희는 선을 행하고 아무 두려운 일에도 놀라지 아니하면 그의 딸이 된 것이니라"(6절)

이 말씀을 해석하면 다음과 같다. 아내는 남편을 복종하는 태도로 대해야 한다. 다시 말해, 아내는 성경이 가르치는 기독교의 결혼관을 이해하고, 남편을 새로운 가정의 머리로 받아들여야 한다. 부부는 서로 하나다. 그러나 우리의 몸에 머리가 있고, 그리스도께서 교회의 머리가 되시는 것처럼 가정에도 머리가 있다. 가정의 머리는 남편이기 때문에 아내는 남편을 공경함으로써 결혼 관계의 의미를 현실화시켜야 한다. 아내는 전에 부모를 공경했던 것처럼 남편을 공경해야 한다. 이것이 이 말씀에 담긴 뜻이다.

"딸이여…네 백성과 네 아버지의 집을 잊어버릴지어다"(시 45:10)

이 말씀은 기독교 교회를 가리키는 예언이다. 교회는 이전의 삶을 청산하고 하늘에 계시는 신랑과 연합해야 한다. 그렇지만, 이 말씀은 결혼한 아내에게도 똑같이 적용할 수 있다.

남자에게는 부모의 집을 떠나라는 명령이 주어졌고, 여자에게는 자기 백성과 아버지의 집을 잊어버리라는 명령이 주어졌다. 다시 말하지만, 이런 말씀을 해석할 때는 상식을 활용해야 한다. 아내는 절대적인 의미에서 아버지의 집을 잊어버릴 수는 없다. 이 말씀은 더 이상 부모의 통제를 받아서는 안 된다는 의미다. 남편이나 아내 모두 부모의 통제에서 벗어나야 한다.

어쩌면 이런 의문점을 가진 사람이 있을 지도 모르겠다.

"결혼에 관한 명백한 가르침과 관련해 남자의 경우는 부모를 떠나 아내와 연합하라는 명령이 주어졌는데 창세기 2장이나 에베소서 5장에서 여자의 경우에는 거기에 상응하는 명령이 주어지지 않은 이유가 무엇이냐?"

내가 보기에 그 대답은 매우 간단하다. 여자는 항상 누군가를 공경해야 하는 입장에 있기 때문이다. 남자도 결혼하기 전에는 그런 입장이었다. 그러나 결혼하는 순간부터 남자는 머리가 된다. 여자는 결혼 전에는 부모를 공경해야 하고, 결혼한 뒤에는 남편을 공경해야 한다.

여자는 항상 누군가를 공경해야 하는 위치에 있다. 여자는 머리가 될 수 없다. 그러나 남자는 전에는 자녀요 아들로서 부모를 공경했지만, 이제는 머리가 되어 아내의 공경을 받는다. 이러한 성경의 원리를 이해하지 못하는 탓에 사람들이 결혼생활에서 많은 어려움을 겪고, 많은 부부가 파경을 맞이하는 것이 아니겠는가?

남편과 아내가 제3자를 공경하는 것보다 결혼생활에 더 큰 해악을 끼치는 것은 없다. 그런 일이 발생하면, 남편과 아내의 연합이 깨지기 마련이다. 다시 말해, 결혼으로 이루어진 새로운 연합과 그 안에서 남자가 머리가 되어 이끌어야 하는 관계가 파괴된다. 따라서 아내는 남편을 공경하는 데 관심을 집중해야 한다. 아내도 남편의 경우처럼 정신적, 영적 태도를 재조정해야 한다. 아내는 더 이상 부모의 명령을 받아서는 안 된다. 아내는 부모가 아니라 남편에게 복종해야 한다. 물론, 부모와 딸자식이라는 관계는 변함이 없지만, 아내도, 아내의 부모도 올바른 태도를 지녀야 한다. 그러나 아내나 아내의 부모 측에서도 올바른 태도를 지니지 못하는 경우가 종종 발생한다. 더욱 주의를 기울이고 경계해야할 문제다. 결혼한 남자가 아내의 가정에 흡수되거나 결혼한 여자가 남편의 가정에 흡수되는 경우가 있다. 두 경우 모두 잘못되었다. 그런 일이 발생하게 해서는 안 된다.

결혼은 새로운 가정의 시작이다. 양가 부모와의 사랑의 관계는 유지되어야 하지만, 복종이나 예속의 관계는 바람직하지 않다. 기독교 결혼의 본질과 행복한 결혼생활의 비결은 결혼한 남녀가 처음부터 이 점을 의식하고, 거기에 맞게 행동하며, 어떤 희생이 있더라도 이를 굳게 지키는 데 있다. 처가 부모든, 시부모든지 간에 그들을 간섭한다면, 이는 결혼에 관한 성경의 가르침을 이해하지도 못하고 또 그 가르침에 따라 살지도 못하는 죄를 저지르는 것이다. "아내도 자기 남편을 존경하라", 아내는 이 점을 명심해야 한다. 아내는 남편에게 복종해야 한다. 남편과 싸우려고 하거나 경쟁하려고 해서는 안 된다. 아내는 결혼의 본질이 남편을 공경하는 데 있다는 것을 잠시도 잊지 말아야 한다.

베드로는 매우 특이한 표현을 사용했다. 우리는 그 점을 잠시 생각해봐야 한다. 그는 "사라가 아브라함을 주라 칭하여 순종한 것 같이"라고 말했다. 남편을 부르는 호칭이 세월이 지나면서 변화한 것을 알고 있는가? 18세기에 살았던 사람들의 경우에는 아내가 남편을 부를 때 "아무개 씨"라는 호칭을 사용했다. 어색하기 짝이 없는 우스운 풍습이라고 생각할지도 모르겠다. 나도 그렇게 생각한다. 그러나 오늘날 우리는 그와 정반대되는 극단으로 치우치지 않았나 싶다. 이 문제는 올바른 균형을 유지해야 한다.

사라는 아브라함을 "주"라고 불렀다. 그녀는 성경의 원리를 인정했다. 베드로는 그렇게 말하고 나서 "너희는 선을 행하고 아무 두려운 일에도 놀라지 아니하면 그의 딸이 된 것이니라"라고 덧붙였다. 이 말씀은 그리스도인 아내는 이방인 여자들이 주위에서 보고 있더라도 마땅히 남편을 공경해야 한다는 뜻이다. 그런 태도는 새로운 것이자 매우 이례적인 일이었기 때문에 큰 파장을 일으켰다. 불순종을 일삼던 이방인 여자들은 그리스도인 아내가 남편을 공경하고 섬기는 모습을 보고, 조롱과 손가락질을 마다하지 않았을 것이다. 그러나 베드로는 이런 뜻으로 그러한 가르침을 전한 것이다.

"그래도 계속 해라. 왜냐하면 그것이 옳기 때문이다. 놀라지 말라. 어떤 비웃음을 사더라도 조금도 망설여서는 안 된다. 다른 여자들이 비방하더라도 아랑곳하지 말라. 어떤 놀라운 일이 있어도 두려워하지 말라. 심지어는 남편이 그런 태도를 오해하고 이용하더라도 계속 행하라"

그는 "아무 두려운 일에도 놀라지 말라"고 당부했다. 옳은 일을 행하고 다른 사람들이 무어라고 말하든 괘념치 말아야 한다고 말이다. 우리가 살고 있는 현대의 이방 사회도 여전히 똑같은 태도를 취한다. 사람들은 그리스도인 아내들이 여자로서의 권리를 부인하는 어리석은 행동을 일삼는다고 비난한다. 베드로는 "그런 말에 귀를 기울이지 말라. 세상 사람들이 하고 싶은 대로 말하게 놔두라"고 말한다.

그들이 무엇을 이해하겠는가? 세상 사람들의 생각은 우리 그리스도인과 다르다. 그들은 성령으로 충만하지 않다. 옳은 일과 선한 일 행하는 것이 우리의 의무라는 것을 항상 잊지 말라. 놀라거나 단념하지 말라. 사람들이 우리의 행위와 태도를 간섭하지 못하게 하라. 이것이 바울 사도의 마지막 명령이다. 다시 말하지만, 성경은 항상 균형 있는 가르침을 전한다. 바울은 33절에서 "그러나 너희도 각각 자기의 아내 사랑하기를 자신 같이 하고 아내도 자기 남편을 존경하라"는 말로 모든 가르침을 요약했다.

남편과 아내가 서로의 본분을 다하면, "내 권리", "내 입장", "내 지위"를 주장하며 다툴 가능성은 거의 없다. 머리인 남편이 아내를 자신 같이 사랑한다면 남편의 지위를 결코 남용할 수 없을 것이고, 아내가 이 위대하고 영광스런 이상에 자신을 복종시킨다면 이용당하거나 짓밟힐 것을 걱정할 필요가 없을 것이다.

이처럼 성경은 남편과 아내를 균형 있게 다룬다. 물론, 바울은 남편과 아내가 둘 다 그리스도인이라는 전제 아래 가르침을 베풀었다. 앞서 살펴본 대로, 베드로는 부분적으로는 남편이 그리스도인이 아니라는 전제 아래 가르침을 베풀었지만, 본문의 가르침은 둘 다 그리스도인이라는 전제에서 출발한다. 바울은 그 외에 다른 것은 언급하지 않는다. 따라서 나도 그 외에 다른 것은 다루지 않았다. 본문은 그리스도인 남자와 여자가 결혼을 통해 새로운 가정을 이루는 것에 관해 말한다. 다시 말하지만, 그리스도인이라는 사실이 만들어내는 차이를 이보다 더 잘 보여주는 것은 없다.

여기에서 우리가 사는 현대 사회가 가장 필요로 하는 것 가운데 하나가 발견된다. 대다수 사람들은 국가 간의 분쟁을 걱정하고 있다. 사실, 그런 일이 일어날 위험성 역시 높으며 우리는 국가 간의 분쟁을 깊이 염려해야 마땅하다. 사람들은 의견을 자유롭게 말하며 대담한 태도로 이쪽저쪽을 비난한다. 그러나 그런 말을 서슴없이 내뱉는 사람들 가운데 일부 사람들의 사생활을 살펴보면, 그들이 결혼생활에서 스스로가 비난하는 일을 버젓이 행하고 있는 것을 알 수 있다. 참으로 어처구니없는 일이다. 기독교와 세속주의의 차이점이 여기에 있다. 즉, 세속주의는 항상 일반적인 것만 말하고 개인적인 것은 도외시하지만, 기독교는 국가라는 집합체가 결국 개인들의 총합이라는 사실을 간과하지 않는다.

나는 개인 생활에서 자신의 원리를 지키지 않는 정치인의 말에는 아무 관심도 없다. 만일 어떤 정치인이 각계각층의 사람들을 향해 말하는 원리를 개인 생활에서 실천하지 않는다면, 무슨 권리로 국제 협약의 신성함을 논하고, 사람들에게 해야 할 것과 하지 말아야 할 것을 가르칠 수 있겠는가?

개인이 올바로 될 때에 비로소 국가가 올바로 될 수 있다. 이 나라의 역사상 가장 영광스런 시대는 항상 개인의 삶을 통해 복음이 전파되어 많은 사람이 기독교를 믿는 역사가 일어난 직후에 찾아왔다. 오직 그런 때에만 우리는 기독교 국가라는 칭호에 어울리는 삶을 살았다. 그리스도인이 아닌 사람들, 곧 사적 차원에서 기독교 신앙을 옳게 이해하지 못하는 사람들에게 기독교의 원리를 지키라고 말해봤자 아무 소용없다. 이것이 "나는 무장 해제를 촉구하는 회합이나 남아프리카공화국 사태에 관한 강연을 기대했습니다. 그런데 고작 남편과 아내에 관한 말을 하고 있군요. 나는 세계의 큰 문제들을 해결할 방법을 찾고 싶었습니다"라고 말하면서 복음주의 설교와 성경 강해를 비난하는 사람들에게 들려주고 싶은 나의 대답이다.

이제 그런 큰 문제를 근본적으로 해결하는 것은 오직 복음주의 설교뿐이고 다른 것은 모두 한낱 말 뿐이라는 것을 확실히 알았을 것이라고 믿는다. 거리를 행진하며 시위를 할 수도 있겠지만, 그런 것은 아무 결과도 만들어내지 못한다. 그런 행동은 아무도 변화시키지 못한다. 그러나 국가나 세상에 참된 그리스도인이 많이 있다면, 국내 문제나 국제 문제를 기독교의 원리에 따라 해결할 수 있는 가능성이 높아질 것이다.

누구든 자신의 개인 문제를 해결할 수 없는 사람이 세계 문제를 해결하는 방법을 말한다면, 나는 그 사람의 말을 귀담아 듣지 않을 것이다. 가정은 혼돈 상태에 있으면서 국가나 세계의 상황을 논하는 것은 공허한 메아리에 지나지 않는다. 말은 누구나 할 수 있다. 그러나 문제는 기독교 교리를 삶에 적용하는 법을 아는 것이다. 개개인이 성령 충만해야 하는 이유는 바로 이 때문이다.

변화된 삶의 관계

지금까지 살펴본 몇 가지 원리를 토대로 그리스도인의 결혼 생활에 관한 결론을 도출하면 다음과 같다.

첫째, "너희는 믿지 않는 자와 멍에를 함께 메지 말라"(고후 6:14)는 말씀은 매우 중요하다. 결혼의 참된 본질과 기독교의 결혼관을 조금이라도 이해했다면, 그런 결론을 내리는 것이 당연하지 않겠는가? 그리스도인은 불신자와 결혼해서는 안 된다. 만일 그렇게 한다면 화를 자초하는 것이나 다름없다. 부부가 모두 그리스도인이 아니라면, 결혼생활의 균형을 유지해나갈 수 없다. 이것이 성경이 "너희는 믿지 않는 자와 멍에를 함께 메지 말라"고 가르치는 이유다.

둘째, 결혼 관계를 파괴하는 요인은 오직 하나, 곧 음행뿐이다.

"…그 둘이 한 육체가 될지니"

결혼 관계가 깨지는 것은 "한 육체"가 깨질 때뿐이다. 산상 설교나 다른 여러 곳에서 발견되는 성경의 가르침에 따르면, 음행 외에는 그 무엇도 결혼 관계를 깨뜨리는 이혼의 사유가 되지 못한다. 그 이유는 음행이 "한 육체"를 깨뜨리는 것이기 때문이다.

셋째, 가장 중요한 것은 주 예수 그리스도를 생각하는 것이다. 남편과 아내가 함께 주님을 생각한다면, 서로의 관계를 조금도 걱정할 필요가 없다. 우리의 관계와 애정과 사랑은 주님을 향한 우리의 공통된 사랑을 통해 굳게 강화된다. 부부가 함께 주님을 위해 살며 그분께 찬양과 영광을 돌린다면, 그들이 항상 그리스도와 교회의 관계를 염두에 두고 그분이 교회를 속량하시고 자신들을 하나님의 자녀로 만드시기 위해 행하신 일을 기억한다면, 그리고 그런 생각에 지배되어 복종하며 살아간다면, 그들의 관계가 파국으로 발전할 위험은 전혀 없을 것이다.

남편이 가정의 머리인 것은 그리스도께서 교회의 머리이신 것과 같다. 그리스도께서는 교회를 위해 자신을 내주셨고, 교회를 위해 죽으셨다. 주님은 교회를 양육하고 보호하신다. 그분은 교회를 위해 살고, 교회를 위해 중보기도를 하신다. 그분은 교회가 "티나 주름 잡힌 것이나 이런 것들이 없이" 거룩하고 영광스러운 모습을 지니기를 간절히 염원하신다.

항상 그리스도를 바라보며, 결혼이 그리스도와 교회의 관계를 반영하는 것이라는 사실을 잊지 않는 것이 성공적인 결혼생활의 비결이다. 성경은 결혼생활을 성공으로 이끄는 원리를 이렇게 제시한다.

"너희 안에 이 마음을 품으라 곧 그리스도 예수의 마음이니"(빌 2:5)

"너희도 각각 자기의 아내 사랑하기를 자신 같이 하고 아내도 자기 남편을 존경하라"

"남편들아 아내 사랑하기를 그리스도께서 교회를 사랑하시고 그 교회를 위하여 자신을 주심 같이 하라"

감사하게도, 하나님은 우리에게 새 생명과 새 능력을 주셨다. 모든 것이 새롭게 변화되었다.

"이전 것은 지나갔으니 보라 새 것이 되었도다"(고후 5:17)

삶의 모든 관계가 숭고하고 고귀하게 변화되었고 새로워졌다. 이제 우리는 하나님의 아들을 본받으며 살아갈 수 있는 능력을 당당히 갖추었다.

사명선언문

너희가 흠이 없고 순전하여……세상에서 그들 가운데 빛들로
나타내며 생명의 말씀을 밝혀 _ 빌 2:15-16

1. 생명을 담겠습니다
만드는 책에 주님 주신 생명을 담겠습니다.
그 책으로 복음을 선포하겠습니다.

2. 말씀을 밝히겠습니다
생명의 근본은 말씀입니다.
말씀을 밝혀 성도와 교회의 성장을 돕겠습니다.

3. 빛이 되겠습니다
시대와 영혼의 어두움을 밝혀 주님 앞으로 이끄는
빛이 되는 책을 만들겠습니다.

4. 순전히 행하겠습니다
책을 만들고 전하는 일과 경영하는 일에 부끄러움이 없는
정직함으로 행하겠습니다.

5. 끝까지 전파하겠습니다
모든 사람에게, 땅 끝까지, 주님 오시는 그날까지
복음을 전하는 사명을 다하겠습니다.

서점 안내

광화문점 서울시 종로구 새문안로 69 구세군회관 1층
02)737-2288 / 02)737-4623(F)

강남점 서울시 서초구 신반포로 177 반포쇼핑타운 3동 2층
02)595-1211 / 02)595-3549(F)

구로점 서울시 동작구 시흥대로 602, 3층 302호
02)858-8744 / 02)838-0653(F)

노원점 서울시 노원구 동일로 1366 삼봉빌딩 지하 1층
02)938-7979 / 02)3391-6169(F)

일산점 경기도 고양시 일산서구 중앙로 1391 레이크타운 지하 1층
031)916-8787 / 031)916-8788(F)

의정부점 경기도 의정부시 청사로47번길 12 성산타워 3층
031)845-0600 / 031)852-6930(F)

인터넷서점 www.lifebook.co.kr